米山宏史

未来を切り拓く世界史教育の探求

花伝社

未来を切り拓く世界史教育の探求◆目次

はしがき　5

第Ⅲ部　世界史認識を問い直す

はしがき

現在、グローバル化の加速を一つの背景にして、国内外に複雑かつ多様な問題現象が発生し、私たちの生活に様々な影響を与えている。グローバル化と情報化の進行の結果、私たちの生活が便利になった反面、国内外で経済格差と貧困が深刻化し、テロや紛争、排他的なナショナリズムやポピュリズム、歴史認識問題や領土問題など複雑かつ解決困難な事件や問題が世界各地でおきている。

いま、私たちには、こうした現代の時代状況を直視し、社会と世界の現実に向き合い、国内外の諸問題に対して、自分の力で資料や情報を批判的に読解・解釈し、自己の分析・考察にもとづいて判断を下し、主体的に発信・行動できる能力の習得が求められている。

そして、そうした諸問題を理解するためには、国家や国境を越えたトランスナショナルな視点と思考およびその原因を過去にさかのぼって考察する歴史的な視座と認識方法が必要である。このように考えると、「世界」（空間認識）と「過去」（時間認識）という二つのベクトルを併せ持つ世界史の知識と教養、世界史的に物事を考える視点と方法は極めて有効であり、現在ほど世界史教育の存在意義が問われている時代はない。

他方で、世界史教育の現実に眼を向けると、生徒の世界史認識の育成をめざす全国の多くの教師たちの良心的な努力にもかかわらず、教科書掲載の用語数の増大、知識詰め込み型の授業スタイル、答えは一つで暗記すればすむという生徒の暗記中心の学習方法（「暗記主義」「正答主義」）などの理由が相まって、世界史が生徒から敬遠される傾向があることも事実である。二〇〇六年の「世界史未履修問題」は、これらの複合的な問題を原因として発生したという指摘がなされて久しい。こうした現実を直視し、近年、歴史研究者と歴史教育者が高校歴史教育の改革をめぐる議論と検討を重ね、文部科学省が学習指導要領の改定と新科目「歴史総合」の創設（二〇二二年度）に向けて準備を進めている。

世界史教育の現状と、国内外の情勢および時代状況を考えるとき、世界史教育はいま、試練に直面しているとともに、多様な可能性を秘めているともいえる。ゆえに、私たちには、世界史教育の困難に向き合いながら、日本と世界の課題を見つめ、生徒を学びの主体に位置づけ、生徒にとって有用な歴史的テーマを素材にして、楽しく学び甲斐のある授業づくりと、それを通じての生徒一人ひとりの豊かで主体的な世界史認識（世界史像の自主的形成）と歴史的思考力の形成に資する授業の実践が問われている。

本書には、一九九〇年代半ばから二〇一〇年代半ばまでに執筆した世界史の授業実践および世界史教育の構想、世界史認識のあり方等に関する二六本の論考を掲載している。第Ⅰ部「学び合う世界史の授業」では、様々な文字史料や絵画・画像資料の読解を通じての生徒の主体的な世界史認識の追求、世界史新聞の作成や調べ学習からレジュメ作成による個人またはグループによる発表学習などの実践記録を収録している。第Ⅰ部所収の諸論考を通じて、史料読解を用いた授業が生徒間、生徒と教師間の学び合いを作りだし、相互の歴史的思考力を高めながら、各自の世界史像の自主的形成に資することを提示したい。

第Ⅱ部「東アジア関係史の構築をめざして」では、高校歴史教育における「日本史」と「世界史」の二分法の克服を視野に入れ、「世界史と日本史の統一的把握」の観点から世界史と日本史が出会う場としての「東アジア」を設定し、日本のアジア侵略と加害の歴史的事実を重視しながら、国家と国境を越えたトランスナショナルな視点から東アジアに展開された交流・連鎖・連帯・友好などの多様な歴史に注目し、二一世紀における東アジアの平和と共生をめざす授業づくりに関する諸論考を収録している。

第Ⅲ部「世界史認識を問い直す」では、欧米（西欧）・大国・支配者・支配民族中心史観の批判的検討を通じて私たちの世界史認識の歪みと問題点を明らかにすることを意図した諸論考を掲載した。

二〇二二年度の「歴史総合」の導入を前にして、本書が生徒の主体的知識獲得型・思考力育成型授業の実践事例と、世界史と日本史の統一的把握や東アジア関係史の授業づくりを提示し、実践と理論の両面で「未来を切り拓く世界史教育」の創造に向けた問題提起の書になれば望外の幸せである。

第Ⅰ部　学び合う世界史の授業

第1章　歴史の見方・考え方を育てる世界史の授業
――世界最初の奴隷解放革命・ハイチ革命を扱って――

1. 授業のねらいと意図

フランス革命とナポレオン戦争がヨーロッパ諸国に衝撃と混乱をもたらした一八世紀末から一九世紀初頭、カリブ海でも世界史を揺るがす巨大な地殻変動ともいうべき事件が展開していた。それは、一七九一年のカリブ海のフランス領サン・ドマング植民地における黒人奴隷の蜂起に始まり、一〇数年間の苦闘の結果、一八〇四年のハイチ共和国の成立に結実したハイチ革命である。

ハイチ革命の教材化の目的は、過酷な奴隷制支配のもとで、その奪われた人間性と尊厳の回復をめざして闘った奴隷たちの解放闘争の意義を学ぶとともに、大西洋をはさんで同時展開したハイチ革命とフランス革命の相互関係を考察することによって「大西洋革命」の内実を理解することにもある。アメリカ合衆国の奴隷解放宣言に先立つこと半世紀以上、ハイチの奴隷たちの苦難に満ちた解放闘争の事実とその意義について、当時の国際関係を視野に入れ、音楽教材や絵画史料を用いながら、生徒たちとともに、より深く学んでみたい。

さて、このような授業のねらいと意図を果たすためには、以下の点が授業づくりのポイントになる。①フランスの植民地貿易における世界最大の砂糖生産地＝仏領サン・ドマングの重要性（その背景にコーヒー・紅茶の普及にともなうヨーロッパの「生活革命」がある）について理解すること。②奴隷貿易の悲惨な事実について知ること。③奴隷制プランテーションにおける奴隷の過酷な労働実態を学ぶこと。④奴隷の抵抗の様々な方法・形態について知ること。⑤史料を読み解き、黒人奴隷蜂起の発生・展開の過程を理解すること。⑥ハイチ革命とフランス革命の相互関係、列国（イギリス・スペイン）の介入など、ハイチ革命を当時の国際関係の中に位置づけて把握すること。

私は「ハイチ革命」の授業を二時間の実践として行っている。以下、授業の核心にあたる二時間目の授業を中心に紹介する。

2.「ハイチ革命」の授業実践

Ⅰ．一時間目の授業の概要

(1)　授業の導入

授業の導入として、カリブ海域への興味を誘う目的で、音楽教材としてのレゲエ（山川出版社『音の世界史』のCD所収）を聴かせ、次に、ハイチの国旗を見せ、色や図柄の意味を説明し、さらに、地図でハイチの位置を確認させる。

(2)　授業の展開

一時間目の授業では、前述の授業づくりのポイントの①〜④を扱う。

【①：フランスの植民地貿易におけるサン・ドマングの位置について理解する】

表Ⅰ　フランス領サン・ドマング島の輸出量の推移

（単位：千リーヴル）

年次	砂　糖	コーヒー	綿　花	インディゴ
1765	84,288	11,455	2,317	2,003
1788	164,405	68,151	6,286	930
1795	1,750	2,228	48	5
1800	16,814	27,744	2,342	2
1801	18,534	43,220	2,480	1
1802	53,400	34,370	4,050	38
1804	47,600	31,000	3,000	35

出典：浜忠雄『カリブからの問い――ハイチ革命と近代世界』岩波書店 2003 年

図説資料集の「コーヒーの文化」の欄を用いて、ヨーロッパにおけるコーヒー、紅茶の流行と砂糖の需要の急増、その結果、一八世紀末には、フランス領サン・ドマングが世界最大の砂糖生産地になったこと、さらに、表Ⅰから、フランス革命勃発前年の一七八八年には、サン・ドマングの砂糖とコーヒーの輸出量が最大に達していたという事実に注目させる。

【②：奴隷貿易の悲惨な事実について知る】

浜忠雄著『カリブからの問い』（岩波書店）の一節を朗読し、「中間航路」とよばれる大西洋黒人奴隷貿易の悲惨さ（輸送された奴隷総数は一二〇〇万～一五〇〇万人、途中での死亡率一五～一六％、様々な死因と生涯に残る肉体的精神的ダメージ）を説明し、その惨状をイメージさせる。

【③：奴隷制プランテーションにおける奴隷の過酷な労働実態を学ぶ】

川北稔『砂糖の世界史』（岩波ジュニア新書）掲載の絵画資料を用いて、砂糖キビの植え付け、刈り入れ、砂糖キビの圧搾、砂糖キビのジュースの煮詰め、蒸留と結晶づくり、港での船積みという奴隷の六つの労働場面を説明し、これらの資料から、プランテーションでの労働が集団的・組織的・協同的性格を持ち、（のちに奴隷蜂起の指導者となる）コマンドゥールとよばれる奴隷監督がおかれていたことを読みとらせる。

【④：奴隷の抵抗の様々な方法・形態について知る】

奴隷たちは最初から蜂起・反乱をおこした訳ではない。奴隷たちの抵抗には、サボタージュ、農具の破壊、自傷・自殺、相互絞殺、逃亡などの隠然たる階級闘争から蜂起・反乱などの公然たる階級闘争まで、様々な抵抗方法と段階があったこと、蜂起・反乱が命がけの究極の闘争形態であったことを説明する。

図Ⅰ　カイマン森の儀式（アンドレ・ノルミル画、1990 年）

出典：浜忠雄『カリブからの問い――ハイチ革命と近代世界』岩波書店 2003 年

Ⅱ．二時間目の授業

(1)　授業の展開

ここでは、授業づくりのポイント⑤～⑥を扱い、革命の全体像を理解させる。

【⑤：史料を読み解き、黒人奴隷蜂起の発生・展開の過程を理解する】

まず図Ⅰの絵画資料を生徒に提示し、「この絵は何の絵だろうか？」「絵には何が描かれているだろうか？」と発問する。すると「暗闇の中で踊る人々」「何か怪しい宗教の儀式では？」という回答が返ってくる。そこで、この絵には、森の中の広場に深夜集まった奴隷たちが焚き火を囲み、生贄の黒豚を捧げ、中央の導師と女神官に合わせて踊っている様子が描かれていることを説明し、これが黒人奴隷たちの精神的紐帯であるヴードゥーの儀式であり、黒人奴隷の一斉蜂起を誓った準備集会（一七九一年八月一四日開催）であることを伝える。

次に、史料『サン・ドマングの騒擾に関する報告』（浜氏の前掲書掲載のフランス国民公会が現地調査のために派遣したガラン・クーロンが書いた同時代記録）の一節を読ませ、生徒たちが行間から読みとった事実を発表させる。生徒たちは、奴隷の逃亡の様子、管理人・製糖工場主の殺害、農園への放火、奴隷を寛容に処遇していた白人への恩赦、蜂起者数が一万二千人〜一万五千人だったこと、奴隷が用いた武器の種類、北部では二〇〇の砂糖園と六〇〇のコーヒー園が破壊されたことなどを次々に答える。ここは、授業の山場の一つで、生徒たち自身が臨場感を覚えながら史料から蜂起の実像を読みとり、蜂起の事実を実感的に理解し、読みとった答えを発表する場面である。

【⑥：ハイチ革命を国際関係の中に位置づけて把握する】

二時間目の後半部では、黒人奴隷蜂起とフランス革命の関係、スペイン・イギリスのサン・ドマング侵攻、指導者トゥサン・ルヴェルチュールの登場、ナポレオンとの対決など、ハイチの独立に至る複雑な過程を追求する。

初めに図Ⅱのメダイヨンを見せ、「これは何が描かれていると思う?」と問いかける。数人に答えさせたあと、図柄には、両手を鎖につながれた黒人が何かを嘆願する様子が描かれ、「私はあなたの同胞ではないのでしょうか?」という文字が刻まれていることを伝える。ひき続き、プリント資料（浜氏前掲書からの抜粋）を読ませ、このメダイヨンが一七八八年創立のフランスの「黒人の友の会」のシンボルマークであり、フランス革命期に黒人奴隷貿易の廃止運動に取り組んでいた団体が存在していたことを理解させる。

ひきつづき、プリント資料をさらに読み進め、一七九三年春のスペイン軍、イギリス軍のサン・ドマング侵攻、これへの対応策として黒人奴隷を対イギリス・スペイン戦争の兵士として利用するため政府代表委員ソントナクスらが行ったサン・ドマングの黒人奴隷解放宣言（九三年八月）、これを受けて、フランス国民公会での黒人奴隷制度廃止決議（九四年二月四日）という一連の動きを確認していく。生徒たちは、黒人奴隷蜂起の継続展開、スペイン、イギリスのサン・ドマング侵攻、フランス革命の変転（国民議会～立法議会～国民公会）という三者のダイナミックな関係の中で、ついに一七九四年二月、黒人奴隷制度廃止宣言が決議されたという事実経過を正確に把握していく。また、ここではハイチ革命がフランス革命を根底から揺さぶり、フランス革命が提起した人権理念の普遍性を試す反射鏡の役割を果したことに着目させる。

　そして、この間、卓越した軍事指導者としてイギリス軍、スペイン軍の撃破を通じてトゥサン・ルヴェルチュールが登場する。そこで、トゥサンの人となり、彼の行動を理解するため、さらにプリント資料の読み合わせを行う。その結果、軍事的功績によってトゥサンは一七九六年に「黒人のスパルタクス」と賛辞され、サン・ドマングの総督補佐官、九九年に総督兼軍司令官に任じられ、さらに一八〇一年には終身総督になり、フランス領植民地サン・ドマング憲法を公布したことが分かる。生徒たちは、ハイチ革命の後半に出現したトゥサンという人物に興味を示し、また、その後の行方に期待を寄せる。

　このあと、事実関係は紆余曲折の複雑なプロセスをたどる。トゥサンのサン・ドマング憲法公布は、事実上の独立宣言とみなされナポレオンの激怒を買い、ナポレオンは黒人奴隷制度廃止決議を破棄し、サン・ドマングに義弟ルクレルクを指揮官とする五万人のフランス軍を派遣する。そ

図Ⅱ　「黒人の友の会」のメダイヨン

出典：浜忠雄『カリブからの問い――ハイチ革命と近代世界』岩波書店 2003 年

の後、トゥサンは奸計によって捕らえられ、フランスに連行されたのち獄死するが、黒人たちの粘り強い抵抗と黄熱病の蔓延がフランス軍を壊滅させ、フランス軍を撤退に追い込む。
　こうして一八〇四年一月、トゥサンの後継総督デサリーヌがハイチの独立を宣言する。生徒たちはプリント資料を読みながら、トゥサン死後のハイチ革命の最終段階に、手に汗握る緊張感を覚えながら事実経過を追いかけていく。と同時に、ハイチという一つの国家の建設の背後に、このような奴隷解放と独立のための長く苦しい二重の闘いが存在したことを共感的に理解する。

図Ⅲ　フランス領植民地サン・ドマング島、別名ハイチ、1798 年

出典：浜忠雄『カリブからの問い――ハイチ革命と近代世界』岩波書店 2003 年

3．授業のまとめ

　授業の最後に、図Ⅲを見せ、読みとれる内容を生徒に答えさせる。すると「左側の人物がフランス人、右側の人々が黒人たち」という回答が寄せられる。より詳しく見ると、左側の人物は左手を広げ大きなポーズをとり、右側の人々は拍手して喜んでいる姿が分かる。これは、政府代表委員ソントナクスがサン・ドマングの黒人たちに奴隷解放を宣言した場面を描いた作品である。この絵のモチーフは「近代文明国家」フランスが植民地サン・ドマングに奴隷解放という「恩恵」を与えたことを喧伝する目的、いわゆる「文明化の

使命」を暗示した作品であること、また、植民地保有国の「帝国意識」について説明する。

授業のまとめとして、数人の生徒に指名し、授業の感想を発言させる。生徒たちは「人が自由と独立を取り戻すために命を懸けて闘うその力強さは本当に大きな力を持っていると思った」「黒人奴隷たちが反乱の最中でも、お世話になった白人を殺さなかったという事実など人間らしい心を忘れていなかったことが印象的だった」「フランス革命の思想がハイチ革命に影響を与えていたことがよく分かった」「史料の絵から様々なことを読みとることができ、それがどのような意図で描かれたのか知ることができた」など、思い思いに自分の言葉で様々な学びの成果を語っていた。

4. ハイチ革命をめぐる歴史教育論

I・ウォーラーステインらの近代世界システム論やネットワーク論の影響をうけて、「学習指導要領」（一九九九年三月告示、二〇〇三年度実施）の世界史Bの内容には、「(四) 諸地域世界の結合と変容」の中に「ヨーロッパと大西洋世界」「ヨーロッパとアメリカの変革と国民形成」という大項目が設けられ、前者では大西洋（黒人奴隷）貿易が、後者では大西洋革命（イギリスの産業化、アメリカ独立革命、フランス革命、ラテンアメリカ諸国の独立を相互連関的に把握する）の授業が志向された。

「学習指導要領」にしたがって、世界史教科書の扱いでは、大西洋貿易の記述は詳しさを増しているが、大西洋革命の一環であるハイチ革命の場合には、黒人奴隷の解放闘争に言及してはいるものの、その記述内容は簡潔すぎ、未だ不十分である。

ハイチ革命に関する歴史教育論、授業実践記録は少ないが、中山義昭氏は早くも一九八六年の時点で、ハイチ革命の授業づくりを構想し、サン・ドマングの貿易上の位置、トゥサンと黒人奴隷の解放・独立闘争の経過など、授業の視点と詳細な学習内容を提示した。

また、松本通孝氏は、フランス革命史学習の再検討の観点からハイチ革命にふれ、サン・ドマングの貿易上の位置、黒人奴隷蜂起とフランス革命との相互関係、トゥサン指導の独立闘争などを授業内容として例示し、ハイチ独立の意義は白人中心の人権宣言の普遍化であると主張している。

このように、すでに、中山・松本両氏によって、ハイチ革命の授業づくりの重要な視点と学習内容が提起されているが、これらの提言を実際の授業に導入するためには授業方法の工夫が必要である。

そこで、本実践では、音楽教材、絵画史料（今回は浜氏の前掲書所収の作品十数点を使用。後代の作品もあるが、絵に込められた意味・メッセージの読解の点で史料として活用できる）・文字史料、貿易統計など様々な教材を用意し、生徒たちに諸史料の読解と発言・発表を行わせ、ハイチ革命の理解を試みた。

最後に、授業の成功のカギは、どのようなテーマを扱うのか、また、なぜ、そのテーマを取り上げるのか、そしてどのように学ばせるかという教師の明確な問題意識と、学習主体である生徒の興味を喚起できる適切な教材内容、生徒の主体性を重視した授業方法という三者の追求にあるといえよう。

【参考文献】
①ハイチ革命に関する歴史研究（代表的なもののみ）
川北稔編『岩波講座世界歴史 一七 環大西洋革命』岩波書店、一九九七年。
浜忠雄『ハイチ革命とフランス革命』北海道大学図書刊行会、一九九八年。
浜忠雄『カリブからの問い――ハイチ革命と近代世界――』岩波書店、二〇〇三年。

②ハイチ革命に関する歴史教育論

中山義昭「黒いスパルタクス——ハイチ革命とトゥサン・ルーベルチュール——」（千葉県歴史教育者協議会世界史部会編『たのしくわかる世界史一〇〇時間（下）』あゆみ出版、一九八六年）

松本通孝「授業の内容構成を考える——フランス革命——」（別所興一・鳥山孟郎編『入門歴史教育——授業づくりの視点と方法——』あるむ、二〇〇六年）

初出（二谷貞夫編『中等社会科の理論と実践』学文社、二〇〇七年四月）

第2章　イタリア・ルネサンスの何を学ぶか

はじめに

私は例年ルネサンスについて、イタリア・ルネサンスを三時間、西欧諸国のルネサンスを一時間、科学と技術の発達を一時間、計五時間ほどかけて教えている。以下はイタリア・ルネサンスの三時間分の授業実践の報告である。

ルネサンスの授業は、著名な芸術家たちの絵画・彫刻などの紹介を多く含むため、生徒たち（とくに女子校である私の勤務校の場合）にはとても好評な学習テーマである。

なお、ルネサンスに関しては、宗教改革・「大航海時代」とともに初期近代を準備したという進歩的側面と、占星術や錬金術などの非合理的・非科学的な思考に中世との連続性が認められるという後進的な側面が指摘されているが、授業ではこの両面（中世とルネサンスとの「断絶説」と「連続説」）を意識して取り組んでいる。

Ⅰ．一時間目　ルネサンスとは何か

まず授業の導入として、ルネサンスの具体的なイメージを抱かせるねらいでテレビ番組「世界ふしぎ発見」で放映された「芸術の守護者メディチ家　封印されたもう一つのフィレンツェ」を録画したビデオを二十五分間観る。この番組はフィレンツェの歴史、メディチ家の発展と芸術家の保護、芸術家たちの活躍と作品を収録しており、生徒が映像を通してルネサンスを実感的に理解することに役立つ。

ビデオを観た後、ルネサンスの言葉上の意味（古典古代文化の「再生」「復興」）、イタリアで最初にルネサンスが発生した理由について説明する。ルネサンス興隆の理由として、とくに先進のイスラーム文化・ビザンツ文化との接触（イスラーム世界経由での古代ギリシア・ローマ文化の摂取、ビザンツ帝国からイタリアに渡来・亡命した学者たちによる古代ギリシア文化・聖書研究の伝承）という対外的な要因と、地中海交易によるイタリア諸都市の繁栄、とくにフィレンツェの商業・毛織物業・金融業の発展、その結果としてのメディチ家の繁栄という経済的な背景を強調している。

Ⅱ．二時間目　文学と美術にさぐるイタリア・ルネサンス

前半では、ルネサンスがローマ・カトリック教会の権威から人間性を解放することを志向した人文主義（フマニタス）から始まったことを知るためにダンテの『神曲』「地獄編」の以下の一節を紹介する。

「……おぬしはわしに何を需《もと》める？　わしが何者か知りたい一心で、わざわざあの堤を下ってきたのなら、知れ、かつてわしは大法服《グラン・マント》を身にまとっていたと。……上界ではわしの利得を財嚢《ざいのう》にとりこみ、ここではわし自身を嚢にとりこむ。わしの頭の下では、沽聖罪《こせいざい》を犯した大勢の先輩がおしおとされ、岩の割れ目にへしこまれておるわ。わしも順番にそこへ、おしおとされることになろう。」

（ダンテ『神曲』「地獄編」第一九歌、寿岳文章訳、集英社文庫）

ここで、地獄を旅するダンテ自身と導師で古代ローマの詩人のウェルギリウスは、聖職売買を行った聖職者たちが岩の穴に逆さまに突き落とされ、足を炎で焼かれている光景を見る。そしてダンテたちは、最も激しく身をくねらせ関節の痙攣で苦悶している人物のもとを訪ね、かつて大法服を着ていたという教皇ニコラウス三世の亡霊と語り、元教皇に生前の聖職売買の罪状を告白させている。

文学的な表現がやや難解ではあるが、生徒たちは、資料の読解を通じて、ダンテが描いた地獄のイメージを知り、また、ダンテがローマ教皇やローマ・カトリック教会の聖職売買をどうみなしていたかを具体的に理解できる。ダンテの『神曲』が部分的に教皇や聖職者を批判し、神中心の中世的世界観から人間性の解放をめざしたイタリア・ルネサンスの先駆的作品とよばれる理由がよく分かる箇所である。

このあと、具体的な文章の引用は行わないが、ペトラルカの叙情詩やボッカチオの『デカメロン』についても説明する。

授業の後半は、図説資料集やパネル写真を使って、ボッティチェリ作「春」「ヴィーナスの誕生」、ミケランジェロ作「最後の審判」、レオナルド・ダ・ヴィンチ作「最後の晩餐」、ラファエロ作「大公のマドンナ」などの絵画作品を紹介する。

ここでは、ボッティチェリ作「春」を例に授業の一部を再現してみよう。

T「この絵はフィレンツェの画家サンドロ・ボッティチェリが一四八二年頃、描いた『春（プリマヴェーラ）』という作品です。画面に描かれているものを答えて下さい。」

S「中央に聖母のような優しそうな女性、その左側に踊っている三人の女性、画面の上にはキューピッドがいます。」

T「その通りですね。そのほかに描かれている人物はいませんか。」

図Ⅰ　ボッティチェリ『春』

Ｓ「左側に赤い衣装を着た男性、右側にきれいな服を着た女性、さらに、その右側には木陰にいる何か怪しい人物に捕らえられようとしている女性がいます。」
Ｔ「よく気づきましたね。では、絵に描かれた図像を解釈してみましょう。図像の意味を解釈する学問を図像学（イコノグラフィー）といいます。まず画面の右端にいる青白い人物は春の到来を告げる西風のゼフュロスで、大地の女神クロリスを追いかけ、口から春の風を吹きかけています。このとき、驚いたクロリスはどうしていますか。」
Ｓ「クロリスは口から花のようなものを吹き出しています。」
Ｔ「そうですね。クロリスは春の花々を口から吹き出し、花模様の衣装をまとった花の女神フローラに変身しました。フローラは手に何を持っていますか。」
Ｓ「右手に花を持っているのでしょうか。」
Ｔ「そうです。フローラはバラの花を蒔き、あたり一面が春の花で満ち溢れています。中央にいる優しく優雅な女性は、この春の楽園を支配している愛の女神ヴィーナスです。ヴィーナスの真上にいるキューピッドは何をしていますか。」

S「弓矢を放とうとしています。」

T「よく気づきましたね。キューピッドは踊っている三美神の中央にいる貞節の女神に愛の矢を放ち、彼女を愛に目覚めさせようとしています。貞節の女神がどこを見つめているか分かりますか。」

S「左端の赤い服を着た男性ですか。」

T「正解です。彼女は左端の伝令の神メルクリウスに恋し、彼を見つめています。メルクリウスは杖で空の雲を取り払い、女神たちを先導しています。それでは、まとめてみましょう。この作品「春」は美しい花々と女神たちを主題に暖かい春の愛と春の到来の歓びを描いています。ボッティチェリは多くの宗教画を描いたほか、メディチ家の保護下で哲学者フィチーノが開いていた人文主義のサークルに参加して新プラトン主義哲学の影響を受け、キリスト教の神の愛とは異なる地上の愛＝女性の肉体美や花々の美しさを流れるような線と鮮やかな色彩で表現しました。ボッティチェリは文学のダンテと同じように、絵画の分野でキリスト教中心の世界観を批判し、現世の美や愛を描いた画家でした。彼の作品「春」「ヴィーナスの誕生」はフィレンツェのウフツィ美術館に展示されているので是非本物を見て下さい。」

Ⅲ. 三時間目　ルネサンス時代のイタリア社会

授業の冒頭に三枚の写真を見せ、それぞれが何であるかを、生徒に質問する。様々な答えが出るが、一枚目は血液循環図、二枚目は散弾砲、三枚目はヘリコプターで、これらはすべてレオナルド・ダ・ヴィンチが書き残したスケッチである。

この後、レオナルドについて以下のことを紹介する。彼は一四五二年、フィレンツェ近郊のヴィンチ村に非嫡出子として生まれ、一四歳の頃、村を出て、フィレンツェの画家ヴェッロッキョのボッテーガ（工房）に弟子入りして美術職人としての腕を磨き、弱冠二〇歳でマエストロ（親方）の資格を取得し、メディチ家のロレンツォ・デ・メディチの保護下で作品制作に励んだこと、また、彼は生涯独身を貫き、無神論者で、膨大な日記を、他人に判読不能な（左右逆転させた）鏡文字で書き残したことなどである。そしてレオナルドは、当時理想の人間類型とみなされた万能人（ウォーモ・ウニヴェルサーレ）の典型的人物であり、絵画・彫刻・土木・建築・数学・音楽・科学（地質学・人体解剖学・流体力学）など多くの分野に超一流の才能を発揮したことを説明する。

そのうえで、レオナルドが一四八三年頃、ミラノ公ロドヴィコ・スファルツアに送った就職依頼のための「自己推薦状」を読み合わせる。数人の生徒に指名して、レオナルドがあげている技術・能力を示す語句を答えさせる。橋梁建設、大砲、散弾砲、覆蓋戦車、投石機、弩砲、弾石砲、建築、彫刻、絵画、青銅の馬の制作などである。

（一）小生、きわめて軽く、頑丈で、携帯容易な橋梁の計画をもっています。それによって敵を追撃することもできれば、時には退却することもできます。なお別に、堅牢で、戦火によって攻撃しがたく、あげおろしに容易かつ便利な橋（の計画ももっています）。また、敵の橋梁を焼却破壊する方法も（研究してあります）。

（四）さらに、便利至極、運搬容易な大砲、それによって嵐のごとく、散弾を飛ばす方法を知っています（略）。

（七）同じく、堅牢で攻撃不可能な覆蓋戦車を制作いたしましょう。それは砲兵をのせて敵軍の間に突入しますが、いかなる大軍といえどもこれに出あって壊滅せざるはありません。歩兵の大部隊は、無抵抗、かつなんらの障害なしにこの後につづくことができましょう。
（九）大砲の使用が不可能なところでは、投石機、弩砲、弾石砲その他在来の品とことなり、驚くべき効力のある器械を組み立てるでしょう（略）。
（十）平和な時代には、建築、公私大建築物の構築。また甲地より乙地への水道建設に、他の何びとに比べてもこの上なき御満足をいただけると信じています。同じく、大理石、青銅およびテラコッタの彫刻をいたします。絵も同様、他の何びとでも御比較あれ。いかなることでも致します。さらに、青銅の馬を制作することもできるでしょう。そうすれば、その騎馬像は閣下の御父君ならびに高名なるスファルツァ家のめでたき記念として不滅の光栄、永遠のほまれとなるでございましょう（略）。伏して閣下に自薦する次第であります。
『レオナルド・ダ・ヴィンチの手記（下）』杉浦明平訳、岩波文庫、二九七〜二九九頁

ここでの目的は、万能人レオナルドの多彩な能力を知ることだけでなく、彼があげる数々の軍事技術・兵器が当時のイタリアでなぜ、必要とされたかを考えさせるためである。

図説資料集の地図を見れば明らかなように、ルネサンス期のイタリアは、複数の小国・都市共和国に分裂し、とくに一五世紀末には、ローマ教皇領、ナポリ王国、ヴェネツィア共和国、ミラノ公国、フィレンツェ共和国という五つの勢力が対立・抗争を展開し「ミニ国際社会」を形成していた。万能人レオナルドがその多彩な能力を発揮した背景には、彼の潜在的・個人的な傑出した能力はもちろんのこと、彼の優れた軍事技術を導入して各国が強国化・大国化をめざしていたイタリアの政治状況があったこと、つまりレオナルドも

時代の落とし子であったことを強調している。

次に、イタリアの分裂と関連して、マキァヴェリの『君主論』の説明に入る。フランス王と神聖ローマ皇帝とのイタリア（争奪）戦争初年の一四九四年、フランス王シャルル八世が軍隊を率いてイタリアに侵攻し、ミラノ、フィレンツェ、ナポリを占領した。この事件は都市共和国の軍隊が絶対主義国家フランスの大軍に無力であることを印象づけた。シャルル八世のフィレンツェ入城を目撃し衝撃を受けた二五歳のマキァヴェリは、のちの一四九八年、フィレンツェ政府の書記官に採用され政治家の道を歩み、やがて一五一三年に『君主論』を執筆した。

ここで、図説資料集掲載の『君主論』の一節を読む。同書でマキァヴェリは奸智（権媒術数）を肯定し、信義に反する君主の行動を容認し、強力な君主の出現を期待している。マキァヴェリが『君主論』で主張した、強力な君主の出現によるイタリア統一という課題は、前述のイタリアの分裂・抗争、独仏間のイタリア戦争という具体的な歴史的事実の中に位置づけることによってこそ、より深く理解できる。

こうして、イタリア・ルネサンスは、イタリアの分裂・抗争と、大航海時代の開幕にともなう地中海交易の衰退を背景に、ラファエロが死去した一五二〇年頃を境に終焉を迎えた。

Ⅳ．授業を終えて

授業後、生徒たちに感想を書かせた。「メディチ家は芸術家と家族ぐるみの友好関係を築いたということに何よりも感動しました」（M・T）、「アラビア数字を帳簿に初めて使ったのがメディチ家だったなんてすごく驚いた」（S・O）というメディチ家に関する理解を述べた者、「一番興味を持てたのはボッティチェリの『春』です。最初に見たとき、明るい感じでいいなと思っていただけで、それほど深く感じなかったのですが、授業を聞いて、画面の一人ひとりがいろいろな神であり、春の愛に包まれているのだなと思いました」（S・W）、「ボッティチェリの『春』の絵解きがおもしろかった。とくに一番右の怪しそうなものが春の風であるとは驚いた。天地の女神から花の女神に変身したりなど絵画を読み解くことは案外おもしろいと気づいた」（Y・K）など、「春」の読解に関する感想を書いた生徒が多かった。また、ダンテの『神曲』についてで「『神曲』はむずかしかったけれど、地獄の雰囲気が何となく伝わってきました。」（K・T）や「ダンテの『神曲』は不気味だったけど、おもしろかった。元教皇が地獄に落ちている様子がよく描かれていた」（N・I）などの感想がみられた。

生徒の感想から、ルネサンスの授業では、芸術作品の表面的な解説に終わらず、作品を厳選し、その具体的内容にふれることによってこそルネサンスに関する歴史理解がより深まることが感じられる。限られた授業時間の中で、扱うべき内容を精選し、ルネサンスをイタリアおよびヨーロッパの政治・経済・宗教と関連づけ、一般市民の生活や意識などとも結びつけ、より実感的・具体的に理解させることが必要である。

【参考文献】
樺山紘一『ルネサンスと地中海』中央公論新社、一九九六年。
高階秀爾編『ボッティチェッリ全作品』中央公論美術出版、二〇〇五年。
若桑みどり『イメージを読む』ちくま学芸文庫、二〇〇五年。

初出（歴史教育者協議会編『歴史地理教育』第七二〇号、二〇〇七年一〇月）

第3章　調べる力・発表する力を育てる世界史の授業

はじめに

戦後の一九四九年、高等学校社会科に科目・世界史が新設されてから二〇〇九年で六〇年を迎える。この間、世界史の構成をどのように考えるかという世界史像・世界史認識に関する議論[注1]や世界史教育をめぐる多くの議論がなされてきた。しかし、世界史教育の議論に関しては、どちらかというと、どのような世界史を教えるかという授業の「内容論」が重視されたのに対して、どのように世界史を教えるかという授業の「方法論」は、必ずしも深められてこなかった感がある。それゆえ、教師の教え方ではなく、生徒の歴史認識・社会認識の現実をふまえながら、生徒の学び方を重視した世界史学習の議論は、必ずしも十分とはいえないという指摘がなされている。[注2]

他方、現実世界に眼を向けると、グローバル化・世界の多元複雑化が加速する現在、生徒自身が世界（史）と向き合い、自分自身の眼で世界（史）を捉え、自らの世界（史）認識を築くための世界史学習の必要性は一層高まっている。

私は世界史教育の目的の一つは、主権者としての生徒一人ひとりが世界史像を自主的・主体的に形成することであると考えている。[注3] こうした意識から私は、教師主導の知識伝達型の授業だけでなく、生徒の調べる力、資料を批判的に分析し判断する力、調べた内容をまとめて表現する力、発表・討論する力などを高める学習によって、生徒の歴史的思考力を育てることが必要であると判断し、幾つかの実践に取り組んでいる。以下は二〇〇八年度、勤務校の高校一年生の「世界史Ａ」の授業で行った実践である。

1.「世界史新聞」の作成

(1)「世界史新聞」の目的

「世界史新聞」とは、生徒一人ひとりが自分の興味・関心のある世界史上のテーマを選び、それについて調べ、その結果を自分の言葉で一枚の新聞にまとめるという自主的・創造的な作業学習である。[注4]「世界史新聞」の作成は、選んだテーマを題材に、生徒自身が過去の歴史的事実と向き合い、調べた内容を新聞にまとめる作業を通じて、自ら主体的に歴史像を描く作業であり、自分の力で歴史を学び、理解するという点に意義と特徴がある。

私はこの作業学習を通じて生徒たちに、①テーマを選択・決定する力、②当該テーマを調査・探求する力、③調査内容を「世界史新聞」にまとめて表現する力、④事後学習として完成した作品を発表する力という四つの力を習得させたいと考え、この実践に臨んだ。

「世界史（歴史）新聞」の実践は全国各地の中学・高校の歴史学習の場で行われている。そのうち、調べ作業や新聞を書く作業を授業時間内に行ったり、あるいは、長期休暇中の宿題として取り組むケースが多い。しかし、今回、私の場合には、二・三学期に別の実践に取り組む計画があるため、「世界史新聞」の作成は、一学期の中間試験と期末試験の間の六月に約三週間かけて取り組んだ。「世界史Ａ」の授業は週に二時間のみであり、授業進度の問題があるため、「世界史新聞」作成のための調べ作業、作成作業は授業以外の時間に各自が取り組む課題とし、ガイダンスと作品提出後の発表学習のみに、授業時間を各一時間ずつ用いて行った。

(2) 事前学習

まず最初に、授業を担当した高校一年全体の六つのクラスごとに、図書室を会場にガイダンスを行った。その際、過去の先輩の作品例を載せた「世界史新聞作成要項」を配り、「世界史新聞」作成の目的、作業方法（テーマの選び方・調べ方・書き方）、提出日、事後学習としての発表学習、成績評価方法などの説明、図書室所蔵の世界史関係文献の紹介を行った。このうち、テーマ決定については、既習内容に限らず、世界史の全時代・全地域から選んでよいこと、人物・事件・芸術作品など具体性のあるテーマを選ぶと、調べやすいことを指摘した。次に、調べ方に関して、文献やインターネットを利用するが、インターネット掲載資料は一次資料ではなく作成者の何らかの意図が込められている点に注意すること（メディア・リテラシー）、当該テーマの事実関係をメモするだけでなく、逸話・エピソードなどソフトな内容も調べておくことなどに注意を促した。

ここで、最も大切なことは、新聞作成の方法である。Ｂ４（四ミリ）方眼紙を縦置きに利用し、太枠内に記事を記入すること、書く前に十分に紙面構成を考えること、具体的には、新聞のタイトルを決め、トップ記事、その他の記事、論説、写真、イラスト、広告、編集後記などの配置の構想を練ること、実際に記事を書く段階では、自分がその時代に生きていた新聞記者になったつもりで臨場感のある表現を心がけること、取り上げた記事に関する自分の意見・評価を加えること、広告欄にパロディーを入れ楽しい紙面となるよう工夫すること、文字ばかりでなく写真・イラストなどを取り入れ立体的で読みやすい新聞をつくることなどを留意事項として伝えた。さらに、文字は手書きのみとし、文献の文章のコピーやインターネットからプリントアウトした文章の切り貼りは禁止した。このあと、生徒たちは、図書室の文献や副教材の図説資料集を参考に、私に相談したり、友だちと話しながら、テーマ選びの作業に入った。

(3)　生徒が学んだこと

「世界史新聞」の作成から生徒たちが何を学んだかを知るために、作品の裏面に「世界史新聞報告用紙」を記入・貼付のうえ提出させた。この用紙には、新聞のタイトル名、そのテーマを選んだ理由、新聞作成で苦労したこと、新聞作成で学んだこと、という四点を記入させた。以下、紙幅の関係で、生徒が苦労した点、学んだ点のみを紹介したい。

まず、生徒たちは、どのような点に苦労したのだろうか。生徒たちは、①テーマを決めるまでの迷い、②資料収集・活用での苦労（「ネットを検索しても役に立つ資料がなかった」「資料が少なすぎて調べるのが大変だった」「本の内容がむずかしく理解するのに苦労した」「資料のどの部分を書き、どの部分を削るかという取捨選択に迷った」など）、③紙面構成の苦労（「書きたい内容が多かったので記事の精選に迷った」「紙面にメリハリをつけるため記事の優先順位を考えた」「レイアウト、デザインの工夫など見栄えをよくするのが大変だった」「文章ばかりにならないよう略年表・四コマ漫画などを入れて見やすくした」「使える写真・絵がなかったので地図や絵を手書きで書いた」など）、④文章表現・書く作業での苦労（「書きたい内容がたくさんあったが、スペースが少ないのでまとめるのが大変だった」「フランス革命のどこに視点をおいて書けばよいか迷った」「文章を簡潔にすることに苦労した」「調べた内容を自分の言葉で表現することがむずかしかった」「自分がその時代に生きていたつもりで書くことに苦労した」「広告欄やパロディーを書くにはその時代のことをよく知らなければならないので、たくさん調べた」、などをあげている。これらの内容から生徒たちが限られた時間の中で、初めにテーマの決定に迷い、次に資料の収集・読解（調べ作業）と格闘し、さらに、調べた内容を、一定のスペースに、自分の言葉で立体的に見栄えよく表現するという、三つの労苦を経て、作品を完成させたことが分かる。

次に、「世界史新聞」の作成から生徒たちは、何を学んだのだろうか。以下、三つに分けて紹介する。まず、技術・方法に関して学んだこととして、「自分の意見を新聞という媒体を通してうまく読者に伝えることはむずかしいと思った」「読者の関心を引く見やすい新聞づくりが重要だと気づいた」「書く前の紙面構成プラン・記事の配置がとても大切だった」「文字以外のイラスト、デザイン、写真などが見栄え・メリハリの点で重要不可欠だと感じた」など、新聞という形で相手に情報を伝えることの大切さと表現方法のむずかしさをあげている。

内容の面で学んだこととして、「自分が調べることの大切さ・楽しさを知り、達成感を味わった」「自分自身が調べることによってそのテーマをより深く理解できた」「授業で習うよりも自分で調べることによってそのテーマの興味・関心が深まった」「授業やテストでは暗記で終わってしまうことも、自分で調べたことは忘れないと思う」などの意見があった。これらの意見は、自分自身が調べまとめることが、そのテーマに関するより深い理解と知識を獲得することにつながることを示している。

また、世界史の見方を学んだり、自分の世界史認識を深めたと語る生徒も多かった。たとえば、「三国志に関して、自分が思っていたことと本当にあった事実がかなり違っていたことに気づいた」「キリスト教に

図Ⅰ　「世界史新聞」生徒作品の例

マリー・アントワネット新聞

2008年6月20日(金)

【姓名】
マリー・アントワネット・ジョセファ・ジャンヌ・ド・ロレーヌ・ドーリッシュ
(仏:Marie Antoinette d'Autriche)

【出生】
1755年 11月2日(～1793年10月16日)

【子女】
・フランス王太子女マリー・テレーズ
・フランス王太子 ルイ・ジョセフ
・フランス王太子 ルイ・シャルル(ルイ17世)
・マリー・ソフィー・ベアトリス

【王家】
ハプスブルグ=ロートリンゲン家

【両親】
父:神聖ローマ皇帝 フランツ1世
母:神聖ローマ皇后 マリア・テレジア

『パンがなければお菓子を食べればいいじゃない』発言の真相!

原文はフランス語で、「Qu'ils mangent de la brioche」直訳すると「彼らはブリオッシュを食べるように」となる。ブリオッシュは、現在ではパンの一種の扱いをされており、バターと卵を普通のパンより多く使った、いわゆる贅沢なパン」である。お菓子ではなくケーキ、またはクロワッサンと言った、という変形もある。なおフランスにクロワッサンやコーヒーを飲むという習慣は、彼女が、オーストリアから嫁いだときに、フランスに伝えたというように伝えられている。

しかし!!これは、マリー・アントワネット自身の言葉ではない!!とされる。ルソーの『告白』の第6巻に、ワインを飲むためにパンを探したが見つけられないルソーが、"家臣からの「農民にはパンがありません」との発言に対して「それならブリオッシュを食べればよい」とさる大公婦人が答えた"ことを思い出したこともあり、この記事が、有力な原典の一つであるといわれている。

実際は、これは彼女をねたんだ貴族達の作り話であり、飢饉の際、子供の宮廷費を削って寄付したり、他の貴族から寄付金を集めるなど、国民のことをとても大事に思うような、優しい人物であった。

香水と入浴

マリー・アントワネットが幼少期を過ごしたオーストリアには、当時から入浴の習慣があった。母マリア・テレジアも幼い頃から彼女に入浴好きになるよう教育している。入浴の習慣がなかったフランスへ嫁いだ後も、彼女は入浴の習慣を続け、幽閉されたタンプル塔にも浴槽が持ち込まれたという記録がある。また、入浴することにより、体臭を消すという目的が主だった香水にも、影響があった。マリー・アントワネットは、当時のヨーロッパの貴族が愛用していた、ムスクや動物系香料を混ぜた濃厚な香り(香りというより、臭いという表現がふさわしい)よりも、花やハーブなどの植物系香料から作られる軽やかな香りの現代の香水にとても近いような物を愛用し、貴族達の間でも流行した。もちろん、このお気に入りの香水もタンプル塔へ持ちこまれた。

わずか7歳でプロポーズ?!

マリー・アントワネットはウィーン時代にグルックから音楽を教わっていた。また彼女が7歳だった1762年9月、各国での演奏旅行の途上、シェーンブルン宮殿でのマリア・テレジア御前演奏に招かれたモーツァルト(当時6歳)から、プロポーズされたという。これは音楽史上、とてもよく知られているエピソードである。

後年、ルイ16世の元に嫁いでからもハープを愛奏していたという。タンプル塔へ幽閉された際も、ハープが持ち込まれた。歌劇のあり方などをめぐるブフォン論争の折には、グルックを擁護し、彼のオペラのパリ上演の後援もしている。

なお、彼女は作曲もし、少なくとも12曲の歌曲が現存している。彼女の作品の多くはパリ国立図書館に収蔵されているのみである。

後記

マリー・アントワネットについていろいろ学べました。とくに「パンがなければお菓子を食べればいい」という言葉が、マリー・アントワネットのものでなかったことにとてもビックリしました!!!

両親の別の顔…

Father

「フランツ・シュテファン・ロートリンゲン」彼は、明るく楽天的で遊びが大好きでいわゆる快楽主義の性格だった。この性格は彼女に似ている。

Mother

「マリア・テレジア」オーストリア大公でありローマ帝国皇帝カール6世の長女。無邪気で頑固で美貌で賭け事好きであった。

ブリオッシュ!!!

Brioche

バターと卵を普通のパンより多く使った食品。名前の由来として、地方名のブリー(ブリ)や僧侶の作った形であるという説がある。中世ヨーロッパではお菓子とされている。

魔女狩りという暗い過去があったこと、授業で習ったルターやコペルニクスも魔女狩りの処刑を見学したことを知り驚いた」「コーヒーの歴史を調べたら、黒人奴隷やオスマン帝国とも関係があることを知った」「小国マルタ共和国にも深い歴史があることが分かった」「リンカーンは奴隷解放をめざしていた大統領と思っていたが、そうでないことが分かり、歴史を一つの面からではなく様々な面から見つめる必要があることを学んだ」「ヨーロッパでは十字軍を正義と見なしているが、イスラーム教徒から見た十字軍は虐殺を繰り返した侵略者であり、歴史は一方的な見方だけではいけないということが分かった」「今まで杉原千畝がユダヤ人にビザを発行していたことは知っていたが、今回調べてみて、彼に助けられたユダヤ人のＨＰまでたどりつくことができた」などの感想が寄せられた。これらの感想から、生徒たちが「世界史新聞」の作成を通じて、世界史との様々な「出会い」と「発見」を体験し、彼らの世界史認識を深めたことを読み取れる。生徒たちは「世界史新聞」の作成を通じて、技術・方法の面でも、内容の面でも、世界史認識の点でも、多くの学びを得ることができた。

(4)　事後学習

作品提出を終えた六月後半、クラスごとに図書室で、事後学習としての発表会を行った。初めに一人ずつ、自分の作品を胸に掲げて示しつつ、テーマ決定の理由、苦労した点、作品の見所、作品作成で学んだことの四点についてスピーチする。このあと、全作品を展示し、全員が作品を見て回り、優秀作品を一つ選んで、投票用紙に記入・投票する。次いで、投票用紙を社会科係と私が回収・集計し、優秀賞を発表し、手作りの表彰状を授与した。以上が事後学習である（その後、一部の作品を文化祭でも展示した）。

なお、評価に関しては、作品の内容（テーマ性・記事の正確さ・内容の充実度）と形式（見栄え・美しさ・紙面構成）という二つの観点から判断し、成績評価に加味した。

2．グループ発表学習の実践

(1) 発表学習の方法

一学期の「世界史新聞」の作成、二学期の「世界史漫画」の作成（世界史上の興味のあるテーマを主題に八コマ漫画を創作する）という課題学習を経て、三学期にはグループ単位でレジュメを作り、発表学習を行った。今回の発表学習の目的は、調べる力、調べた内容をレジュメにまとめる力、発表する力を身につけ、併せて各自の世界史認識を深めること、また、グループ単位の学習活動を通じて共同と自治の力を高めることである。

発表学習のテーマは三・一独立運動である。テーマ設定の理由は、三・一独立運動九〇年の年に、この事件を題材に日本の朝鮮植民地支配の実態を知ること、韓国民衆の独立と解放の願いを理解すること、この事件を視点に同時代の東アジア・世界の動きを把握することである。

この発表学習には、ガイダンスとグループ作り（一時間）、第一回発表（二時間）、第二回発表（一時間）の計四時間を用いた。まず一時間目に、各クラスともくじ引きで四人、または三人のグループを十ずつ作った。次に、「グループ発表学習実施要項」を配り、発表学習の目的、レジュメの作成方法、発表方法と発表日、評価基準などについて説明した。その後、自作プリントを使って韓国併合から三・一運動の展開までの流れを簡単に説明し、グループで話し合わせて、三・一運動の小テーマを選ばせた。ここでいう小テーマは、①三・一運動の原因・展開・影響、②柳寛順、③堤岩教会事件、④国外（間島、沿海州、中国、アメリカなど）に広がった三・一運動、⑤日本との関係（日本人と日本のマスコミは三・一運動をどのように見なしたか）の五つである。五つの小テーマを設けた理由は、三・一運動を多角的に理解することと、二つのグループが同一テーマを調べ発表することによって、同じテーマであれ、別の角度から調べまとめるために発表内容に違いが生じ、その違いを通じて、クラス全員の理解が深まることを期待したからである。

発表学習の準備・方法として、各クラスごとのレジュメ集を作成・配布すること、社会科係が司会を務めること、発表グループは全員が教室の前に出てレジュメの要点を説明すること、このとき全員が説明に参加すること、司会は各グループの発表開始前に二名、質問者を指名すること、聞いている側のすべての生徒は「質問・感想シート」にすべてのグループの発表に対する質問・感想を書いて提出することにした。「質問・感想シート」を利用した理由は、発表者以外の生徒をただの聞き手にせず、発表学習に参加させるためである。そして、「質問・感想シート」に記入されたクラス全員の反応を質問という形で、各発表グループに投げ返し、その質問に答えるための二回目の調べ学習とレジュメ作成による発表を行うことを通じて、各グループとクラス全員の理解を深めることをめざした。こうして生徒たちは、グループ単位で、空き時間を利用して、選んだテーマの調べ作業を進め、レジュメを作成して、発表学習に臨むことになった。

(2)　グループ発表学習の成果

今回の発表学習からは、方法と内容の両面で、様々な学びの成果があった。まず、方法の面での成果を紹介したい。今回、生徒たちは初めてレジュメとは何かを知り、グループ単位ながらもレジュメ（Ｂ４用紙で一枚以上）の作成に挑戦した。文字だけで何とか紙面を埋めたレジュメから写真・地図・年表・統計グラフなどの資料と参考文献を載せ、グループの意見・考えを明記したレジュメまで、レジュメの完成度には差が

図Ⅱ　発表学習レジュメの例

間島に広まった三・一独立運動　中国に広まった三・一独立運動

●間島地方は豆満江、朝鮮に接する中国東北地方（1910年代には吉林省）で1910年前後から移住民が増加した。

●1909年9月、日本は「韓国併合」を前提として中国との間に**間島協約**を結び、国境を確定した。

●間島在住朝鮮人の人口は、
1910年に10万人程度
↓
1918年には約35万人
に増加した。

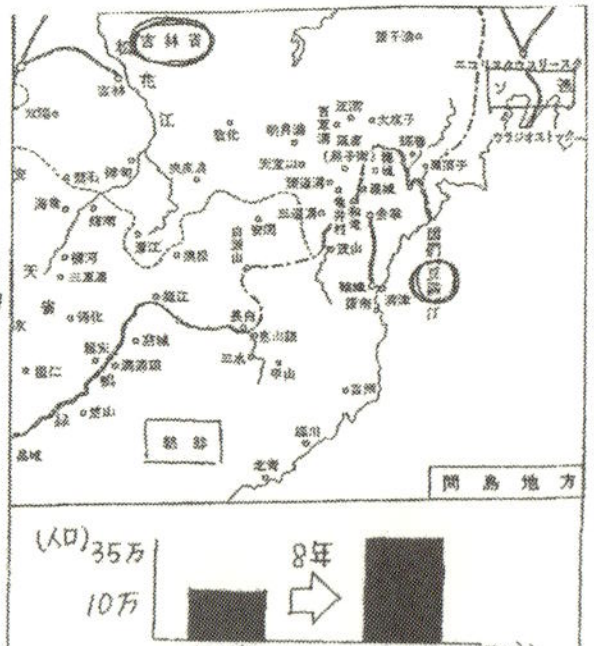

< 間島在住朝鮮人口の移り変わり>

―〈北間島地方について〉―

●北間島では、独立運動への動きの早かったウラジオストック、ニコリスク（ニコリスク・ウスリースキー）在留朝鮮人の働きかけによって、1919年2月下旬ごろ、民族団体、宗教団体などが連合して**独立宣言書**を発表し独立万歳を唱えようという企てがあった。

●北間島地方の抗日民族団体
①大韓国民会…軍資金を募集して武器を購入し武装をすすめた。
②大韓軍政署…本営に武官学校をおき、数千の隊員を養成した。
③大韓独立軍…国民会軍と共同して武官学校を設立した。
④大韓北路督軍府…国内進入作戦を展開した。

（参考文献…朴慶植『朝鮮三・一独立運動』平凡社1976年）

〈大韓民国臨時政府〉

1919年に朝鮮の独立運動を進めていた人々によって中国の上海に設立された亡命政府のこと。
中心人物は李承晩（イ・スンマン）、呂運亨（ヨ・ウニョン）、金九（キムグ）。
↓
☆集会や言論の自由など、朝鮮総督府による統治体制が**武断的→文治的**へ

―活動―
・朝鮮内地との秘密連絡網の組織化や機関紙『独立新聞』の発行、各種の外交・宣伝活動の展開…中国、フランス、ポーランドから承認を受ける。
・シベリア派と上海派の対立など指導者間の対立によって混乱し、1923年の**国民代表会議**の決裂以降は急速に勢力が弱まる。

―財政―
初期→朝鮮各地からの献金（資金調達のため、裸体写真の販売説もあり）
後期→中国政府からの支援金

現在の韓国政府
・**大韓民国臨時政府**の正当性を主張…国際的には認められていない。
・連合国、枢軸国からも第二次世界大戦の参戦国として認められず戦後、**米軍により解体**された。→サンフランシスコ講和条約への署名も×。
・こうしたことが韓国の**反日主義の原動力**の一つとなっている。

見られたが、「調べた内容と自分たちの意見をレジュメを通じて伝えることの大変さと大切さが分かった」等の感想が示すように、生徒たちはレジュメ作成の学習を新鮮に受けとめていた。

レジュメ作成と発表を二回行ったことについて、「一回目のレジュメづくりでは、ただ意味の分からない言葉を並べているだけだったが、二回目のレジュメを作ることによって一回目に調べた言葉の意味をより詳しく知ることができた」というように、二回目のレジュメづくりによって、各々のテーマに関する各グループの理解は深まりをみせた。ここでは、とくに二回目の発表内容が教師が与えたテーマではなく、クラスから出された質問に答えるという形をとったことが生徒たちの探求心を喚起したといえよう。

また、同一の小テーマを二つのグループが発表したことに関して、「Ｊグループが私たちと同じテーマの堤岩教会事件を調べたが、私たちは日本側の資料しか使わなかったのに対して、Ｊグループは日本と韓国の両方の資料を使って真相を調べていて、私たちの結論とは結構違いがあるなと思った」というように、テーマが同じでも発表内容の違いから生徒たちの理解が深まる場面も多く見られた。

次に、内容面に関する成果の一例を紹介したい。今回、各クラスとも十個のグループが三・一運動の五つの小テーマを調べ発表したことによって、三・一運動を幅広く理解したことはもちろんであるが、それだけでなく、歴史の見方、歴史的事実を検証することの大切さを学ぶことにもなった。

あるクラスのＦグループは、堤岩教会事件を担当し、第一回発表の際、事件の背景、日本の公式文書に記された事件の概要、韓国側の資料・朴殷植『韓国独立運動の血史』に書かれた日本の公式文書とは異なる記述、後年発見された宇都宮太郎朝鮮軍司令官の日記によって日本軍が事実の隠蔽を行ったことが判明したことを説明した。

この発表に対して、当該クラスでは「なぜ、日本軍は事実の隠蔽を図ったのか」「事件の真相は何だったのか」「なぜ、日本の公式文書と韓国側の資料では記述が違うのか」などの質問が出された。これらの質問が出た理由は、日本の公式文書、韓国側の資料、宇都宮太郎の日記という三つの記述が混在し、事件の真相を理解しにくいこと、矛盾する資料の記述を繙きながら、真相を知りたいという生徒たちの思いがあったからであろう。

そこで、Ｆグループは「なぜ、日本の公式文書と韓国側の資料の記述は違うのか」をテーマに選び、第二回発表を準備した。Ｆグループは初めに、この事件の原因は教会に集まった住民の暴動であったとする日本の公式文書の見解を紹介した。次に、日本軍の住民虐殺と教会放火の事実が国際的に知られることを防ぐために長谷川好道朝鮮総督の判断で、事実を隠蔽したことが宇都宮太郎の日記の発見によって明らかになったと説明した。

さらに、Ｆグループは『韓国独立運動の血史』の検討を行い、同書の虚偽の記述を指摘した。それは、『血史』は当時、教会内に幼児を抱いた婦人がいたこと、婦人の助けの訴えにもかかわらず、日本兵が幼児を刺殺したことを記述しているが、日本の公式文書と英国紙『モーニング・アドバタイザー』の記述では、教会内にいた人々は全員男性であるから、『血史』の記述は誤りであるという内容である。そこで、Ｆグループは『血史』とその著者を調べた結果、『血史』は民族意識を鼓舞する目的で書かれたため、数値や事実関係に誤り・誇張があるという結論を述べた。

こうして、Ｆグループの発表は、三つの資料の記述を比較検討して、堤岩教会事件の真相を明らかにし、同時に日本と韓国側の資料の記述が異なる理由、史（資）料を用いて歴史的事実を検証することの大切さをクラスに示唆する結果になった。以上、今回の発表学習は方法と内容の両面で、多くの成果があり、生徒たちに自ら調べ学ぶことの意義、レジュメにまとめて人に伝えることの重要さを気づかせる機会になった。

おわりに

「生徒たちは無限の可能性を秘めている」。これが、「世界史新聞」の作成、「三・一独立運動グループ発表学習」などの実践を終えての私の実感である。

変化の激しい現代世界の中で、自分の力で資料・情報を読み解き、その意味を理解・判断し、自らの行動に移すことがますます求められている。こうした現代の課題に応えるために、生徒の学ぶ力・行動する力を育てる授業づくりを生徒たちとともに追求していきたい。

【注】

（１）この議論に関する近年の簡潔な紹介としては、南塚信吾『世界史なんていらない？』岩波ブックレット、二〇〇七年、浜林正夫『世界史再入門』講談社学術文庫、二〇〇八年、などを参照。

（２）鳥山孟郎『授業が変わる世界史教育法』青木書店、二〇〇八年。

（３）上原専禄編『日本国民の世界史』岩波書店、一九六〇年、ほか。

（４）「世界史新聞」の有効性と利用方法については、関根秋雄『世界史授業プリント――「世界史新聞」を生かす――』地歴社、二〇〇八年、などを参照。

初出（『歴史と地理――世界史の研究――』第二三〇号、山川出版社、二〇〇九年八月）

第4章　「ローマの平和」の光と陰

1.「ローマの平和」を見つめ直す

千年を超える長大な時間と地中海世界という広域空間を支配した古代ローマの歴史は、のちのヨーロッパ諸国の政治と文化の基盤を形成した点で、世界史の教科書の中では極めて大きな位置を占め、世界史学習の重要なテーマをなしている。しかし、古代ローマ史の多様な実相を理解するためには、「ローマの強さと偉大さ」を学ぶだけでなく、奴隷制や属州支配などローマ史の陰の側面を知ることが必要である。スパルタクス蜂起などをテーマに、奴隷制の実態や奴隷解放のための闘いを扱う実践は広く行われているが、ローマに征服された属州や「蛮族」とよばれた人々の側に立った授業は必ずしも十分とは思われない。そこで、ローマ帝国の最大版図を生み出す契機になった皇帝トラヤヌスのダキア戦争をテーマに、敗者の立場であるダキア人の視点から当時の歴史の可能性を考えさせ、生徒の歴史的思考力の育成をめざした。

ローマ共和政の歴史と帝政の成立を学習したあと、「ローマの平和」を扱う場面で、「ローマの平和の光と陰」と題して行った。「ローマの平和」は一面では、ラテン語、ローマ法、水道、道路、大浴場、神殿、闘技場などの文化遺産やインフラをもたらした反面、ローマの侵略とその支配が住民たちに何を与えたかを、資料の解釈を通じて自ら考え、自分の力で歴史を読み解き、自分の意見と考えを形成することが目的である。

なお、生徒たちはすでに、地中海世界に対するローマ帝国の支配の構造が奴隷制と属州・異民族に対する抑圧・収奪の上に立脚していることを、スパルタクスの蜂起やローマ支配下の小アジアにおける苛斂誅求《かれんちゅうきゅう》などの事実、ローマ軍と戦った現スコットランドの首長カルガクスの演説などによって学習している。

図Ⅰ　ダキア地域の概念図

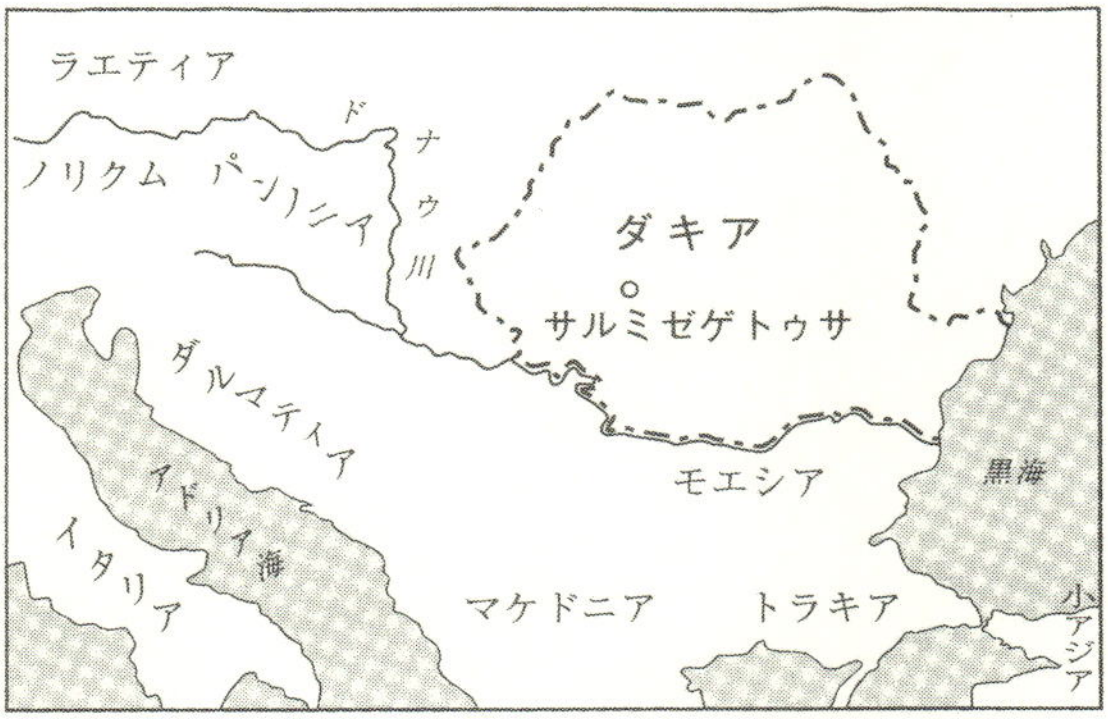

2. ドナウ川の向こう岸にそびえ立つダキア王国

まず初めに、予備知識として、ダキアがドナウ川北岸の現在のルーマニアに位置し（図Ⅰ）、優れた冶金術と貨幣鋳造など古来、高度な文化と政治組織を持ち、前一世紀前半にブレビスタ王のもとでダキア王国が成立したこと、その後、一時解体したダキア王国が一世紀末のデケバルス王の時代に強力な国家として復興したことを説明した。次に、「資料ダキア戦争」を用いて、デケバルス王の即位から第二次ダキア戦争によるダキア王国滅亡までの経過を読みとらせた。生徒たちは、ダキアという初めて聞く国名と、その優れた文化、強力な国家形成の歴史に驚いていた。

以下、ワークシートに六つの問いを用意し、各自が資料を解釈しながら、答えを選び、その答えを選んだ理由を記述させた。そのうち、問い①から問い④では、ダキア戦争という過去に実際におこった歴史的事件に関する解釈を、後半の「意見を書く設問1・2」では、ある特定な具体的場面で「どうすべきだったか？」「どうすればよかったか？」という判断をともなう意見を書かせた。

「資料ダキア戦争」の一部（出典：『図説激闘ローマ戦記』一三八～一三九頁）
……トラヤヌス帝はドナウ川を渡り……ダキア軍に勝利し、翌一〇二年には……都サルミゼゲトゥサに迫った。このとき、デケバルスは貴族の使節団をトラヤヌス帝に送り、条約を締結した。この条約では、ローマへの武器・工作機具の引き渡し、逃亡兵の返還、要塞の破壊、逃亡者の保護の禁止が定められ、ほぼ降伏に等しい内容であった。ところが、デケバルスは一〇三年、条約違反を犯し、武器を集め、逃亡兵を受け入れ、要塞を修築して戦争継続に備えた。しかし、実はダキア国内では多くの貴族がトラヤヌスに寝返り、抗戦よりも講和を求める気運が高まっていた……。

3．ダキア人にとっての「ローマの平和」とは何だったか

●問い①　「図Ⅱ」は、ローマ市にそびえ立つ皇帝トラヤヌスの記念柱である。高さ三八mの記念柱には、トラヤヌスの二度のダキア戦争をテーマに、出陣、築城、戦闘、敵の降伏、凱旋など一五四の場面と二五〇〇人の人物が、二四周にわたって螺旋状に描かれ、ダキア戦争を知る上で貴重な資料となっている。「図

Ⅲ」は、記念柱の一部である。中央の部分には、何が描かれているか、読み取ってみよう。

（a）ダキア人の女たちとダキア人の兵士
（b）ダキアの女たちとローマ軍の兵士
（c）ローマ人の女たちとダキア人の兵士

ここまでの説明と「図Ⅲ」の画面を根拠にして考えた結果、生徒たちの意見は三つに分かれた。正解は（b）であり、ダキア人の女たちがローマ軍兵士を捕らえて復讐のための暴行を行っている場面である。ダキア人の女たちに暴行されているローマ軍兵士の下にダキア人の民家が描かれているのがヒントの一つである。

図Ⅱ　皇帝トラヤヌスの記念柱

●問い②　次に、「図Ⅳ」は何を描いているか、考えてみよう。

（a）戦場へ移動するローマ軍兵士とその家族の一行
（b）農場へ向かうダキア人家族一

図Ⅲ　トラヤヌスの記念柱の一部（1）

図Ⅳ　トラヤヌスの記念柱の一部（2）

行

（c）集落から避難するダキア人家族一行

正解は（c）である。（c）を選んだ生徒たちの根拠は、「家族で移動している」、「男も女も、子どもも描かれている」、「後ろに家が描かれ、そこから逃げているように見える」、「様々な年齢の人がいる」、「多くの荷物を運んでいる」、「ローマに征服され、殺されるのを避けるため逃げているのではないか」、「表情に必死さがうかがえる」などである。「図Ⅳ」の人物、動作、光景から緊迫したダキア人家族の避難の様子、ダキア戦争が男性兵士だけでなく、女性や子どもなどを巻き込んだ戦争であったことが理解できる。

●問い③　なぜ、トラヤヌスはダキアを征服したのか、考えてみよう。

（a）豊かな穀倉地帯を獲得するため
（b）ダキア人を奴隷とするため
（c）反ローマ的な国家を倒し、国境線の安全を確保するため

正解は（c）である。（c）を選んだ生徒たちは、「資料ダキア戦

争」から、二世紀初頭のローマ帝国がおかれた客観的な状況を把握し、当該時代に合わない答えを消去し、「ダキアが強力な国家に成長しローマの脅威になったから」、「ダキアはたびたびローマ帝国領に侵入したので、ローマは北の国境線の安定を図りたかったから」などを理由に挙げている。なお、トラヤヌスのダキア戦争には豊かな金鉱の獲得という目的もあった。

●問い④　「ローマの平和」はダキアに何をもたらしたか、考えてみよう。

（a）ダキアにキリスト教が浸透した。

（b）ダキア人は奴隷に転落し、奴隷制大農園が成立した。

（c）ローマ帝国各地の住民がダキアに移住し、ダキア人と融合した。

多数の生徒が（b）を選んだが、正解は（c）である。歴史的事実として属州ダキア成立後、モエシア、ダルマティア、パンノニア、トラキア、イタリア、ギリシア、シリア、小アジアなどローマ帝国の各地から多くの退役兵や住民が移住し、先住ダキア人と融合していった。それは、「ルーマニア」という国名が〝ローマ人の国〟を意味するように、現在、ルーマニア人が国家成立の起源を先住ダキア人と各地からの入植者の融合と考えている所以である。多くの生徒が答えを誤った理由は、ローマ共和政の既習事項が意識に残り、ローマの征服戦争が征服地域の属州化と住民の奴隷化を招くというイメージが強く働いていたからである。

4. もし、そのとき、ダキアの王だったら、どうするか？

●【意見を書く設問1】第一次ダキア戦争に敗れたダキア王デケバルスは、ローマの侵略にどう対応すべきだったか？

「意見を書く設問1・設問2」は、過去の歴史的事実の解釈ではなく、歴史上のある特定の場面における意思決定を問う質問である。そこで、二つの設問に対して、資料にもとづいて自分の意見を考えさせ、ワークシートに意見を書かせたあと、それを口頭で発表させた。すると、設問1に関しては、ローマとの戦争・抵抗に反対する多数派と、ローマへの抵抗・闘いを肯定する少数派に分かれた。

①反ローマ抵抗戦争反対派の意見

（ア）「デケバルスは強大なローマにいつまでも抵抗せずに、貴族の寝返りがおきた時点で早く講和を受け入れるべきだった」

（イ）「戦争に敗れて住民が奴隷になるのを避けるために早く講和を結ぶべきだった」

（ウ）「ローマとの条約を守って戦争を避け、国家の存続を図るべきだった」

（エ）「ローマの被護国であり続け、ローマの支援を受け友好関係を維持した方がよかった」

（オ）「第一次ダキア戦争後にきちんと講和を結び、第二次の戦争をおこすべきでなかった」

これらの意見の傾向は、第二次ダキア戦争によるダキア王国の滅亡とデケバルス王の自決、ダキアの属州化という歴史的事実の理解と、その後の住民の奴隷化というイメージから戦争後の被害・混乱を避けるために、デケバルスはローマとの条約を遵守し、反ローマ戦争を闘うべきではなかった、あるいはできる限り早期に講和すべきであったというものである。その根底には、戦争では住民が最大の犠牲者になるという戦争に関する一般的認識と、ダキアの住民の奴隷化を防止するための、超大国ローマ帝国との戦争回避論・早期講和論が伏在している。

②反ローマ抵抗戦争肯定派の意見

（カ）「デケバルスは貴族を寝返らせないように統治をしっかりと行い、ダキアの住民が一丸となってローマに抵抗すべきだった」

（キ）「周辺民族から鉄製武器、戦車等の軍事技術を学び、周辺国と同盟してローマの侵略を防ぐべきだった」

これらの意見は、戦争にともなう被害と混乱よりも、抵抗闘争によるダキア王国の自立と存続を重視している。しかし、抵抗・闘争の反対派の意見が歴史の事実をある程度ふまえ、デケバルスの抵抗と敗北を批判的に反省するという観点から意見を書いているのに対して、抵抗・闘争の肯定派は、デケバルスの抵抗の具体的可能性、勝利の見通しに関する根拠が十分とはいえない。

③和戦併用路線派の意見

（ク）「ベトコンのように、熟知している地形を利用してゲリラ戦を繰り返し、〝勝たずとも負けない戦争〟

をするべきで、そして頃合いを見て、きちんと条約を結ぶ方がよかった」

この意見は、戦争と講和を使い分け、その都度有利な状況をつくりながら、最終的には講和を結ぶという現実的政策を重視する考えであり、実はデケバルスが第二次ダキア戦争が勃発するまで追求していた路線である。講和か抵抗という二者択一ではなく、小国が大国に勝利したベトナム戦争の知識を動員しながら、現実的に判断している。

5．属州住民にとってよりよい選択とは何だったか？

●【意見を書く設問2】第二次ダキア戦争の敗北にともなう属州ダキアの成立後、住民はどうすればよかったか？

生徒の意見には三つの考えが現れた。

①住民の移住・避難説

一つはダキアがローマの属州に編入される前に、家族とともにローマ帝国の他の属州やローマ帝国外の他国に移住・避難するという考えである。この意見の根拠は前掲の「問い②」の選択肢（c）であり、ローマ軍の侵略前に一部のダキアの住民が集落から避難したという事実に注目し、第二次ダキア戦争の敗北後も、自分の集落から他地域に移動・避難することが可能であったのではないかという仮説的な意見を述べている。

②ローマの支配受容説

ローマに対する敗北が確定し属州ダキア州が成立する以上、反乱などをおこさず、ローマの統治に従って生活するという考えである。判断の根拠は、「意見を書く設問1」の反ローマ抵抗戦争反対派の意見と通底し、敗戦という現実を受け入れ、属州住民の安全確保のためのローマの支配の受容である。

③抵抗・反乱の継続説

「サルマタイ人と協力して再度ローマに反乱をおこす」や「従順を装って新たなリーダーを選んで独立のための反乱をおこす」という抵抗・反乱を継続したいという考えである。その根拠としては、「資料ダキア戦争」の記述から属州成立後も、皇帝ハドリアヌス時代に自由ダキア人（属州外に逃れたダキア人）とサルマタイ人の蜂起が発生したという事実があげられている。しかしこの意見は、それが属州の外側に逃れた住民の抵抗であり、属州住民の抵抗ではなかったという別の事実を見落としている。

6. 複眼的視点から「ローマの平和」を問い直す

今回の授業では、「ローマの平和と繁栄」を一面的・肯定的に理解するのではなく、とくに、【意見を書く設問】に対する解答を通じて、ローマの支配が、征服され属州にされた住民たちにとって、どのようなものであったかを考えさせた。自分の頭で主体的に考え、自分の意見と考えを組み立てながら、より深く理解することができたといえよう。

確かに、二世紀初頭のダキアという一九〇〇年近い過去の、しかも他国の住民の状況に思いをめぐらし、当時の最善と思われる選択肢を判断するという作業はたやすいことではない。そこで、生徒たちは、ローマ帝国という大国に対するダキアの外交政策のあり方、大国との戦争と敗北、その結果としての属州化とその後の住民の生活、ローマ支配下での抵抗と自立・独立の可能性などを基準として、判断していた。

生徒たちの意見を読むと、戦争一般がもたらす被害・犠牲・混乱・恐怖などの負の側面をイメージし、現代を生きている彼らの価値観・生活感覚を投影させながら、ダキア戦争の賛否を、住民の安全と平和を重視するという観点から考えていた点に大きな特徴がみられた。歴史学習において、過去の歴史を、現代の観点から単なる結果として傍観者的に眺めるのではなく、歴史の渦中に身を置き、当時の様々な選択肢と可能性を検証しながら歴史を捉える学習は、歴史的事実の理解を深めるうえでも、現代の課題を考えるうえでも有効である。日々の歴史の授業のなかで、確かな事実に立脚することと論理の整合性を重視しながら、生徒各人の意見をつくらせることによって、生徒一人ひとりの歴史的思考力を伸ばしていきたい。

【参考文献】
米山宏史「ダキア王デケバルスの反ローマ戦争」『歴史科学と教育』第二三・二四号、二〇〇五年
米山宏史「ダキア戦争」『図説激闘ローマ戦記』所収、学習研究社、二〇〇七年
米山宏史「ローマ帝国と北方『蛮族』世界」『歴史地理教育』七五六号、二〇一〇年
米山宏史「ルーマニアの歴史のルーツをたずねて」『歴史地理教育』七八四号、二〇一二年

初出（鳥山孟郎・松本通孝編『歴史的思考力を伸ばす授業づくり』青木書店、二〇一二年八月）

【出典】図Ⅰ、Ⅱ：Lino Rossi, Trajan's Column and The Dacian Wars, 1971.
図Ⅲ、Ⅳ：Paul Mackendrick, The Dacian Stones Speak, 1975.

第５章　発表を通じて学び合う世界現代史の授業

はじめに

二〇一〇年代半ばの現在、グローバル化がますます進行し、歴史教育には世界現代史の知識を含めた主体的な歴史認識と豊かな歴史的思考力の形成が問われている。そうした意識から勤務校では、高校三年生を対象に必修の「日本史Ｂ」（内容は戦後日本現代史）と「小規模選択・世界史ａ・ｂ」を設けている。ここでいう「世界史ａ」は主に欧米を中心にした世界現代史であり、「世界史ｂ」はアジアに焦点をあてた世界現代史であり、生徒はどちらかを選択しなければならない。勤務校では高校一年次に必修の「世界史Ａ」を履修するので、高校一年と三年の二年間をかけて世界史の近現代史を学ぶことになる。「世界史ａ・ｂ」の授業は週一回二時間連続であり、最初の一時間目は毎回一回完結型の特定テーマに関する教員の講義式授業と映像教材の視聴、二時間目は生徒によるレジュメを用いての発表学習である（表Ⅰ参照）。以下、生徒の発表学習を通じて得られた成果と課題について報告したい。

表Ⅰ　「世界史a」の年間授業テーマ一覧

木曜	土曜	授業テーマ一覧	視聴した映像資料
4/12	4/14	ガイダンス・第二次世界大戦	「映像の20世紀・世界は地獄を見た」
4/19	4/28	第二次世界大戦の時代	「映像の20世紀・世界は地獄を見た」
4/26	5/12	戦後世界の出発と冷戦	「映像の20世紀・東西の冷戦は…」
5/10	5/19	朝鮮戦争とアメリカ・日本	「映像の20世紀・東西の冷戦は…」
5/17	6/2	アメリカの公民権運動	「映像の20世紀・ベトナムの衝撃」
5/31	6/9	キューバ危機	「映像の20世紀・恐怖の中の平和」
6/7	6/16	ヨーロッパ統合の展開	（「映像の20世紀・恐怖の中の平和」）
6/14	6/23	第三世界と非同盟諸国の台頭	「映像の20世紀・独立の旗の下に」
6/21	6/30	ベトナム戦争とアメリカ	「映像の20世紀・ベトナムの衝撃」
6/28	なし	（木曜クラス：発表学習のみ）	
9/6	9/8	パレスチナ問題の展開	「徴兵を拒否するイスラエルの高校生」
9/13	9/15	核兵器開発と核廃絶運動の歩み	「市民の20世紀・広がる核の脅威」
9/27	9/29	ペレストロイカとソ連の消滅	「市民の20世紀・崩壊する東西の壁」
10/4	10/6	東欧革命と東西ドイツの統一	「市民の20世紀・崩壊する東西の壁」
10/11	10/13	ユーゴスラビア内戦	「映像の20世紀・民族の悲劇果てし…」
10/25	10/27	9.11同時多発テロ	「華氏911」
11/1	11/10	グローバリゼーションの時代	「市民の20世紀・進むグローバル化」
11/8	11/17	イラク戦争とアメリカ	「華氏911」
11/15	11/24	2012年の世界を読み解く	「ウォール街占拠2011」
11/22	なし	（木曜クラス：発表学習のみ）	

1. 発表学習の方法

授業びらきの際、中東・アラブの政治変革運動、アメリカのオキュパイ・ウォールストリート運動、日本の脱原発運動の展開などの国内外の情勢にふれ、めまぐるしく変転する現代世界の中で、自分自身の力で様々な動きを分析・解釈し、主体的な意志決定と価値判断ができる力を身につける必要があることを説明した。そして授業のねらいとして、世界現代史の十分な知識を得ることと、発表学習を通じてテーマを選ぶ力、調べる力、分析・解釈する力、構想しまとめる力、発表・発信する力を高めることを提示した。

併せて、レジュメの具体的な作成方法（テーマ選択の理由、調べた内容のまとめ方、結びとしての成果と課題、添付資料、参考文献等の出典明記、B4方眼紙に作成して提出など）を説明し、次回の授業時に「テーマ決定報告用紙」を提出すること、発表学習は全員が各学期に一回ずつ行い、一回につき二〇点満点（レジュメの完成度と説明方法の明確さを各十点ずつ）で成績評価に加えることを伝えた。さらに、司会は次の発表者が行い、一人の発表の後、数人に指名し（各発表テーマに対する全員の関心と理解を深める目的で）感想ではなく質問を出させること、発表者以外の全生徒には各発表に対して「発表学習感想・質問シート」を記入させ、授業終了時に回収して発表者に渡し、自分の発表に対する友人たちの感想や評価を知ることができるようにした。なお、発表のテーマは、世界現代史に関する内容、または現在世界でおきている国際問題等とし、芸能的記事や世界とつながりを持たない日本（史）プロパーのテーマは除外した。

2. 発表学習の展開とその成果

こうして、一人につき、年間に二回の発表学習が始まり、私の担当した四つのクラスでは、合計一二九名の生徒がのべ二三五本の発表を行った。クラスによって履修人数の違いがあるが、毎回一時間に三～五名が発表を行い、一人の発表時間は一〇分程度であった。残念ながら、レジュメを提出できず、発表の機会と評価点を失った生徒も一部現れた。各自が発表したテーマの事例は表Ⅱの通りであるが、①特定の歴史上の人物、②世界現代史の重大事件や政治動向、③経済・金融の問題、④宇宙開発などの科学分野、⑤原発や尖閣、竹島問題など現在進行中の諸問題などに大別することができる。授業の最終回に「一年間の授業を終えて」と題するアンケートを実施し、複数の質問項目に記述式で回答させた。紙幅の関係で、生徒一人ひとりのオリジナルな回答を紹介できないので、生徒の回答から抽出した発表学習の成果を、二つの観点にしぼり、簡

表Ⅱ　発表テーマ一覧

	1学期	2学期
6101	キング牧師	基軸通貨ドル
6105	アイルランド共和国軍	フォークランド紛争
6106	ゲバラ	ウッドストック1969
6108	イラク戦争	尖閣諸島問題と中国反日デモ
6112	ベトナム戦争（大量殺戮兵器）	ベルリンの壁
6113	リーマンショックとは	円高
6114	自動車の戦後史	マッカッサー
6115	アメリカを救った科学者ブラウン	フォークランド紛争
6119	スマトラ沖地震に迫る	哨戒艦沈没事件
6122	クウェート侵攻	ソ連とゴルバチョフ
6123	核兵器と核軍縮の動き	ジョン・レノン－愛と平和を訴えた音楽家－
6125	サブプライム問題	尖閣諸島
6129	マザーテレサ	ワンガリ・マータイ
6130	戦後宇宙史（米側）	ケネディ大統領が残したもの
6132	アラブの春	ユニセフ
6137	アメリカ同時多発テロについて	ケネディ大統領暗殺事件
6205	核と向き合う	コンピュータの歴史
6206	現代アフリカの農業	現代パレスチナ
6208	チェルノブイリ原発事故	北朝鮮核問題
6209	宇宙開発と冷戦	SARSウィルス
6214	米ソの冷戦の動き	クワメ・エンクルマ
6218	新冷戦－冷戦後期の対立－	ニクソン・ショック
6221	9.11陰謀説	湾岸戦争
6222	アジア・アフリカ会議	
6224	日本に投下された原爆の疑問	コロンビア号空中分解事故
6228	中東戦争とパレスチナ問題	緒方貞子
6230	チェルノブイリ原発事故と福島の比較	欧州連合
6232	アメリカ同時多発テロ	竹島問題
6233	第二次大戦以降に誕生した兵器	ウォルト・ディズニーが作った世界
6307	中東戦争の宗教問題について	石原慎太郎について
6309	国際連合	世界の人権
6311	マーティン・ルーサー・キングJR	日本における領土問題
6314	リーマンショックの原因と影響	アメリカ同時多発テロ事件
6315	テレビゲーム戦争といわれた湾岸戦争	東西ドイツの統一
6325	9.11とテロ組織	竹島問題
6326	チェルノブイリ－政府と住民－	オイルショック
6331	スリーマイル島原発事故	軍縮の歩み

略化した表現にまとめて列記する。

〈レジュメの作成から学んだこと〉

①自分自身で調べて知ること、分かることの楽しさと大切さ、②自分で調べ、まとめることは歴史理解の深化につながる、③他者に見やすく、分かりやすく説明し伝えることのむずかしさ、④自分が調べた内容の整理と取捨選択、⑤レジュメの構成（要点の整理と図版・資料の精選）の工夫の大切さ、⑥質問を想定しての入念な発表の準備、⑦調べ学習とレジュメの作成は自主性の向上に役立つ、⑧多様な見解、相異なる学説のなかから真実を選び取る困難さ、⑨インターネット、ウィキペディアの信憑性への疑問と、それらと文献資料の両方を活用することの大切さ

〈友人の発表から学んだこと〉

①友人の深く調べたすぐれた発表、聞いている側を飽きさせない面白い発表への共感、②友人のレジュメの見やすさ・斬新さ・完成度、説明のスキルの高さへの感動、③友人の発表を聞いて自分が知らない、興味のなかったテーマへの理解の幅の拡大（自分の知識と視野の狭さの自覚）、④自分とは異なる、友人の多様で新しい視点・着眼点への驚きと発見、⑤教員が授業で扱ったテーマと生徒の発表テーマの重複が当該テーマの理解を深化。

以上から、生徒は発表学習を通じて、テーマ選択→調べ学習→レジュメ作成という自己学習、友人たちの前での説明と質問への応答、多くの友人の発表を聞き新たな知識と理解の獲得、という三つの学びの場面に立ち、様々な成果を学んだことが分かる。

ここで、印象的な発表を二本紹介する。アメリカ留学から帰国・復学した生徒（M・H）が「9・11と発癌性・今のGround Zero」を発表し、テロ現場のグラウンド・ゼロを訪問し撮影した映像を用いてテロの惨状を説明し、事件の救助に携わった関係者が未だに癌・肺疾患・白血病を患っている被害状況を報告した。この発表は自ら現場を訪問し、そこで入手した諸資料を駆使して臨場感溢れるプレゼンテーションを達成した点で多くの生徒に感銘を与えた。

次に「一〇一歳のフェアトレーダー安藤久藏氏から学ぶ『フェアトレード』」を発表した生徒（M・C）は、自宅に配付された地域の回覧板チラシを見て安藤氏の存在を知り、安藤氏への取材を通じてフェアトレードを理解し、氏が八五歳からコーヒー豆の輸入卸売業を始め、百歳を過ぎた現在も自転車で都内各地にコーヒー豆を配達している姿を紹介した。この発表は校外での取材を土台に綿密に組み立てられ、生徒全員にフェアトレードのしくみを知らせるという成果を生んだ。

最後に、かつて鈴木亮氏は「授業とは生徒と教師の学び合いの場である」と発言しているが、今回の一連の発表学習では、この言葉の意味を実感させる場面に多く出会った。発表学習は生徒相互間の豊かな学びの場であると同時に、私自身が生徒一人ひとりの発表から、その内容、問題設定の方法、その切り口、楽しいプレゼン方法など実に多くを学ぶ機会になった。今回は全生徒に発表を行わせるという形式面を重視したため、調べ学習の方法やレジュメのまとめ方の精度などの点では、必ずしも十分な細かい指導ができたとはいえなかった。こうした反省点を自覚し、今回の成果を生かして今後も実践に取り組みたい。

初出（歴史教育者協議会編『歴史地理教育』第七二〇号、二〇一三年二月）

第6章　「世界史史料」を読み解く高校世界史学習の試み

はじめに

高等学校の科目「世界史」は一九四九年の創設から六〇有余年の歩みを刻みつつ、現在、様々な課題に直面している。本来「世界史」は、「過去」（時間軸）と「世界」（空間軸）という二つのベクトルの交差の中で生徒たちを多様な学びに誘うことができる魅力と潜在的可能性を秘めた科目である。しかし、現在の一般的な授業風景に眼を投じると、教科書に掲載された用語数の増大、知識詰め込み型の授業スタイル、「暗記主義」や「正答主義」等の弊害で本来的な魅力が後退し、生徒の「世界史離れ」が深刻化している。二〇〇六年の「世界史未履修問題」は、こうした問題群を背景に発生したという指摘がなされて久しい[注1]。

他方、二〇一〇年代半ばの現在、グローバル化と情報化の進行にともない、国内外で様々な問題現象が発生し、そうした問題に向き合いながら自分の力で資料・情報を批判的に読解・解釈し、自己の分析にもとづき判断を下し、主体的に発信・行動する能力の習得が求められている。また、こうした時代状況のなかで、歴史教育の分野では「歴史的思考力」に関する議論が活発化し、「歴史的思考力」の獲得をめざす授業実践に期待が寄せられている。

1．『世界史史料』を教材化する理由

(1) 授業づくりの課題と『世界史史料』

私が日頃の世界史の授業実践で重視し、『世界史史料』（全一二巻、岩波書店）を教材に用いている理由は以下の通りである。①教科書等の歴史記述が史料に立脚し、史料批判の検証を通じて確証された歴史的事実であることを学ぶこと（歴史学の事実立脚性・科学性・学問性の疑似体験）。②自分自身の力で世界史の史料を読み解き、過去の歴史的事実を正確に理解し、自分なりの世界史像を組み立てること（世界史像の自主形成、主体的な世界史認識の獲得）。③現在に生きる者として過去の歴史的事実を単なる結果として傍観者的に理解するのではなく、過去の歴史的環境に身を置き、様々な選択肢と可能性について考察すること（歴史をめぐる過去と現在の対話、歴史における意思決定と価値判断、歴史的思考力の育成）。④教師の一方的な知識提供型授業から生徒を学びの主体にした主体的知識獲得型・思考力育成型授業に転換をはかること（史料読解を介した生徒間、生徒―教師間の学び合いの形成[注2]）。

授業づくりの課題を、このように設定した場合、『世界史史料』はその内容の理解は必ずしも容易ではないが、選択する史料テクストとその利用方法次第では、上記の課題に対して極めて有効な教材だと思われる。そこで、後述のような様々な工夫を加えながら、『世界史史料』の読解を用いた授業づくりに取り組んでいる。

(2)『世界史史料』の利用方法

以下、具体的な利用方法を紹介する。①年間の授業時間数の関係で、毎時の授業に『世界史史料』などの史料読解を組み入れることは困難である。そこで、史料の読解から具体的な歴史的事実を理解させたいという場面で厳選して利用している。②具体的な方法としては、授業進度に応じて、史料読解が有効あるいは必要と思われる場面で、当該史料をプリント印刷して生徒に配布し、指名して順番に音読させる。③音読の終了後、順番に生徒に指名して数行ずつ記述内容から読み取った概要を答えさせる。その際、適宜発問し、５Ｗ１Ｈを確認しながら、事実関係を整理し、教室空間内で共通の事実認識の形成に努める。④配布する史料プリントには『世界史史料』掲載の註と出典は掲載するが、「解説」は敢えて掲載していない。「解説」は生徒に当該史料の成立の時代背景や史料読解の理解を助ける長所があるが、他方で、生徒が先に解説を読んでしまい、本文を読む前に当該史料の要点を知ることを避ける方を優先した。理由は生徒各自が自力で史料を読解すること、その内容を理解するための思考活動の場面を設定することを重視しているからである。⑤授業では毎回「授業参加シート」を配布し、記入後の提出を義務づけている。たとえば、同シートには、「Ｑ１．史料を読み、ソロンの改革の時代背景と内容をまとめなさい」、「Ｑ２．史料を読み、ペイシストラトスの僭主政の成立過程についてまとめなさい」のような五つの問いを立て、生徒に文章を記述して答えさせ、それを私が点数化してコメントを付けて返却している。同シートは、史料読解の復習および毎時の授業のまとめ（授業内容の理解の定着化）として有効であり、私にとっても、生徒の理解度を検証すると共に、生徒の史料読解から逆に私の方が様々な「読み方」を教えられる場合も少なくない。

2.『世界史史料』をどのように用いているか

『世界史史料』全一二巻に掲載された膨大な史料の中から実際に授業で利用しているのは、授業時間数の関係と史料内容の難易度の問題から、五〇程度である。以下八つの史料の具体的な利用方法について紹介する。

(1) ソロンの改革（前五九四～五九三年、アリストテレス『アテナイ人の国制』）

……貴族たちと大衆の間に長期にわたって対立が生じた。……彼らの国制は……寡頭政であったが、特に貧しい者たちは自身も子どもたちも事実上は富裕者たちの奴隷であった。……全ての土地は少数の人々の権限のもとにあった。……彼らが地代を支払わなかったならば、彼ら自身も子どもたちも（奴隷として）引き立てられたのである。……全ての借財は身体を担保としていた。……多くの人々は少数の者たちに隷属していたので、民衆は貴族たちに対して立ち上がった。対立は激化し、長期にわたって互いに抗争が続いたので、彼らは合意の上でソロンを調停者およびアルコンに選出し、国政を彼に委ねた。

ソロンは国政の権限を手にすると、身体を担保とする借財を禁止して……民衆を解放し……負債の帳消しを断行したが、……人々はこれを重荷降ろしと呼んでいる。……彼は……財産収入に基づいて……五〇〇メディムノス級・騎士級・農民級・労働者級の四つの等級に区分し……財産収入の多寡に応じてそれぞれの等級に役職を分け与えたのである。労働者級と査定された人々には、彼は民会と陪審廷への列席を認めただけであった。[注3]

この史料を用いるねらいは、前六世紀初めのアテネの政治状況（貴族と民衆の階級対立の実相）を読み取り、ソロンの改革の内容と歴史的意義を理解することである。授業では史料読解の後、

①なぜ、貴族と民衆は対立していたのか？
②当時の土地の所有形態はどうなっていたのか？
③貧しい民衆はどのような状況におかれていたのか？
④なぜ、貧しい民衆は奴隷として引き立てられたのか？
⑤アテネ市民の奴隷への転落は、どのような問題をひきおこしたのか？
⑥ソロンは貧しい民衆を救うためにどのような政策を行ったのか？
⑦ソロンの「財産政治」はどのような意義を残したのか？
⑧労働者級にはどのような権利が認められたのか？

という問いかけを行っている。

これらのうち、⑤を通じて、ソロンの改革の負債の帳消しには、アテネ市民の奴隷への転落を阻止し、重装歩兵の潜在的兵力の減少という軍事危機を回避するという目的があったことに着目させたい。以上の読解作業から、前六世紀初めのアテネでは、土地が少数の富裕者に集中する一方で、貧農は地代を支払わなければ、奴隷階級に転落する危険性が絶えず存在したこと、調停者ソロンが財産（農産物）収入の多寡に応じて市民を四等級に区分し、限定的ながらも民衆（農民級・労働者級）の政治参加を保障し、彼らの政治不満の解消に努めたことを理解することができる。

(2) スパルタクスの蜂起（前七三〜七一年、アッピアノス『内乱記』）

……イタリアでは、カプアで見世物のために養われていた剣闘士の一人、かつては兵士としてローマと戦い、捕虜となって売却されて剣闘士の境遇にあったトラキア出身の男であるスパルタクスが、彼の仲間の中から七〇人ほどを、見世物の興行ではなく自由のために危険を冒すように説得し……逃亡した。彼は何人かの旅人たちから（奪った）棍棒と短剣で武装してウェスウィウス山に逃れた。そこで、多くの逃亡奴隷たちと田園から来たいくらかの自由人を受け容れて……近隣を略奪した。略奪品は公平に分配した……スパルタクスのもとにさらに多くの人々が集まって、今や七万人の軍勢がいた。……戦闘は……長く続き凄惨だった。……その結果、彼らの中で戦死者は数えきれず……スパルタクスの遺体は見つからなかった。なお、多くの者たちが戦場から山に逃れ……戦い続けたが…六〇〇〇人を除いて全員死んでしまった。生き残った者たちは捕らえられて……カプアからローマまで沿道に沿ってずっと十字架に架けられた。[注4]

スパルタクスの蜂起は、古代ローマ時代の奴隷制を学習する上で極めて有効なテーマである。その理由は、平易で読みやすい上記史料の存在と、生徒が史料を通じてスパルタクスの蜂起の原因とその展開過程、結果を臨場感を伴いながらよりリアルに理解できるからである。授業の目標は、当該史料の読解から蜂起の経過を読み取り、その史実を再構成することによって古代ローマの奴隷制社会の現実と蜂起の意義を理解することである。授業では、コロッセウムの写真の提示から始まり、グラディアトル（剣闘士奴隷）の存在を知り、史料読解の後、

①スパルタクスはどのようにして剣闘士になったのか?
②彼はなぜ、蜂起をおこしたのか?
③奴隷蜂起はどのようにして始まったのか?
④彼らはどのようにして軍備を整えたのか?
⑤蜂起はどのようにして拡大したのか?
⑥なぜローマは、生き残った奴隷たちを十字架に架けたのか?
⑦蜂起はどのような意義を残したと思うか?

などを問いかけ、事実理解を深めていく。

具体的には、私の授業では、同蜂起をテーマに「授業書」を作成し、蜂起の勃発から鎮圧までの流れに関して、全体で一〇個ほどの問いを設け、各問いに四つの答えを提示し、各自が上記史料を読み解きながら、一つ一つの問いに向き合い、それに対する正しい答えを考え、選んで答えるという形式で進めている。「授業書」[注5]形式の授業は、進行に一定の時間を要するが、教員の一方的な講義とは異なり、生徒各自が史料の読解を通じて考える場面があること、友人が選んだ答えとその根拠を知り、自分の答えと比較しながら歴史の理解を深めることができるなど授業方法としては有効である。そして授業のまとめとして、映画『スパルタカス』の前半部を視聴している。スパルタクスの蜂起は、大国ローマと戦い続ける奴隷たちへの共感を促し、生徒たちが史料読解を通じて主体的に歴史的事実を解釈するためのよき教材となっている。

(3) 教皇ウルバヌス二世の十字軍の呼びかけ(一〇九五年、フーシェ『エルサレムの歴史』)

……必要なことは、東方の地に住むあなたの兄弟たち、すでにたびたび求めたにもかかわらずあなた方の援助を得られずにいる兄弟たちのもとへ、馳せ参じて助けることである。なぜなら……ペルシアの民であるトルコ人が、地中海すなわち兄弟たちが聖ゲオルギウスの腕と呼んでいる地域まで至り彼らを襲ったからである。トルコ人はロマニアの国境地帯でキリスト教徒たちの土地をますます占領し、すでに七度に及ぶ戦いで敗れた側を征服し、多数の者を殺し、あるいは捕らえ、教会を破壊しては神の国を略奪した……。……彼らを……放っておくのなら、彼らはいっそう広範囲に神の信徒を征服するであろう。この件について、この謙った懇願により促すのは、私ではなく主ご自身である。……どんな階層であれすべての者たちに対し、あなた方には、キリストの伝令として……こう説いていただきたい。その邪悪な民族をわれわれの土地から追い払うため、キリストの崇拝者たちを……助けるべく努めるようにと。……その地に赴くすべての者には、たとえ旅の途上あるいは航海の途中で、または異教徒に対する戦いで、死に遮られて生涯を終えたとしても、即座に罪の赦しが与えられるだろう……。[注6]

本史料は、シャルトルのフーシェという、クレルモン公会議に出席したと推測されフランドル伯ロベールの軍団の一員として第一回十字軍に参加した人物による記録である。この史料を用いる目的は、教皇ウルバヌス二世の演説からセルジューク朝の膨脹に対する十字軍派遣の正当化と十字軍＝聖戦イデオロギーの論理を読み解くことである。史料を一読後、①「東方の地に住むあなた方の兄弟たち」「ロマニアの国境地帯のキリスト教徒」、②「ペルシアの民であるトルコ人」「その邪悪な民族」がそれぞれ何を指すかを問いかける。

前者はビザンツ帝国の住民（彼らはローマイオイ〈ローマ人〉を自称していた）、後者はセルジューク朝である。

次に、③教皇はトルコ人がビザンツ帝国国境地帯で何をしたと語っているか？　④教皇は人々に何のために、どのような行動を行うよう呼びかけているか？　⑤教皇は十字軍の戦士と神との関係をどのように語っているか？　⑥どのような行為に対して、神の赦しが与えられると語っているか？　という問いを出す。史料からこれらの答えを探ると、教皇がセルジューク朝の膨脹をトルコ人によるキリスト教徒とその土地に対する占領・征服・殺戮・破壊・略奪という悪行と捉え、故に、邪悪なセルジューク朝を追い払い、キリスト教徒を救済すべき戦いが必要であり、その戦いに参加する十字軍の戦士を「神の伝令」と位置づけ、異教徒に対する遠征の途上や戦闘で死亡した者には即座に「神の赦し」が与えられると語っていることが分かる。

上記の史料から看取できる教皇の十字軍遠征の論理は、非キリスト教徒＝敵対勢力への憎悪と非難、ローマ・カトリック教会が行う戦争の正当化・聖戦化、戦死者に与えられる神の赦しと免罪などの内容から成る宗教的熱狂主義であり、これらは現代の戦争のプロパガンダを理解する際にも参考になる歴史の教訓である。

(4) 元寇に対する陳朝ベトナムの抵抗（一二八八年、『大越史記全書』）

（一二八八年）三月八日、元軍白藤江に会し張文虎等の糧船を迎えんとするも遇わず。興道王撃ちて之れを敗る。是より先、王已に椿を白藤に植え、其の上に叢草を覆う。是の日、潮の漲れる時に乗じて挑戦し佯りて北ぐ。賊衆来追し我が軍力戦す。水落ち賊船尽く膠す。阮蒯、聖翊勇義軍を領して賊と戦い、平章奥魯赤を擒う。二帝軍を将いて継至し、兵を縦ちて大いに戦う。元人溺死すること勝げて計うべからず。江水之れが為に赤らむ[注7]……。

この史料は一六七五年の黎朝末期までの歴史を編年体通史として記録したベトナムの正史であり、その一節に一二八八年の元の侵略に対する陳朝ベトナムの抵抗に関する記述がある。漢文混じりの史料のため、読解作業は簡単とはいえないが、この史料を用いる理由は、ベトナムへの元寇に対する陳朝ベトナムの抵抗戦術を読み取り、東（南）アジア全体の視野で元の膨脹と侵攻の過程を把握し、日本への第三回元寇の不成立の背景を理解することである。

史料を音読した後、以下の問いを投げかけ、事実認識を深める。

①一二八八年三月八日、元軍はどこで何をしようとしていたのか？

②それに対して、陳朝の興道王はベトナムの地理的条件を生かして具体的にはどのような戦術で戦ったのか？

③陳朝の戦術の結果、元軍はどうなったのか？

④陳朝の二人の将軍（阮蒯、聖翊）は元軍にどのように戦ったのか？

⑤白藤江の戦いの結果、元軍はどうなったか？

当該史料からベトナムの白藤江に侵入した元軍に対して、陳朝の興道王が白藤江の川底に杭を打ち、杭を草で覆い、満潮の際、元軍を上流におびき寄せ、干潮の際、元軍の船が杭に引っかかり動けなくなった際、二名の将軍が義勇兵を率いて猛攻撃をしかけ元軍を撃破したこと、その結果、人数を数えられないほど多くの元軍兵士が溺死し、川が赤く染まったという内容を知ることができる。

授業のまとめとして、地図と年表を使って上記の事実を時間軸と空間軸に位置づける。フビライは海陸の支配と東南アジアへの覇権の確立を意図して日本、ベトナム、ジャワ、ビルマ、チャンパなどへの遠征を繰り返した。特に、南宋平定（一二七九年）後、一二八〇年代の二回のベトナム侵入（一二八四～八五年、一二八七～八八年）に対して陳朝は激しく抵抗し、八八年の白藤江の戦いでは地の利を生かしたゲリラ戦術を駆使して元軍の撃退に成功した。東南アジア全体の視野で見ると、陳朝ベトナムの抵抗が元の軍事行動を釘付けにし、第三回対日元寇計画を不可能にする一つの背景をなしたという歴史的事実の相関関係に気づくことができる。

(5)　アヘン戦争をめぐるグラッドストーンとパーマストンの議会演説（一八四〇年四月八～九日）

〈グラッドストーンの演説〉

その起源においてこれほど正義に反し、この国を恒久的な不名誉の下におき続けることになる戦争をわたくしは知らないし、これまで聞いたこともないと明言できる。……イギリス国旗がイギリス人の精神をいつも高めることになるのはどうしてであろうか。それはイギリス国旗が常に正義の大義、圧政への反対、国民の諸権利の尊重、名誉ある通商の事業に結びついていたからこそであった。……わたくしは、女王陛下の政府が……この正義に反した、邪悪な戦争を教唆するよう説得することなど決してないと確信する。わたくしはアヘン貿易をどれだけ激しく弾劾しようと何の躊躇も感じない。同様な憤激をもってアヘン戦争を弾劾するのに何の躊躇も感じることはない。

〈パーマストンの議会演説〉
……中国国内でなぜ芥子の栽培が禁止されなかったのか……。問題は銀地金の輸出、農業利益の保護である……中国における芥子栽培業者、そして貴金属の流失を防ぎたいと考えている実際的なエコノミストこそが、中国政府にこのアヘンの密貿易の取り締まりを求めさせているのである……。こうした人々の利益こそが危機に瀕しており……もっとも利害関心を持っているのである。この人々が……中国におけるイギリスの通商は終焉を迎えるだろうと主張している……。武力の示威が……われわれの通商関係を再興するという願わしい結果をもたらすかもしれないと、すでに表明されている。このことにわたくしも心から同意するものである。[注8]

上記の史料は、一八四〇年四月、アヘン戦争の開戦をめぐりイギリス議会下院で行われたグラッドストーンの開戦反対演説とホイッグ党内閣の外相パーマストンの開戦賛成演説である。ここでの目的は、両者の議会演説を比較考察し、各々の主張内容を理解するとともに、どちらの主張に説得力があり賛成できるかを考えつつ、自分の意見を組み立てることである。こうした目的を立てる理由は、歴史を過去の事実の結果として傍観者的に捉えるのではなく、歴史の渦中には様々な可能性と選択肢が存在し、それらが交錯する中である選択肢が選択されて歴史的事実となり、他の選択肢は選択されずに「未発の可能性」にとどまる結果になったことを理解し、歴史的事実を批判的に把握できる歴史的思考力を習得させたいからである。

両者の演説内容を正確に理解するために、
①グラッドストーンはアヘン戦争をどのように見なしているか？
②グラッドストーンはイギリス国旗の掲揚をどのように考えているか？

③グラッドストーンはどのような理由からアヘン戦争に反対しているか？
④パーマストンは中国政府のアヘン貿易取り締まりの理由をどのように考えているか？
⑤パーマストンはどのような人々の立場を擁護しているか？
⑥パーマストンはどのような理由からイギリス政府にいかなる政策を求めているか？

などの質問を発する。

二人の演説を読み比べると、グラッドストーンがアヘン密貿易に反対し、正義に反した邪悪な戦争としてアヘン戦争を弾劾しているのに対して、パーマストンは清朝政府のアヘン密貿易の取り締まりがロンドンの対中国貿易商人の利益を脅かしているという現状認識から対中国貿易商人の利益擁護の立場から砲艦外交に賛成していることを読み取ることができる。本史料から、アヘン戦争は必要で不可避な戦争ではなく、明確な開戦反対論が存在したこと、しかしグラッドストーンの開戦反対論は僅差で否決され（出兵に関する予算案は賛成二七一票、反対二六二票で承認）、歴史の現実はロンドンの貿易商人を代弁するパーマストンの砲艦外交が選択されたことが分かる。本史料は、相異なる主張を比較し、自分ならば、いかなる根拠からどちらの主張に賛成するのかという歴史を題材にした意思決定、価値判断の学習に利用できる教材である。

(6)　「与露国社会党書」（一九〇四年三月一三日、『平民新聞』）

……今や日露両国の政府は各其帝国的慾望を達せんが貯めに、濫りに兵火の端を開けり、然れども社会主義者の眼中には人種の別なく地域の別なく、国籍の別なし、諸君と我等とは同志也、兄弟也、姉妹也、断じて闘ふべきの理有るなし……然り愛国主義と軍国主義とは、諸君と我等と共通の敵也、世界万国の社会主義者は、此共通の敵に向かって、勇桿なる戦闘を成さざる可らず……諸君が決して此最好の時機を逸するなきことを……。……戦争の結果は必ず生民の困苦也、重税の負担也、道徳の頽廃也、而して軍国主義と愛国主義の跋扈也、故に諸君と我等とは決して其孰れか勝ち、孰れか敗るるを択ぶべきに非ず、要は戦争の停止の速やかなるに在り、平和の克復の早きに在り、諸君と我等とは飽迄戦争に抗議せざる可らず、反対せざる可らず[注9]……。

この史料は、一九〇四年三月一三日発行の『平民新聞』第一八号掲載の社説であり、日露戦争開戦後一ヵ月の時点で果敢に非戦論を主張していることが分かる。この史料を用いる理由は、日露戦争の開戦中に交戦国である日露両国の社会主義者が非戦・反戦を求める主張の交流を行っていた事実を知り、労働者階級の国際連帯の歩みを学ぶこと、当時の初期社会主義者の戦争観、愛国主義・軍国主義認識を理解することである。内容の理解をはかるために、およそ以下の発問を行っている。

①同社説は日露戦争の目的をどのように見なしているか？
②日本とロシアの社会主義者の関係をどのように考えているか？
③世界万国の社会主義者の共通の敵は何だと述べているか？
④世界万国の社会主義者は何をなすべきであると主張しているか？
⑤「諸君が決して此最好の時機を逸するなきことを」とは何を意味しているか？
⑥日露戦争後の社会はどのようになると予想しているか？
⑦日露の社会主義者は今何をすべきであるとよびかけているか？

同社説は、日露戦争の目的を両国政府の帝国主義的欲望と見なし、これに対して各国の社会主義者は人種・地域・国籍の違いを超えた同志・兄弟・姉妹であり、愛国主義と軍国主義こそが世界万国の社会主義者の共通の敵であり、ゆえに全世界の社会主義者はこの共通の敵に向かって勇敢な戦いをしなければならず、ロシアの社会主義者がその戦いの好機を逃さないようにとの期待を述べている。また、後半では日露戦争後の国民生活の困苦、重税の負担、道徳の退廃、軍国主義と愛国主義の増大などの社会不安に危惧を表明し、日露のいずれにも勝利はないことから、即時の停戦と平和の回復をめざし、断固日露戦争に抗議・反対すべきことを主張している。

同社説から『平民新聞』に結集した日本の初期社会主義者が日露戦争の本質を帝国主義（愛国主義と軍国主義）であることを見抜き、戦争の結果と被害を鋭く洞察して反戦の声をあげていたことを明確に理解することができる。彼らの主張に対して、ロシア社会民主労働党が機関紙『イスクラ』紙上に強い連帯の返書を掲載したことは、交戦中、国境を越え、日本海を挟んで日露の社会主義者の反戦と平和の思想が往還・連鎖していた事実を示している。世界史における平和と民主主義の思想は視覚化できないが、世界各地のそうした思想が時間と空間を越えて「連鎖」し、後世の思想形成に多大な影響を与えている。日露戦争期の社会主義者の反戦平和思想の交流は、トランスナショナルな「思想の連鎖」という視座から世界史を学ぶ上での一つの有効な題材である。

(7) 「ベトナム民主共和国独立宣言」（一九四五年九月二日）

全国の同胞たちよ「すべての人は生まれながらにして平等な権利をもっている。造物主は彼らに誰も侵犯することのできない権利を与え、その中には生活権、自由権、幸福を追求する権利が含まれる。」この不滅の言葉は一七七六年米国の「独立宣言」の中にある。これを広く解釈すれば、世界のすべての民族は生まれながらにして平等であり、どの民族も生存権、享楽権と自由権を持っているということになる。

一七九一年フランス革命の「人権と民権の宣言」は次のように述べている。「人は生まれながらにして権利に関して自由かつ平等であり、常に権利に関して自由・平等でなければならない。」これは誰も否定することのできない道理である。しかしながら、過去八〇年間フランス植民地主義者は自由・平等・博愛の旗を利用して我が国を略奪し、我が同胞を抑圧した。……一九四〇年の秋、日本ファシストが……インドシナを侵略・占領すると、フランス植民地主義者はこれに屈服して投降し、我が国の門戸を開いて日本を迎えた。このときから我が人民は二重の軛に耐えなければならなかった。その結果、昨年末より今年初めまでの間に二百万の同胞が餓死したのである。

……一九四〇年秋から我が国はもはやフランスの植民地ではなく、日本の植民地になったのである。日本が連合国に降伏したとき、全国の人民は蜂起して政権を奪取し、ベトナム民主共和国を樹立した。現実には、我が人民はフランスの手からではなく、日本の手からベトナムを取り戻したのである。フランスは逃走し、日本は降伏し、バオダイは退位した。我が人民は百年近くに及ぶ植民地支配の桎梏を打倒して独立のベトナムを樹立した。我が人民はまた、数十年に及ぶ君主体制を打破して民主共和体制を樹立した[注10]……。

本史料は、ホー・チ・ミンが一九四五年九月二日にハノイで読み上げたベトナム民主共和国の独立宣言である。本史料を用いるねらいは、同宣言が民族独立の正当性の根拠を「アメリカ独立宣言」の個人の人権の普遍性に求め、また、「人権宣言」を発し近代市民革命を展開したフランス自身が実はベトナムを植民地支配したという歴史の矛盾を批判していることを読み取り、ベトナム民主共和国の建国が日本の占領支配からの解放によって達成されたという歴史的事実を理解するためである。同史料は、日本占領中のベトナムで二〇〇万人が餓死したという歴史的事実、大戦下、ベトナムがフランスと日本の二重の抑圧を受けたこと、ベトナム民主共和国の建国が人民の蜂起による政権奪取、植民地支配からの解放、君主制の打倒などの変革を伴って遂行されたことを明記しており、近代ベトナムの激動の歴史を理解するうえで有効である。

同宣言の内容理解を深めるために、

①民族独立の根拠を何に見いだしているか?
②なぜ「アメリカ独立宣言」を引用していると思うか?
③フランスと「人権宣言」について、どのように見なしているか?
④一九四〇年秋以降、ベトナムではどのようなことがおこったか?
⑤一九四五年三月、ベトナムで日本とフランスはそれぞれどのような行動をおこしたか?
⑥ベトナム民主共和国の建国はどのような歴史的意義を残したか?

などを問いかけている。

質問②は応用問題である。ベトナムの民族独立の根拠を「アメリカ独立宣言」の個人の普遍的人権に求め正当性を主張するためという答えもありうるが、独立の国際的承認を得る過程でホー・チ・ミンがアメリカに最も期待を寄せていたためという指摘もなされている。

ベトナム民主共和国の建国は、後のインドシナ戦争、ベトナム戦争との関係でも重要な歴史的事件である。同時に、一九四五年八月の大戦終結以降も、敗戦国日本とは事情が異なり、ベトナムなどアジア諸国には

「戦後」がすぐには訪れず、戦乱が続いたという事実（「アジア諸戦争の時代」）にも注意を促している。

(8)「対テロ戦争とブッシュ・ドクトリン」（二〇〇二年六月一日）

……前世紀の多くの期間、アメリカの防衛は、抑止と封じ込めという冷戦ドクトリンに依存していました。……新しい脅威には、また新しい発想を必要としています。国家に対する大量報復の見込みによる抑止は、守るべき国家または市民をもたない、闇におおわれたテロリストのネットワークには意味をなしません。封じ込めは、冷静さを失った独裁者が大量破壊兵器をもち、それらの兵器をミサイルで発射したり、テロリストの同盟者に秘密裏に提供する場合には、有効ではありません。

テロとの戦争は防衛だけでは勝利できません。われわれは、敵に戦いをいどみ、敵の計画を破壊し、最悪の脅威が現実化する前にそれらに立ち向かわねばなりません。……われわれの安全は、われわれの自由を守り、われわれの生命を防衛するために必要なら、すべてのアメリカ人が前向きかつ決然と先制的攻撃の準備をすることを求めています。[注11]

本史料は、ジョージ・W・ブッシュ米大統領がウェストポイント陸軍士官学校卒業式で行った演説である。この演説は、二〇〇一年の9・11同時多発テロとその後のアフガニスタン攻撃、タリバーン政権を崩壊させたブッシュ大統領が、二〇〇二年一月の一般教書演説での「悪の枢軸」の非難を経て、フセイン大統領の大量破壊兵器保有疑惑を口実にしたイラク戦争開戦（二〇〇三年三月）に向かう過程で行ったものである。本史料を扱う目的は、イラク戦争の開戦理由として利用された「潜在的危険性」に対する「先制攻撃論」の論拠を読み取り、ブッシュ・ドクトリンの問題性を考察するためである。

史料の一読後、以下の問いかけを行う。

①二〇世紀のアメリカの防衛政策の基本は何であったか?

②「新しい脅威」とはどのようなものであるか?

③「抑止や封じ込め」政策はなぜ有効でなくなったのか?

④テロとの戦争にはどのようなことが必要だと述べているか?

⑤ブッシュ・ドクトリンにはどのような問題があると思うか?

⑥ブッシュ・ドクトリンはその後にどのような影響を与えたか?

⑦ブッシュ・ドクトリンの問題点をあげて反論しなさい。

質問⑦は応用問題であるが、質問⑤と⑥を含めてのまとめであり、歴史史料を題材にした意思決定・価値判断を問う課題である。

授業では、上記史料の読解や映画『華氏911』の視聴を交えながら、9・11テロからイラク戦争と戦後までのアメリカの外交政策を詳しく取り上げ、ブッシュ政権の「先制攻撃論」が国際協調主義を否定したアメリカの「単独行動主義」を特徴づけ、イラク戦争とその泥沼化、テロの多発と「イスラーム国」台頭などを誘発したという歴史的事実を理解できるよう努めている。[注12]

3.『世界史史料』の活用と生徒の学び

二〇一三年度に高校二年生対象の「世界前近代史」という選択科目の授業を担当し、古代ギリシア・ロー

マ史の学習場面を中心に『世界史史料』掲載の複数の史料を活用した。一年間の授業終了後に履修者に、

①今まで受けてきた歴史の授業のスタイルは？

②歴史の授業で史料を読み解くことの意義と効果は？

③生徒の立場から史料を扱う場合に教師に留意してほしいことは？

④史料を読み解く世界史の授業への期待は？

などに関するヒアリングを行った。

回答の一部を紹介すると、多くの生徒たちが受けてきた授業は教師の説明と板書をノートに写し、それを暗記するという講義中心のスタイルであった。それに対して、史料読解を用いた授業は、歴史的事実に関する教師の解説を受動的に聞くのではなく、生徒自身が史料に向き合い、自身の頭で史料を読み解く思考活動を求められるので、史料に記された客観的事実を通して自分の力で歴史の知識・歴史認識を獲得できるという。教師に留意してほしいことは、生徒が史料から読みとった考えを否定しないでほしい、訂正・否定する場合には正確な歴史的事実を示してほしい、また、史料読解と意見表明は個人単位よりもグループ学習の方が学びを共有できて効果的だという。最後にグローバル化の急展開する現在、史料読解を用いた授業によって生徒自身が主体的に歴史を学び、自分の歴史観を持って世界の人々と対等に歴史的事実について語り合えることが今後への期待であり、高校「世界史」は生徒が「暗記に追われる科目」ではなく、「未来を考えるための科目」に変革すべきだと述べている。

おわりに

以上、日頃の授業で『世界史史料』掲載の諸史料をどのように用いているか、実践の一端を紹介した。扱う史料の傾向を見るとき、時代的には現代史が、地域的にはアジア史・アフリカ史やイスラーム史が少ないのは、筆者の力量不足と専門性（西洋古代史専攻）を反映している。今回取り上げた史料を類型に分けると、①ソロンの改革：政治史（政治状況を知る）、②スパルタクスの蜂起：事件史・民衆運動史（蜂起の復元）、③十字軍：政治演説（イデオロギーを読み取る）、④陳朝の抵抗：戦争史（戦術を理解する）、⑤アヘン戦争：演説（比較考察と意思決定・価値判断）、⑥『平民新聞』：政治主張（思想の連鎖）、⑦ベトナム民主共和国独立宣言：政治主張（民族・国家の意思表明）、⑧ブッシュ・ドクトリン：政治演説（イデオロギーを読み取る）ということになる。

今回は、『世界史史料』掲載の限られた史料を活用した実践報告に終始したが、本来授業では、日記や小説、絵画・映像・音楽などの諸資料、様々な実物教材を駆使して生徒の世界史認識を豊かにすることが必要である。また、史料選択の基準としては、①生徒の生活実感と切り結び、生徒の興味と関心、共感的理解を誘う史料、②多様な「過去」や「世界」と遭遇できるドラマ性を秘め、世界史学習の楽しさを実感できる史料、③生徒の意識と結びつかない遠い過去や外国の出来事ではなく、日本社会や現代の課題の探求・解決につながり、現代との関連を考えさせる史料などが重要である。[注13]

二〇〇六年の「世界史未履修問題」以降、高校の歴史教育改革をめぐる様々な議論、グローバル・ヒストリーなどの「新しい世界史」の隆盛に伴う歴史学界における世界史に関する議論など、現在、歴史学界と歴史教育界ではいずれも世界史に関する議論が活性化している。私は、『世界史史料』を共有財産として歴史研究と歴史教育が提携して世界史の議論と実践をさらに発展させることを期待している。同時に、史料読解を用いた授業が歴史的思考力の形成に資することを確信し、生徒間、生徒と教師間の世界史の学び合いをつくり、[注14]生徒とともに、世界史像の自主形成・主体的な世界史認識の獲得を追求していきたい。

【注】

（1）油井大三郎「新しい高校歴史教育の創造と歴史研究者の責任」『歴史学研究』第八八八号、二〇一一年。油井「歴史的思考力と高大連携」『歴史評論』第七八一号、二〇一五年など。

（2）米山宏史「調べる力・発表する力を育てる世界史の授業」『歴史と地理――世界史の研究――』第二二〇号、山川出版社、二〇〇九年。

（3）歴史学研究会編『世界史史料一　古代オリエントと地中海世界』岩波書店、二〇一二年、史料番号一一六、一七八〜一八〇頁。

（4）同上『世界史史料一古代オリエントと地中海世界』史料番号一六八、二六三〜二六四頁。

（5）白川隆信『世界史の授業書スパルタクスの反乱』一光社、一九八二年を参照。

（6）歴史学研究会編『世界史史料五 ヨーロッパ世界の成立と膨脹 一七世紀まで』二〇〇七年、史料番号 一二一、一九八〜一九九頁。

（7）同上『世界史史料四 東アジア・内陸アジア・東南アジアⅡ 一〇〜一八世紀』二〇一〇年、史料番号 二三〇、三七六〜三七七頁。

（8）同上『世界史史料六 ヨーロッパ近代社会の形成から帝国主義へ 一八・一九世紀』二〇〇七年、史料番号九三、一四九〜一五〇頁。

(9) 同上『世界史史料一〇 二〇世紀の世界Ⅰふたつの世界大戦』二〇〇六年、史料番号二、六〜八頁。
(10) 同上『世界史史料一〇 二〇世紀の世界Ⅰふたつの世界大戦』二〇〇六年、史料番号三八、三九一〜三九三頁。
(11) 同上『世界史史料一二 二一世紀の世界へ——日本と世界——一六世紀以後』二〇一三年、史料番号六〇、一〇五〜一〇六頁。
(12) 米山宏史「発表を通じて学び合う戦後世界現代史の授業」『歴史地理教育』第八〇〇号、二〇一三年。
(13) 米山宏史「いま問われる世界史認識と世界史学習」『歴史教育・社会科教育年報二〇一四年版』三省堂、二〇一四年。
(14) 米山宏史「生徒とともに学びをつくり、学びを楽しむ」『教育』第八〇七号、二〇一三年。

初出(歴史学研究会編『歴史学研究』第九三六号、二〇一五年一〇月)

第7章　いま問われる世界史認識と世界史学習

はじめに

二〇一〇年代半ばの現在、グローバリゼーションの進展を一つの背景に歴史学界では、グローバル・ヒストリーなどの「新しい世界史」の理論が登場し、私たちの世界史認識に様々な問いを発している。他方、歴史教育に視線を投じると、依然として多くの授業が暗記主義と正答主義から脱却できず、学年が上がるとともに生徒の歴史離れが進行している。とくに、世界史学習の実態は深刻で、二〇〇六年の「世界史未履修問題」は、そうした危機的状況の反映であるという指摘もなされている。以下、「新しい世界史」の理論および近年の世界史教育論を整理・紹介しながら、世界史学習を再生させるための糸口について考えてみたい。

1.「新しい世界史」の理論にどう向き合うか

(1) グローバル・ヒストリー

議論の前提として、私たちの世界史認識の形成に影響を与えてきた戦後日本における主要な世界史理論について確認しておきたい。紙幅の関係で詳細はすべて他稿に譲るが[注1]、その一つは史的唯物論の立場に立つ「社会発展史型の世界史」であり、もう一つが上原専禄らの『日本国民の世界史』に代表される、世界の諸地域・諸民族の歴史や文化の多様性を重視する「多元的な世界史」である。また、文部（科学）省は、一九五二年から二〇〇九年まで「世界史」に関する学習指導要領を八回告示している。[注2] そして戦後から現在まで、世界史の構成、高校の世界史教育の内容と方法について多くの議論が行われてきたが、冷戦体制の崩壊とグローバリゼーションの進展を背景に九〇年代から様々な「新しい世界史」の理論が登場することになった。

近年、グローバル・ヒストリー研究の広がりが顕著である。第一人者の水島司は、旧来の世界史理論と比較してその特徴を、①扱う時間の長さ（宇宙の誕生、人類の誕生から現在まで）、②対象となるテーマと空間の広さ、③ヨーロッパ世界の相対化・近代以降の歴史の相対化、④諸地域間の比較だけでなく相互連関・影響の重視、⑤新しいテーマの対象化、扱うテーマの斬新さ、としている。[注3] そして、グローバル・ヒストリーの範疇とその具体例として、①世界システム論、②人類史、③環境史、④疫病史、⑤人やモノの動きの歴史、⑥生活、⑦地域史・地域システム、⑧アジアとヨーロッパ、⑨帝国などをあげている。[注4] これらを見ると、グローバル・ヒストリーが最近の研究だけでなく、同様の志向性を持つと水島らが考える、国内外の過去の研究もその範疇に分類していることを看取できる。グローバル・ヒストリーは、その嚆矢をマクニールの『西洋の勃興――人類の歴史』（一九六三年）としてアメリカで生まれ、公民権運動や非白人移民の大量入国を背景とした異文化接触と文化衝突を通じて育まれてきたという。[注5]

水島は、国民国家システムの存続を認めた上で、グローバル・ヒストリーの課題を、現在までの人々の多様な共同性とその空間のあり方を、個のレベルと地球全体のレベルの両視点を交差させて描出すること、また、近代という時間的限定性の中で国民国家の相対化を行うことと提起している。そして、世界史学習を、世界史の題材を介した教員と生徒の学び合いと捉え、グローバル・ヒストリーは学びの題材の提供に事欠かないとして、世界史学習への貢献の可能性を主張している。[注6]

(2) 羽田正『新しい世界史へ――地球市民のための構想――』

イスラーム史研究者の羽田は、グローバル化と現代世界の一体化を直視し、「世界は一つ」という視点から地球市民のための世界史を構想した。[注7] 羽田は現代日本における標準的な世界史の問題点として、①日本でしか通用しない日本人の世界史、②ある人間集団と他の集団の違いを強調する自他を区別する世界史、③ヨーロッパ中心史観をあげ、それらの原因が一九世紀にヨーロッパで成立した近代歴史学に淵源しているという（第二章）。

そこで、新しい世界史を構想するために、「地球主義」（九二頁）の立場に立ち、ヨーロッパ中心史観や他の中心史観（イスラーム、中国、日本など）の克服を提唱し、中心は不要であるとして世界システム論を批判し、周縁から見る歴史観も中心史観の裏返しだとして否定する（第三章）。そして、グローバル・ヒストリーについて、羽田の世界史構想との共通性を認めながらも、英語圏の研究者に旧来の世界観・歴史認識が残っているとして、その受容に注意を促している。

では、いかなる世界史を構想するのか。羽田は三つの方法を提示する（第四章）。①世界の見取り図を描く（ある時期の世界の人間集団を横に並べて特徴を比較・モデル化して相違点と共通点を知り、全体像を把握する）、②時系列史の放棄（上記①の様々な見取り図を現代世界の特徴と比較するが、時系列的・通時的に現代につなげない）、③横につなぐ歴史（人間集団間の関係性と相関性を重視し、世界中の人々がモノや情報を通じて緊密につながり相互に影響し合っていたことを理解する）。実際に、一七世紀後半の世界の見取り図を例示し（一七三頁以下）、「新しい世界史」の立場からイギリス産業革命の成立事情を記述している（一九一頁）。こうして羽田は旧来の世界史理論を全面批判し、地球市民という帰属意識の涵養を目的に地球市民が共有すべき地球社会の世界史を提起した。

(3) 入江昭のトランスナショナル・ヒストリー

アメリカ合衆国に在住し日本人として初めてアメリカ歴史学会会長を歴任した入江昭は、『歴史家が見る現代世界』を著し、現代史の見直しと新しい現代史像を提示した[注8]。入江は、冷戦の終結が現代世界を招いたと捉える冷戦史観を批判し、国際経済がグローバル化した一九七〇年代から九〇年代末までを現代の開幕期と見なしている。そして、その間の現象として、国民国家の動揺と、大きな政府から小さな政府への移行、非国家的主体（ノンステート・アクターズ：多国籍企業、NGO、NPO、市民運動等）の台頭、パワーポリティックス中心の伝統的な国際関係の退潮、EUやASEANなどの地域共同体の進展、インターナショナリズム（国際主義）の躍進、人権思想の拡大、世界経済のグローバル化にともなう環地球的結合の不可逆性を指摘している。

こうした現実の中から、二一世紀初頭にトランスナショナリズムという概念が生まれ、国家を「トランス」（越える、変える、つなぐ）観点から世界史を研究するトランスナショナル・ヒストリーが活発化しているという。その目的の一つは、過去の歴史事象のトランスナショナルなつながり、世界全域の同時代的現象の相互関連などの解明であり、具体的な研究テーマとしては戦後の大規模な人口移動、旅行や留学などの海外交流、世界の住民のハイブリッド化、環境問題とエネルギー問題などがあげられている。入江が共編した『トランスナショナル・ヒストリー辞典』に全世界の二五ヵ国の三五〇人の歴史家が寄稿した事実自体が、歴史研究の脱国境化を示唆しているという。グローバル・ヒストリーとの内容上の比較が必要であるが、トランスナショナルな視点から世界史の考察をめざすトランスナショナル・ヒストリーは、今後有力な世界史理論に発展する可能性がある。

(4) 世界史教育から見た「新しい世界史」の理論

グローバル・ヒストリーや羽田の世界史理論に対して、賛意と共感がある一方で、多くの疑問と批判が出されている。[注9] 二谷貞夫[注10]は、羽田が上原らの『日本国民の世界史』が学習指導要領に取り入れられ、今日の日本人の世界史認識の原型になったと記述していることを批判し、仮にそうであれば、課題化認識に立った日本国民の主体形成と自主的な世界史像の創造が成されたはずであると語っている。さらに、羽田のいう地球市民のための「世界は一つ」という視点に疑問を呈したうえで、世界史的現実に向き合い、日本国民の生活意識に根ざしたアクチャルな課題化認識に立って世界史像の自主的形成を追究し続けた上原および吉田悟郎の世界史学の重要性と有効性をあらためて論じている。

難波達興[注11]は、『日本国民の世界史』と学習指導要領との接続という羽田の誤認、「官許世界史」に対する吉田らの世界史学や歴教協などの抵抗の歩みの総括の欠如を批判したうえで、羽田の構想における「日本史と世界史の統一的把握」の欠落、日本という現実を絡めずに一気に「地球市民」に跳躍することの問題点、「地球市民」の設定による、未決の戦争責任に対する応答主体の不在化などに疑問を投じ、羽田の世界史を無国籍なコスモポリタン的世界史像の極致と見なしている。

井ノ口貴史[注12]は、地球市民の立場に立った羽田の世界史理論に一定の評価を与えつつ、羽田の方法論を用いて教材化を試みたが、授業実践の構想を描くことができなかったという。その理由の一つとして、羽田のいう見取り図に関して、羽田が捉える「現代世界の特徴と構造」の不明確性をあげている。また、井ノ口は、グローバル・ヒストリーなどの新しい歴史研究の成果を歴史研究者から歴史教育者に提供することによって世界史教育の改革を志向する大阪大学歴史教育研究会の活動に言及して、教師と生徒の関係を「教え――教えられる関係」と見なす授業観であると批判し、生徒同士の共同的な学びの組織化、教師と生徒による学習内容の共同決定の重要性を強調する。この見解にもとづく井ノ口自身の実践は後掲するが、井ノ口の発言は歴史研究の進展が必ずしも歴史教育の改善に寄与しないという事実を喝破した極めて重要な指摘である。

小川幸司[注13]は、羽田の著作について、旧来の国民国家史を束ねた世界史通史を「決定版」とし、それを暗記させる世界史学習に異議を唱えたと評価しながら、大別して二つの違和感を表明している。一つは、羽田が議論の出発点を歴史教育におきながら、歴史研究者の「常識」が変化して研究成果が変わり、それが学習指導要領に反映してから世界史教科書の記述内容が変化すると記し、「アカデミズム　→　学習指導要領　→　高校教育」という構造で捉えているため、羽田の議論がアカデミズムの次元に収斂し、歴史学と歴史教育の分業を前提にしているという点である。もう一つは、羽田が用いる「世界は一つ」という語句に関わる。小川は「世界は一つ」という用語には、宇宙船地球号という地理的環境、政治・経済の世界規模での緊密化、人類としての共通性という三つの意味を認めたうえで、しかし、現実の人間集団は国民国家の中に生き、国家や民族の対立、歴史認識の不一致など「世界は一つ」でない現実に直面している以上、その現実を直視しながら、さらにその先の、異質な人間集団間の相互理解の可能性こそを追求すべきだと語っている。小川によれば、世界史教育にとって「世界は一つ」でもあり、「何重にも引き裂かれている」多義的な存在であり、羽田の世界史やグローバル・ヒストリーが世界のつながりを理解するだけでは道半ばであると述べている。小川は世界史教育のスローガンを「私と世界」と捉え、自分から世界をつなごうとする主体性の確立をよびかけている。

松本通孝[注14]は、羽田やグローバル・ヒストリーなどの「新しい世界史」の理論と現行の学習指導要領および「世界史A」教科書の内容を比較考察し、貴重な「発見」を表明している。松本は、羽田やグローバル・ヒストリーの議論は高校世界史教育にとって何が「新しい」のかと問いかける。松本によれば、現行の学習指導要領には「新しい世界史」の論者らが唱える地理（的要素）・日本史との関連、海陸のネットワーク、世界システム論、社会史研究の成果がすでに盛り込まれている。そして、「世界史Ａ」の教科書を紐解けば、「物を通して見る世界史」「クローズアップ生活文化」などの社会史研究の成果、海域史などの横につなぐ世界史の構成、「日本列島の中の世界史」を取り入れ、見開き二頁の各頁に写真・地図・資料・コラムなどを豊富に配置しているほか、さらに生徒参加型の授業を意識した具体的な設問を掲載していると指摘している。そのうえで、松本は「新しい世界史」の理論を生かした教科書を作るとすると、内容と構成はどう変化するのかと疑問を投げかけ、そうした教科書の利用方法の検討が必要であり、さらに、いかに「新しい世界史」の内容を授業に取り入れても、それが教師による教え込みである限りは生徒の歴史離れは解消されないだろうと主張している。

以上、「新しい世界史」の理論には、脱国民国家史観、世界史の共時的把握、歴史現象の関係性・つながりの重視、社会史・文化史・家族史などの身近な事象への注目、ヨーロッパ中心史観の克服などの共通性が見られ、多様で柔軟な視点の設定、テーマの斬新性や歴史的事実の再評価等の点で世界史的視野を広げるうえで多くの知見を提供している。

しかし、他方で、認識主体の課題意識（たとえば、パレスチナ問題やグローバル化による世界の人々の経済格差と貧困問題等の世界史的現実に向き合い、その解決には何が必要であるかなどを考えるアクチャルな問題意識）の希薄さ、階級・民族をはじめ現代の市民運動までを含めた社会変革・運動論の視点の後退、「地域」（国内のローカルな地域）から見た世界史、「日本史と世界史の統一的把握」、「自国史と世界史」などの視点の不在という特徴も明らかである。また、上記のように、「新しい世界史」の研究が進展しても、教師の授業観の転換（教師から生徒への上意下達的な知識の提供から生徒を学びの主体にした授業づくりへの変更）がなされない限り、世界史学習の再生は困難であることをあらためて確認しておきたい。

2．世界史学習の再生をめざして

(1) 鳥山孟郎の世界史教育論

長年の世界史教育実践にもとづいて多くの貴重な提言を行っている鳥山孟郎は、生徒の世界史離れの理由を、①過去の出来事の集積として現在の社会が存在しているという事実に対して生徒が実感を持てないこと、②自分の生活との関係が見えない膨大な事実の羅列から構成され、ゆえに生徒の問題意識を喚起しにくい教科書の実態、③世界史は日本史を含まず、自分の生活から関係のない外国史であるという生徒のイメージに起因するとみなしている。[注15]

そうした中、鳥山は現代に求められる世界史像として、①市場経済のグローバル化による現代世界の構造的な関係に眼を向け、自分の生活を世界とのつながりで見ること、世界各地と日本国内における格差と矛盾に注目すること、地域や階層・職種による異なる影響に着眼すること、②グローバル化のもたらす被害に苦しむ人々の声に傾聴し、被害の性質や国家の違いを超えた国際的な連帯の輪を広げることを提起している。[注16]

そこで、鳥山は、生徒の学習関心を、いま求められる世界史認識へと架橋させるために生徒の生活意識を重視する。鳥山は、通史学習の役割を認めながらも、世界史の全体像を扱う必要はなく、それは本来無理なこと、無意味なことの強制にすぎないという立場に立ち、それよりも日本国民の生活意識に立脚して歴史像を創造的に構築するという『日本国民の世界史』に明記された上原専禄の指摘をあらためて世界史学習の指針と位置づけ、生徒の生活意識・生徒自身の問題関心から出発する授業づくりを説いている。それは、研究者や教師が作り上げた歴史像を生徒に押しつけ、それを生徒に暗記させるという、全国各地でなされている一般的な授業方法からの脱却であり、そうした授業づくりのためには、教師が生徒の生活実態と生活意識に目配りし、生徒たちが直面する現代社会の矛盾に着目して、生徒が疑問を抱き、その問題を自分の生活現実との関わりで自らの問題意識に立って歴史的に捉えることができるようなテーマを教師が生徒に問題提起することから始まり、生徒間の学びの共同、生徒と教師の学び合いとなって展開していく。そうした立場から取り組んだ鳥山の授業実践の実例は二冊の単著に収録されている。[注17]

(2) 小川幸司の世界史教育論

小川幸司は二〇〇九年、歴史学研究会大会の特設部会「社会科世界史六〇年」で「苦役の道は世界史教師の善意でしきつめられている」という題名の報告を行い、高校世界史学習の危機的実態を赤裸々に指摘した。[注18]ここで小川のいう「苦役」とは世界史学習の「暗記地獄」を意味し、二〇〇六年秋の「世界史未履修問題」とはそうした事態の反映であった。小川によれば、高校世界史の初期の教科書に掲載された用語数は一三〇〇〜一五五〇個程度で、「課題」や「研究」というタイトルで、生徒が調べたり、論じ合ったりする「問いかけ」が設けられていた。それが現在では教科書（「世界史B」）には三五〇〇前後の用語が盛り込まれ、細かな知識を問う大学入試問題に対応する名目で暗記中心の授業が行われている（受験生は時間軸と空間軸の両方に知識を整序し自由自在に活用することが求められている）。その結果、センター試験における「世界史A・B」の受験者数の推移が示唆するように、「世界史」は高校生からも一般社会人からも嫌われる科目に化している。

こうした困難の中で、小川は生徒との「世界史対話」という独自な授業方法で世界史学習の再生に挑んでいる。小川は、歴史教育の「知」（歴史認識）を、①事件・事実の列挙としての第一の基層、②歴史の解釈としての第二の基層、③歴史を素材にして人間や政治のあり方、自分の生き方について「歴史批評」を行う場としての第三の基層という三層構造で捉えている。これらの三つの層は強固に固定された関係ではなく、相互に循環している。授業では、無限に事実が存在している第一の基層から、なぜ、何を選ぶかを生徒に示し、第二の基層では事実立脚性と論理整合性を重視して歴史解釈の多義性を語り、必ず毎時の授業の最後に小川自身の「歴史批評」を語るという。そして、小川の「歴史批評」に対して、生徒は定期試験で出題される「興味を持った一つの講義内容について、あなたの考察を論述して下さい」というミニ小論文を作成することによって応答を行う。小川はスペイン内戦の授業で、参戦したオーウェルの『カタロニア賛歌』を資料にして「人間らしさ」を問いかける「歴史批評」を行い、それに応答した生徒の「歴史批評」を紹介しながら、「世界史対話」の実践例を報告している。[注19]「歴史批評」で生徒の歴史的思考力の形成をめざす小川の実践の成果は、全三巻で一二〇〇頁に及ぶ大著にまとめられている。[注20]

(3)　井ノ口貴史の世界史教育論

井ノ口貴史は、従来の授業は教師が教えるべき知識を決めて、生徒に溜め込むことを要求するスタイルであり、それが歴史離れを加速していると批判し、グローバリズムが生み出す矛盾とそれを克服する方策を発見するためには、生徒が学習課題を決め、それを解明するための知識を自ら獲得し、自らの歴史観を作り上げることを授業の目標として位置づけている。そして、その目標を達成するために高校生にとっての同時代史学習に取り組んでいる。[注21]授業では、教師は生徒が生きてきた同時代におこった戦争や社会問題を新聞記事や映像資料を通じて生徒に提示し、グローバル化した現在の諸問題に気づかせ、それに対する意見表明を促す。そして、教師は生徒の意見表明を回収・分類し、その違いに注目させながら再び意見表明をクラスで共有し、新たな情報を提供して事実認識を深めながら、新しい視点に気づかせる。この一連の意見表明と生徒が発する疑問を学習課題として組織して、生徒間、生徒と教師間で学習内容を共同決定する。

実際に井ノ口が扱ったテーマは、９・11テロ、米国と湾岸戦争、米国とパレスチナ問題、経済のグローバル化の世界への影響、米国の対テロ戦争、冷戦後の日米安保条約、チョコレートや携帯電話から考えるアフリカの現実などである。学習内容は、生徒の質問に答えながら、どこまで時代を遡るかを決めるという。こうした同時代史学習を通じて生徒はグローバル化した現代世界の諸問題の原因や背景を過去の歴史から学び、それを解決するための方法を主体的に考え、意見表明を行う。教師は生徒の意見を紙上討論に組織して、共同の学びの場を作りながら、生徒一人ひとりの世界史認識を深めていく。同時代史学習は、常に新しい課題の教材化を教師に求めるという。井ノ口の同時代史学習は、現代世界の矛盾に眼を向けさせ、生徒を主体とした世界史学習を追求している点で、鳥山の提言と共鳴し合っている。

おわりに

グローバル化の進展による経済格差の増大など私たちを取り巻く世界の現実は、年々困難と危機を深めている。いま問われる世界史認識とは、地球市民として世界を一体と捉え、様々な結びつきやつながりを発見し理解することではない。現代世界の矛盾に眼を向け、そこに暮らす人々への共感と連帯の意識を育み、そうした諸問題と自分の生活との関係を歴史的かつ構造的に考察し、その解決を主体的・実践的に考え、行動できる力を育成することである。そのためには、教師がアクチャルな課題化意識を持ち、生徒を学びの主体と位置づけ、生徒の生活意識と現代世界・世界史を結合させる授業づくりを組織し、生徒間、生徒と教師間の学び合いを通じて主体的な世界史認識を形成することが必要である。

【注】

（1）浜林正夫『世界史再入門』講談社学術文庫、二〇〇八年、油井大三郎「社会構成史と世界史、そしてグローバル・ヒストリー」『二一世紀歴史学の創造　別巻一　われわれの歴史と歴史学』有志舎、二〇一二年、所収などを参照。

（2）鳥山孟郎「高校「世界史」が抱える矛盾と限界」『歴史学研究』第八九九号、二〇一二年、所収が学習指導要領の変遷の時期区分と各期の特徴を説明している。

（3）水島司『グローバル・ヒストリー入門』山川出版社（世界史リブレット）、二〇一〇年、一～八頁。

（4）水島司編『グローバル・ヒストリーの挑戦』山川出版社、二〇〇八年、六～二四頁。

（5）水島『グローバル・ヒストリー入門』、八〇～八一頁。

（6）水島『グローバル・ヒストリー入門』、八六頁。

（7）羽田正『新しい世界史へ――地球市民のための構想――』岩波新書、二〇一一年。

（8）入江昭『歴史家が見る現代世界』講談社現代新書、二〇一四年。

（9）『歴史評論』第七四一号、二〇一二年は「特集：世界史論の現在」を企画し、グローバル・ヒストリーを批判する諸論考を掲載している。南塚信吾「歴史学の新たな挑戦――「グローバル・ヒストリー」と「新しい世界史」――」『歴史学研究』第八九九号、二〇一二号、所収などを参照。

（10）二谷貞夫「最近の世界史論に応えて」『歴史地理教育』第七九一号、二〇一二年、所収。

（11）難波達興「近年の「世界史」論・歴史教育論をめぐって――召還される「世界史」――」『歴史教育・社会科教育年報 二〇一二年版』三省堂、二〇一二年、所収。

(12) 井ノ口貴史「いま、世界史にどう向き合うか――あなたは同時代史を語れますか――」『歴史地理教育』第八〇六号、二〇一三年、所収。

(13) 小川幸司「「世界はひとつ」を語るのが世界史教育なのだろうか――羽田正『新しい世界史へ』をめぐって――」『歴史地理教育』第八一一号、二〇一三年、所収。

(14) 松本通孝「「新しい世界史」と「学習指導要領」「世界史A」「歴史基礎」」『歴史地理教育』第八二四号、二〇一四年、所収。松本は日本学術会議の「新しい高校地理教育・歴史教育の創造」という提言（二〇一一年）で提示された新科目「歴史基礎」の内容と問題点に言及している。

(15) 鳥山孟郎「自分の生活との関わりを実感できる世界史を」『歴史地理教育』第八〇四号、二〇一三年、所収。

(16) 鳥山、前掲「高校「世界史」が抱える矛盾と限界」

(17) 鳥山孟郎『考える力を伸ばす世界史の授業』、二〇〇三年、『授業が変わる世界史教育法』二〇〇八年、いずれも青木書店。

(18) 小川幸司「苦役への道は世界史教師の善意でしきつめられている」『歴史学研究』第八五九号、二〇〇九年、所収。

(19) 小川幸司「世界史との対話」『歴史地理教育』第七九〇号、二〇一二年、所収。

(20) 小川幸司『世界史との対話――七〇時間の歴史批評――』地歴社、上巻：二〇一一年、中・下巻：二〇一二年。鳥越泰彦「高校世界史教育からの発信」『歴史学研究』第九一五号、二〇一四年、所収は小川の「歴史批評」を哲学的・人間学的世界史、小川の著作を知の集大成としての世界史と評価し、小川の仕事への期待を語っている。

(21) 井ノ口、前掲「いま、世界史にどう向き合うか――あなたは同時代史を語れますか――」

初出（歴史教育者協議会編『歴史教育・社会科教育年報２０１４年版』三省堂、二〇一四年一一月）

第８章　比較史・比較歴史教育研究会から学んだことと授業づくり

1. はじめに

一九八〇年代前半に大学生時代を過ごした私は、所属大学の斎藤秋男先生の「社会科教育法」、土井正興先生の「教職外国史」などの授業を通じて歴史教育に関心を持ち、一九八三年の春、吉田悟郎氏の一連の著作（『歴史認識と世界史の論理』（勁草書房）、『歴史認識と世界史教育』（青木書店）、『世界史の小径』（実教出版））を読み、そこで展開されている「世界史の同時代的全地域的全階層的把握」、「世界史と日本史の統一的把握」、「世界史像形成の試み」、「東アジア世界と歴史認識」などの議論に大きな知的刺激を受け、大学四年次には一年間「上原専禄を学ぶ会」をゼミ仲間と開き、世界史の自主的な学びを始めることになった。また、四年次のゼミナール演習（土井正興先生担当）の年間テーマが「世界史認識の再構成」であったこともあり、同八三年六月、歴史教育者協議会の東京世界部会に入会し、吉田悟郎氏、鈴木亮氏、二谷貞夫氏、鳥山孟郎氏に直接面会し、世界史の学びを始める機会を得た。

こうして、歴教協・世界部会の先輩諸氏を通じて、八〇年代半ばに比較史研の門をくぐった私は、その後約三〇年間にわたり、①東大教養学部での定例研究会への参加、②「東アジア歴史教育シンポジウム」への参加と報告、③過去四回のシンポジウム報告集の読解という三つの場から、歴史教育、世界史認識、国際交流など、実に多くを学ばせていただいた。

2.「自国史と世界史」のさらなる追求を

比較史研が終始、研究課題として掲げ追求してきた最大のテーマが「自国史と世界史」である。戦後の歴史学・歴史教育の国際交流を振り返るとき、あるいは、今後の多国間の歴史教育交流を展望する場合、自国のナショナリズムに絡め取られることなく、自国史を客観化・相対化して世界史に位置づけ、自国史と世界史の関係を問い、また、自国史が世界史をつくり、世界史が自国史をつくるという歴史認識の観点に立つとき、「自国史と世界史」は極めて普遍的で重要なテーマである。日本の高等学校の歴史教育科目が「世界史A・B」と「日本史A・B」の二本立てに分かれ、実際には「世界史」の内容がほとんど「外国史」でありながら、両者を架橋・横断する科目・分野が存在しないこと、また、日本の歴史学界の構成が依然として「日本史」「東洋史」「西洋史」の三区分であり、しかも、グローバル化の進展にもかかわらず、近年の研究テーマ・対象の多様化・細分化・蛸壺化が深刻化している現状を考えると、「自国史と世界史」というテーマは、歴史研究者にも歴史教育者にも、今まで以上にその重要性を増している。

「自国史と世界史」は極めて多義的な概念であり、それを具体的に探求する場合、様々な方法があり得るが、実際の歴史の授業実践に即していえば、①自国史と世界史の統一的把握（日本史が世界史をつくり、世界史が日本史をつくるという相即的把握を可能にするための具体的なテーマの設定と教材の提示）、②日本国内の身近な地域から世界史を捉える学習などが考えられる。そして、①と②を実践する方法として、有効と思われるのが、教師による知識伝達型授業ではなく、生徒による調べ学習、発表学習、討論学習など生徒を主体にした歴史学習であり、そうした方法によってこそ、生徒の歴史認識を深めることができるであろう。

私の実践例でいえば、「世界史Ａ」の授業で、「身近な地域に日本史と世界史が出会う場を探し、取材と調査のうえ、レポートを作成し発表する」という課題を出し、取り組んだことがある。私の勤務校は都内の私立高校のため、生徒の通学範囲が広範であり、生徒たちは、自分の身近な地域に出かけ、東京・千葉・神奈川・埼玉の特定の地域と世界史をつなぐ接点を「発見」し、その内容を調べて、それぞれオリジナルなレポートを作成した。

ここでは、約二三〇名全員のレポートに言及できないが、たとえば、川越市の「唐人揃い」（埼玉）、郭沫若と市川（千葉）、横浜大空襲（神奈川）、白山神社、金玉均の墓、第五福竜丸展示館、三鷹市内の戦跡（東京）など様々なテーマが取り上げられた。身近な地域に眼を向けると、日本史と世界史がつながり、地域から世界史を捉えることができる場所が大変多いことに私自身も驚き、大いに勉強になった。

たとえば、学校の近くの神明神社の戦没慰霊碑を調べに出かけた生徒は、三鷹市牟礼地区の住民が西南戦争、日清戦争、日露戦争、日独戦役（山東出兵）、太平洋戦争へと出兵したという事実（実名と軍隊内での地位など）を慰霊碑を通じて知り、身近な地域と国内外での戦争が意外なつながりを持っていることを理解した。

こうした授業が厳密な意味で「自国史と世界史」の探求をめざした授業といえるかと批判もあろうが、私は授業者として、「日本史」を固定化された日本列島の歴史、「世界史」を日本国外の外国史として捉えるのではなく、授業づくりにおいては常に「自国史と世界史」とは何か、それを授業でどのように追求すべきかを意識しながら日々の授業に取り組んでいる。このように、歴史教育における「自国史と世界史」の具体的な探求方法の一つとして、①日本史と世界史の統一的把握（日本史と世界史の相互規定・影響関係）、②日本国内に埋め込まれている、伸縮する具体的な「地域」から世界史を把握する学習、③国家を超えた広域地域（東アジア、北東ユーラシア、環太平洋地域など）から日本史と世界史を捉える学習、などを今後の授業づくりでも追求していきたい。

3.「東アジア関係史」の模索

比較史研が「自国史と世界史」を探求する過程で、それを具体的に検証するための活動として取り組んだ試みが四回の「東アジア歴史教育シンポジウム」であったといえるであろう。「東アジア歴史教育シンポジウム」に毎回参加することによって、しだいに私は「日本史」でもなく「世界史」でもない「東アジア史」の重要性を自覚するようになり、前勤務校（山梨英和高等学校）において社会科教科会での提案と討議のうえ、選択科目「東アジア関係史」を設置した。

「東アジア関係史」の設置の目的は、以下の三点であった。①日本列島が位置し、その一部を構成し、それゆえ、密接不可分な関係にある東アジア地域に視野を開き、日本列島の歴史を東アジアの中に位置づけ、日本史と東アジア史との関係を問い、日本史像の相対化、客観化をはかること、②世界史と日本史が出会う空間としての東アジアに注目し、国家と国境を越えたトランスナショナルな視点から東アジア地域（日本列島、沖縄、南北朝鮮、中国、台湾、モンゴル、極東ロシア、ベトナム、フィリピンなど）の歴史を学ぶこと、③東アジアの歴史的過去だけでなく、現代東アジアの等身大の姿を政治、経済、社会生活、暮らし、大衆文化、風俗と芸能などソフトとハードの両面から理解すること。

上記の目的を達成するために、授業（二時間連続）の形式は毎回一テーマ完結型とし、四月～一〇月半ばまでを東アジアの「歴史編」（二〇〇〇年度の例では一七回）、一〇月半ば～二月末までを「現代編」（同年度では一二回）として組み立て、社会科の専任教員が毎回輪番で授業を担当し、時にはテーマによっては他校の教員やアジアからの留学生を外部講師として招聘した。数年間続いた「東アジア関係史」の授業は、東アジアの歴史と現代にテーマを限定し、毎回異なる教員が各自の持ち味を出して問題提起型の授業を展開したことによって、受講生徒たちの歴史認識の形成に一定程度寄与したが、授業内に調べ学習、発表・討論学習などを取り入れることが十分にはできなかったため授業方法の点では改善すべき課題を残した（拙稿「『東アジア関係史』の授業づくりについて」『歴史地理教育』第六三九号、二〇〇二年五月）。

こうして、私は比較史研への参加と「東アジア関係史」の授業づくりを通じて、東アジアへの関心を深めたが、その中で、とくに①東アジアの海域世界の歴史展開、②韓国併合に至る日本の朝鮮侵略の多面的・全体的理解、③アジアの友好と連帯の思想と行動（宮崎滔天、佐藤三千夫、安重根と千葉十七、安の「東洋平和論」、亜洲和親会等）、④「近代東アジアと山梨」などのテーマにとくに強い興味を抱いた。ここで、④にのみ言及すると、日清・日露戦争へ出兵した山梨県人、甲府の米騒動、関東大震災時に朝鮮人虐殺がおこらなかった山梨、アジア太平洋戦争下に山梨県で行われた朝鮮人強制労働、アジアとの友好に努めた山梨と縁のある人々（石橋湛山、浅川巧、金子文子、長谷川テル）など、近代の山梨には、東アジア近代史に接続する多くの事件や人物が存在したことを知り、これらを教材化して授業に取り組んだ。これは、日本史と世界史の統一的把握、身近な地域から世界史を把握する、という前述の視点を意識した授業であったが、日本の各「地域」には、東アジア史や世界史とつながる多くの学習テーマが存在することをあらためて実感することになった。

4．第四回「東アジア歴史教育シンポジウム」での報告をめぐって

「帝国主義の時代の理解をめぐって――自国史と世界史――」をテーマにした一九九九年の第四回シンポジ

ウムでは、私自身が「東アジア世界における帝国主義の成立をどう教えているか」と題する拙い授業実践を報告する機会を与えられた。報告の骨子は、①日本の高校「世界史」「日本史」教科書における帝国主義の記述の特徴と問題点、②一八七〇年代～一八八〇年代の東アジアの国際関係、日清戦争、中国「分割」と義和団事件、日露戦争と日本の帝国主義化、それに対するアジアの民族運動、韓国併合についての学習内容、③生徒の帝国主義認識の特徴、についてであった。

私はこの報告で、「世界史」教科書が近代東アジアを帝国主義列強の侵略・「分割」の対象として他律的に位置づけ、「日本史」が近代日本の行動範囲・国際的背景として断片的に扱っていると批判した上で、東アジアにおける帝国主義体制の成立の歴史を、列強の侵略による中国の冊封体制の崩壊、列強の世界「分割」と連動しながらの、日本の帝国主義国化とアジアの民族運動の抑圧の過程として、事実に即して正確に理解させるとともに、日本の帝国主義国化が唯一不可避な路線ではなく、反帝国主義・アジア友好の様々な思想と行動が存在したことの意義を重視して授業に取り組んでいることを紹介した。

私の報告に対して、①教師が何を教えるかではなく、生徒がどのようなプロセスを通じて学んでいるのかが明らかでない、②各事件相互の関係の理解に重点が置かれていて、帝国主義に関する生徒の主体的な歴史認識形成への意欲が薄い、③歴史における選択肢の扱いは、そうした選択肢が存在したことにふれるだけではなく、なぜ、そうした選択肢が現実には選択されなかったのかという歴史的事実を考えることこそ重要である、等々の様々な質問と批判をいただいた。しかし、これらの質問に対して、私は会場では有効な回答を述べることができず、これらの質問は、第四回シンポジウムを終えて十余年を経た今でも、依然として授業づくりの課題になっている。

さて、ここで、そうした課題へのアプローチを語るならば、①に対しては、生徒の学びのプロセスの検証とともに、「教師の教え」から「生徒の学び」への授業方法の転換が必要であり、その一つの模索として、現在、世界現代史の授業で生徒のテーマ別発表学習などに取り組んでいる。②に関しては、日本人の帝国意識の自覚化が課題であり、それに迫るためには、私たちの帝国意識・大国意識の自己分析と、近代日本の七〇年間の戦争（江華島事件～アジア太平洋戦争敗戦）をアジアの民衆の側から照射し、日本の軍民がアジアのどこで何をしたのか、それが当時と現在のアジアの人々に何をもたらしたのかを、様々な資料（文献、証言、映像等）を用いて理解すること（科学的認識）と、その前提として、他者への共感力を育むことが大切であろう。③に関しては、歴史のうえで、様々な選択肢が存在した中で、なぜ、ある選択肢が選ばれて現実化したのに対して、別の様々な選択肢は選ばれずに「未発の可能性」にとどまる結果になったかを資料を通じて読みとり理解することが第一義的に重要である。また、他方では、現在を生きている私たち（生徒も教師も）が過去の歴史をシナリオを読むかのように傍観者的に捉えることがないように、具体的な歴史の場面に身を置き、様々な選択肢に向き合い、その選択・決断・判断・意思決定を促すような授業場面の設定が有効であろう。この点は、アメリカ合衆国の歴史教育（「ナショナル・スタンダード」）でも重視されており、今日の歴史教育の課題が過去の歴史的事実の正確な理解だけではなく、過去の歴史に向き合い、知的格闘を行うことによって、思考力、判断力、表現力、発信力をそなえた健全かつ民主主義的な市民的資質の形成にも広がっていることを意味している。

5. おわりに

比較史研から何を学んだかを振り返ると、例会やシンポジウムの参加者の様々な発言、シンポジウム報告集掲載の各論考から有形無形に実に多くを学んだが、授業者としての自分を見つめると、最大の成果は「自国史と世界史」、「東アジア史」が授業づくりに与えたヒントや示唆であった。

比較史研が解散を迎えた現在、東アジアの政治状況は歴史認識問題、領土問題、安全保障問題などによって厳しさを増し、それゆえ、比較史研が取り組んできた東アジアの過去と現在を見つめた歴史教育交流はかつて以上にその重要性が高まっている。

他方、各学校の教室空間に眼を向けると、知識詰め込み式授業の横行、「暗記主義」と「正答主義」の弊害によって、生徒の歴史離れ・歴史嫌いはさらに深刻化し、歴史教育の実践自体が困難になっている。

こうした状況の中で、私は、①比較史研が残した成果を検証し、継承すること、②東アジアの激動の現代史（敗戦国日本に対し、他のアジア諸国では「アジア諸戦争の時代」が続き、すぐに「戦後」は訪れなかったという重要な事実を含めて）を、とくに現在の同時代史までを視野に入れた授業を展開すること、③生徒を学びの主体にし、調べ学習・発表・討論学習などを通じて、生徒自らが学ぶ楽しさと重要性を知り、生徒の歴史的思考力・主体的な歴史認識を育てること、④アジアの歴史教育者との対話と交流を積み重ね継続すること（さしあたり現在は、歴教協の日中歴史教育交流委員会、日韓教育実践研究会の活動に参加している）を目標して、今後の歴史教育に努めていきたい。

初出（比較史・比較歴史教育研究会編『「自国史と世界史」をめぐる国際対話——比較史・比較歴史教育研究会30年の軌跡——』星雲社、二〇一五年四月）

第９章　生徒とともに学びをつくり、学びを楽しむ

「学び」を三つの観点で

受験競争、詰め込み教育、暗記強要型の授業など様々な原因から生徒の学習意欲が希薄化し、全国各地の教室空間で「学びからの逃走」と指摘される現象がおきて久しい。

私たち教師は、目の前の生徒たちの潜在的な「知りたい要求」や「学びたい気持ち」を呼び覚まし、学ぶことの楽しさと大切さを伝えるにはどうしたらよいのだろうか。学ぶことは自分を知り、自分の進路開拓を通じて自己実現を可能にするだけでなく、社会や世界を知ることでもあり、他者や社会とつながり、社会や世界を変革する力、未来を切り拓く力になることをどのようにして生徒に知らせたらよいのだろうか。そこで以下、学ぶことの意義と楽しさを、①生徒の学び合い、②生徒と教師の学び合い、③教師の学びの追求という三つの観点から、私の日々の拙い実践を事例に述べてみたい。

生徒の学び合いをはぐくむ

全国各地の学校で、子ども・生徒を学びの主体にした様々な授業が展開されている。教師のチョーク＆トークの一方的知識提供型授業から生徒を学習主体にした自主的参加型授業への転換が叫ばれる中、調べ学習・発表学習・討論学習・ディベート学習等々に全国の教師が取り組んでいる。

二〇一二年度、高校三年生の世界史の授業を担当した私は、「発表を通じて学び合う世界現代史の授業」を試みた。勤務校では、高校一年次に必修科目「世界史A」を履修し、近代史を学んだ後、三年次にあらためて世界現代史を学習するというカリキュラムを組んでいる。グローバル化がますます進行する現在、二一世紀の現在までを視野に入れた世界現代史の知識が必要であるからである。

そこで、私は毎週一回二時間連続の授業のうち、最初の一時間目は毎回一回完結型の特定テーマに関する教員の講義と映像教材の視聴、二時間目は生徒によるレジュメを用いた発表学習を行った。授業びらきの際、二〇一〇年代の国内外の情勢にふれ、めまぐるしく変転する現代世界の中で、自分自身の力で様々な動きを分析・解釈し、主体的な価値判断と意思決定を行う力を身につけることが重要であり、そのために、発表学習を通じてテーマを選ぶ力、テーマ内容を調べる力、調べた結果を分析・解釈し、レジュメに構想しまとめる力、発表・発信する力を高めることを授業のねらいとして提示した。

全生徒が学期に一回ずつ、世界現代史あるいは現在の国際問題の中からテーマを選び、自ら調べた内容をレジュメにまとめて発表するという私の趣旨説明に、生徒から驚きの声が上がったが、レジュメの作成方法を丁寧に教え、成績評価方法を詳しく伝えることによって生徒たちは授業の趣旨を理解し、発表学習をスタートした。

授業の具体的なイメージを語ると、たとえば一一月八日（木）には一時間目に「イラク戦争とアメリカ」をテーマに私が授業を行い、映画『華氏911』の一部を視聴し、二時間目には四名の生徒がそれぞれ「ウッドストック1969」「東西ドイツの統一」「北朝鮮核問題」「竹島問題」をテーマにして発表を行ったという具合である（教師の扱う授業のテーマと生徒の発表テーマは必ずしも関連していない）。なお、司会は次の発表者が担当し、発表後、数人に指名し、（各発表テーマに対する全員の関心と理解を深める目的で）感想ではなく質問を出させることにし、聞いている側の全生徒に各発表に対する「感想・質問シート」

を記入させ、授業終了時に回収して発表者に渡した。こうした授業のスタイルで、私が担当した四つのクラスでは合計一二九名が発表学習に臨んだ。

授業の最終回にアンケート調査を実施した結果、「友人の発表から学んだことは何か」という質問事項に対して、「ハンガーマップと飢餓」と「ジェンダー」というテーマで発表を行ったK君は「この授業の形式を聞いた時、友だちの発表は本当に勉強になるのか疑問でした。先生から教わることが当たり前になっていたので、生徒の発表はそれに比べて質が悪いように思えたからです。しかし、実際はそのようなことはありませんでした。……友だちの発表を聞くことの最大のメリットは、聞いている人の興味の幅が広がることだと思います。私は友だちの発表を聞いて、9・11テロ事件や〝国境なき医師団〟など今まで興味のなかった事柄について関心を持ち調べてみました。この授業は興味を共有し合う機会を与えてくれました」と回答していた。

授業を振り返ると、生徒は発表学習を通じて、テーマ選択→調べ学習→レジュメ作成という自己学習、友人たちの前での発表と質問への応答、聞く側の一員として多くの友人の発表を聞き新たな知識と理解の獲得という三つの学びの場面に立ち、多くの学びの成果を得たことが分かる。成果の一つは自分が調べ発表したテーマの内容に関する理解であり、もう一つは友人が発表したテーマへの興味と関心、友人の発表方法への共感であった。

ここで、印象的な発表を一つ紹介したい。「一〇一歳のフェアトレーダー安藤久藏氏から学ぶ『フェアトレード』」を発表したCさんは、自宅に配布されたチラシを見て近隣の地域に暮らす安藤氏の存在を知り、安藤氏への取材を通じてフェアトレードを理解し、氏が八五歳からコーヒー豆の輸入卸売り業を始め、一〇〇歳を過ぎた現在も自転車で都内各地にコーヒー豆を配達している姿を紹介した。この発表は校外に自ら足を運んで取材を行い、安藤氏の実際の活動を題材に綿密に発表内容を組み立て、生徒全員にフェアトレードの仕組みを理解させるという成果を生んだ。

今回の発表学習は、生徒間の多様な学びの場を形成するとともに、私自身も生徒一人ひとりの発表から、そのテーマ内容、問題設定の方法、聞いている側を飽きさせない楽しいプレゼン方法など、実に多くを学ぶことができた。かつてある世界史教育の先人が「授業とは生徒と教師の学び合いの場である」と記しているが、その言葉の意味を実感する場面にしばしば遭遇した。今後も生徒の学び合いを重視した授業づくりを追求したい（以上の実践は米山「発表を通じて学び合う戦後世界現代史の授業」『歴史地理教育』八〇〇号、二〇一三年二月、所収を参照）。

生徒と教師の学び合いを深める

先ほど、授業は生徒と教師の学び合いの場であるという言葉を紹介したが、私は授業外の学習活動でも、幾たびか、この言葉の意味を深く噛みしめる機会にめぐりあった。その一つは高校三年生を対象とする「卒業論文」の指導である。勤務校は大学付属校であり、卒業生の九割前後が系列大学に進学する。そこで、大学受験がない代わりに高校三年生には独自の「三学期プログラム」を実施し、その内容の一つに希望者対象の「卒論」があり、一名の教師が数名の生徒を対象にマンツーマンで「卒論」作成の指導を行っている。「卒論」の作成には当該テーマの専門書を渉猟した上で、校外でのフィールドワークや研究者へのインタビューなどを盛り込み、問題設定、事実に立脚した論理的な論証の展開、結論としての「研究」の成果と今後の課題の提示が求められている。「卒論」を選んだ生徒は冬休みから二月末までの期間に担当教師と面談を重ねながら、調査と執筆作業を進め、一万字以上の論文を提出することになっている。

二〇一二年度、私は「TPP交渉問題」「ドイツの脱原発」「南京虐殺事件の教科書記述問題」「古代ギリシアの秘儀」という相異なるテーマを選んだ四名の生徒と、「卒論」指導という名の下に、生徒と教師の学び合いを行った。四つのテーマのうち、前者二つは現在進行中の賛否両論に意見が分かれるむずかしいテーマであり、後者二つは史料解釈や先行研究の摂取を要する歴史学のテーマであり、四名に対する十分な指導は正直言って私の力量をはるかに超えていた。とにかく生徒と一緒に同じ基本文献を読むこと、校外でのフィールドワークやインタビューに同行すること、そして卒論作成までの作業スケジュールの策定と卒論の構成に関するアドバイスが主な指導内容であり、指導というよりも生徒とともに学び合いをしていたというのが実情である。

実際の学び合いの一例を語ると、ＴＰＰを選んだＩさんとの面談の中で、ＴＰＰ交渉問題に関して意見表明をしている団体を調べ、実際にインタビューに伺うことになった。そこで、複数の団体に電話をかけアポを取り、放課後の時間帯を数回利用して、日本医師会、日本税理士会連合、経済同友会、日本経済団体連合会、全国農業協同組合中央会を訪問した。

事前に訪問先の団体のＨＰで各団体の意見表明を読み、その内容を理解した上で質問項目を練り、それを簡単なレジュメにまとめて各団体を訪ねた。最初に訪問した日本医師会では、担当者から説明をうかがい、その趣旨内容を理解することとメモをとることで精一杯に見えたＩさんであったが、二回目以降の訪問先では、ＴＰＰ全体の理解が深まったこともあり、担当者の方に三〇分以上にわたって堂々と質疑を行うなど、学びの深化が伝わってきた。

また、ある団体では担当者の方が多忙にもかかわらず私たち二名のために一時間四〇分にもわたって質問に答えて下さり、私たちのＴＰＰの内容理解も進んだが、高校生の真に知りたい、学びたいという願いに対して社会人のプロがこれほど誠実に応答して下さったことに深い感銘を覚えた。私はＩさんのインタビュー活動に同行し、眼を輝かせて次々に質問し、その回答を喜んで受け止めている姿に接し、高校生の学ぶ力の大きさを実感した。Ｉさんは TPP 交渉問題に対して単に賛否のどちらの立場に立つかということを卒論の目標にしているのではなく、戦後の自由貿易体制の展開の中で TPP が現れた背景、TPP 交渉の全体的枠組み、日本の各産業分野への個別的具体的影響などを調べ、TPP の全貌を理解することをめざしている。私自身もインタビュー活動への同行を通じて、各団体の固有の立場を知り、より広範な視座から TPP 問題を理解する糸口を得ることができた。

次に、南京大虐殺事件を選んだＭ君は笠原十九司さん（都留文科大学名誉教授）の数冊の研究書を読み、南京事件の実相と事件をめぐる論争の歴史を知り、南京事件の事実認識を固めたうえで、「つくる会」系の三社を含む複数の中学校歴史分野の教科書、高校日本史Ａ・Ｂの教科書を丁寧に読み比べ、各社の記述の差違を分析した。その過程で笠原さんに南京事件の事実確認に関する質問を行い、歴史教育者協議会前委員長の石山久男さんや『中国歴史教科書と東アジア歴史対話』（花伝社、二〇〇八年）の著者・齋藤一晴さんにインタビューをして、研究者の意見をうかがった。

こうした学習活動の結果、Ｍ君は卒論を完成し、結論で南京虐殺事件の歴史的事実を直視して教科書をより正確な記述に改善すること、生徒がなぜこの事件が発生したかを考えることができるような資料の掲載など工夫をこらすこと、歴史教育を通じた対話と交流を積み重ね二一世紀の日中の平和と友好を築くべきことを提言している。このように「卒論」の指導は生徒と教師の豊かな学び合いの場となっている。

教師の学びを楽しむ

読者諸氏には釈迦に説法ではあるが、教師の仕事には、目の前の子ども・生徒一人ひとりに真摯に向き合い、彼らや彼女たちとともに学び合いながら自分の専門性を高め、同時にお互いの人格を磨くことができるという特異性が含まれている。それゆえ、私たちは常に自己研鑽に努め、学ぶことの楽しさと大切さを語ることができる人間でなければならないと思う。

私がこうした教育観を抱くに至った契機は大学生時代にゼミナールと卒論作成で指導を受けた土井正興先生との出会いが決定的であった。高校教師出身で古代ローマ時代の奴隷反乱・スパルタクスの蜂起の研究者として知られる土井先生は、教師をめざす私たち学生に〝研究・教育・運動〟の三つの実践の重要性を説いていた。ここでいう〝研究〟とは教師になった後も卒論や修論で扱った自分の研究テーマを追究し続け学究的に生きること、〝教育〟とは民間教育団体等に属してよりよき授業づくりなどを探究すること、〝運動〟とは職場の教職員組合の活動や地域の民主運動への参加を意味している。私は、大学院生時代に歴史学研究会の委員を務め、就職後もドイツやルーマニアの史跡を見学・調査し、ローマ帝国・北方「蛮族」関係史というテーマで歴史研究を続けながら、全国の教師に学び、これらの三つの統一的実践を心がけてきた。以下、ここでは〝教育〟に関する拙い取り組みの一例を紹介したい。

私は土井先生の助言を受け、学生時代の一九八三年から社会科の民間教育団体である歴史教育者協議会（歴教協）の活動に参加している。その後、就職してしばらく経って歴教協全国大会の分科会の世話人になり、現在は全国常任委員として月刊の会誌『歴史地理教育』の編集や日中歴史教育交流の分野を担当している。

今日、社会科教師にとって様々な学びの機会がある中で、私が最も多くの刺激と豊かな学びを得ることができる場は歴教協の支部例会での学習や会誌の編集作業である。ここで、後者について語ると、月刊の『歴史地理教育』を発行するために毎週木曜日の夜、本部事務所で編集委員会が開かれ、小中高の各校種の約一〇名の編集委員が参加している。『歴史地理教育』では毎号で特集を組むほか、「小学校・中学校・高校の授業」「地域」「子どもの目」など様々な固定のコーナーがある。そこで、私たち編集委員はそれぞれ毎号の定番のコーナーを担当するほか、年間に二回ほど特集の号担当者となる。特集の号担当者は会誌の発行の約半年前に第一次企画案を作成し、企画の趣旨、執筆者の候補等を編集委員会に提示する。編集委員会では編集委員が自由に意見を交換し、数回にわたって企画案を検討し、特集企画を煮詰めていく。こうして特集の企画内容を固めながら、それを毎月二回開かれる常任委員会で提案し、承認を得たうえで、正式に執筆者への原稿依頼を行い、特集企画の編集作業が始動する。

日頃、私たち編集委員は、国内外の政治情勢、全国の社会科教育・歴史教育の動向、会員や読者の知りたいニーズや読みたいテーマなどを考慮して特集企画や誌面構成を組み立てていく。時には全く面識のない研究者や団体に緊張しながら原稿依頼の連絡を行ったり、寄せられた原稿の修正に多くの時間と労力を要することも少なくない。しかし、『歴史地理教育』の編集作業に関わることによって私は楽しみながら自分の視野を広げ、社会科教師としての学びを深めている。教師が楽しみながら学びを続け、専門性を深め力量を高めることは、極めて有意義である。『歴史地理教育』は二〇一三年二月号で八〇〇号に達した。これからも楽しみながら会誌の編集作業に携わり、自分の力を伸ばしていきたい。

学び合いが学校を変革する

以上、三つの観点から、学ぶことの意義と楽しさを語らせていただいた。各学校現場には様々な課題が山積している。そうしたなかで「研究・教育・運動」を統一的に実践し、生徒との学び合い、同僚との学び合いが信頼と協同をつくりだし、学校を変革し、未来を切り拓く力になることを信じて、明日の授業づくりと学校づくりに取り組みたい。

初出（教育科学研究会編『教育』第八〇七号、かもがわ出版、二〇一三年三月）

第Ⅱ部　東アジア関係史の構築をめざして

第10章　アジアの民族運動と日本人
――民族運動に「共感」した人々――

1．朝鮮三・一独立運動と日本人

第一次世界大戦後のパリ講和会議で日本政府は、連盟規約第二一条に、人種・国籍にもとづく差別待遇排除の一節を盛り込むことに腐心していた。このとき日本にそれを提議する資格はないとして国際的な非難を浴びたが、その虚偽・偽善性を自ら暴露したのが三・一独立運動への過酷な対応であった。

一九一九年三月一日、東京日比谷公園に約五万人が参加して普選要求の大集会が開かれたちょうど同じ日に、植民地朝鮮では三・一独立運動が発生した。このとき日本の大部分の新聞は政府・軍部の発表をほぼそのまま報道し、あるいは同一趣旨の論説を掲げた。すなわちマスコミは三・一運動を「陰謀」「暴動」などと報道し、日本人の被害を誇大化するとともに、全民族的な三・一運動を歪曲化して伝えた。こうして日本国民には当初、三・一運動の真相は伝えられなかった。

他方、この時期、三・一運動を民族運動として正当に評価し、〝自治〟〝独立〟を認めるべきだという見解を示した人々が少数ながらも存在した。まず最初に、日本の朝鮮植民地支配を最も強く批判した人物として吉野作造があげられる。吉野の影響下にあった東京帝国大学法学部学生らの新人会の機関誌『デモクラシー』は、誌面を朝鮮人学生に開放し、彼らに所信の表明の場を提供するとともに、第二号（一九一九年四月一日）では社説「朝鮮青年諸君に呈す」を掲げて、朝鮮併合を「断じて不可」とし、三・一運動の弾圧を「非人道の極」と認め、「衷心より恥辱とし是れを憎悪する」と述べるなど、三・一運動を支持する見解を発表した。

次いで三月一九日、黎明会第四回例会では、金雨英ほか七名の朝鮮キリスト教青年会の学生を招いて意見を聴き、さらに六月五日の黎明会第六回講演会では、吉野をはじめとする六人が約一七〇〇人の聴衆の前で「朝鮮問題の研究」を主題とする講演を行い、多数の朝鮮人学生から割れるような拍手を受けた。この講演で吉野は、日本国民の良心のために黙視できないとして水原虐殺事件にも言及しつつ、当面の改革として、言論の自由、同化政策の放棄、朝鮮人差別待遇の撤廃、武断統治政策の廃止を提起した。権力の抑圧のもと社会主義者でさえ民族独立運動への支持が困難であった当時において、吉野は日本帝国主義に対する三・一運動に共感を示した日本人の良心ともいうべき存在であった。

次に三・一運動の本質を正しく理解・報道したマスコミの例として石橋湛山らの『東洋経済新報』がある。最初の報道「朝鮮各地擾乱」（三月一五日）では「朝鮮各地に勃発した擾乱……群衆の擾乱を起す処に、朝鮮人の要求の何であるかゞ暗示されてはいまいか。……武官政治の改善の必要なるを暗示するものではあるまいか」と述べ、「鮮人暴動に対する理解」（五月一五日）では「其暴動は此夏の我米騒動の比ではない……鮮人は自治を得る迄……絶えず反抗運動を起こすものと覚悟せねばならぬ。……若し鮮人の此の反抗を緩和し、無用の犠牲を回避する道ありとせば、畢竟鮮人を自治の民族たらしむる外にない」とコメントし、自治導入の必要性を明言している。

このほか、独自な立場から三・一運動に共感し弁護した人々がいた。白樺派に属し民芸運動の開拓者であった柳宗悦は「誰も不幸な朝鮮の人々を公に弁護する人がないのを見て、急ぎ書いた」として「朝鮮人を想う」を『読売新聞』（一九一九年五月二〇〜二四日）に発表した。一九一五年に初めて朝鮮を旅行し、浅川伯教・巧兄弟を通じて朝鮮の民芸品に深い愛着を抱いた柳は、この文章のなかで「反抗する彼らよりも一層愚かなのは圧迫する吾々である。血の流を見るがごとき暴行を人はいかなる場合においてもなしてはならぬ」「吾々とその隣人との間に永遠の平和を求めようとなれば、吾々の心を愛に浄め同情に温めるよりはほかに道はない。しかし日本は不幸にも刃を加え罵りを与えた」と語り、普遍的な愛の精神、ヒューマニズムの立場に立って日本の朝鮮支配に反省を促した。

キリスト者として朝鮮植民地支配の矛盾に異議を唱えた人物もいる。群馬県安中教会の牧師、柏木義円である。義円は一八九八年以来、『上毛教界月報』を発行し、天皇制や国家主義、あるいは日本組合基督教会の朝鮮伝道について批判を放ってきた。三・一運動後、自ら朝鮮に渡り植民地支配下の朝鮮民衆の生活に接した義円は、のちに「京城滞在中所感」「朝鮮を見ざるの記」「朝鮮帰途」などの文章を発表して〝日鮮融合策〟や偏狭な国家主義教育などの同化主義的政策を「まったく駄目である」ときびしく批判した（『柏木義円集』第二巻、所収）。

他方、〝支那革命主義〟を掲げ、中国同盟会の結成に貢献するなど、孫文の盟友としてその革命運動に一貫して協力してきた宮崎滔天は、当時『上海日日新聞』に「東京より」を寄稿していたが、二度にわたり三・一運動に言及している。滔天はまず、三月八日付同紙で「朝鮮全道に亙る此の大示威運動」が「秩序的に厳粛に行われたるは注目に値するもの」で「見上げたる行動」であると評価し、さらに六月二七日付では、吉野作造らの黎明会講演会に大阪から参加した朝鮮人学生がいたことにふれて「同情に値す」としたうえで、植民地朝鮮に自由と権利を尊重し、本国人と同じ待遇を行い、適当な時期に完全独立を認める声明を発表すべきであるという見解を提示している（『宮崎滔天全集』第二巻、所収）。

以上のように、わずかな例ではあるが、一部の知識人やキリスト教徒などのなかに三・一運動に理解と関心を示した日本人がいたことは注目すべき事実である。なお、この時期、日本国内では普選運動などの民主主義運動の高揚期を迎えていたが、日本社会内部での差別撤廃・社会的同権化要求は、民族差別の反対・植民地の解放の運動には連動せず、日本の社会主義者による三・一運動に関する発言はみられなかった。

2. 中国・インドの民族運動と日本人

中国では、すでに第一次世界大戦中の日本の二一ヵ条要求に対してはげしい反発がおこっていた。当時早稲田大学に留学していた李大釗《たいしょう》は『国恥紀念録』に「国民の臥薪嘗胆」を書き、日本の要求を〝火事場強盗のやり方〟と非難していた。また李大釗は一九一九年一月に『大アジア主義と新アジア主義』を著して、アジアの併呑・支配をめざす日本の姿を〝大アジア主義〟として批判し、これに対して民族自決主義にもとづくアジア諸民族の解放と、対等・平等な関係での一大連合の結成を〝新アジア主義〟と命名して対置していた。

こうした中国国内における民族解放思想の発展とロシア革命、三・一運動などの影響を背景として、五・四運動は発生した。日本の多くのマスコミは五・四運動をアメリカなど外国政府の扇動によるものとして罵倒し、日本の権益の確保を主張した。また、辛亥革命のときにしばしばみられたような中国の革命運動に対する共感の声はほとんど聞かれなかった。

こうした風潮のなかで、五・四運動に共感し理解を示したのは、吉野作造、石橋湛山、神戸正雄らの一部少数の人々であった。このうち吉野作造は「北京学生団の行動を漫罵する勿れ」「北京大学学生騒擾事件」など一連の論評を書き、五・四運動の反帝・反封建闘争としての性格を明確に指摘した。吉野の論文は中国の雑誌に訳載され、中国の学生や知識人に共感をもって迎えられた。また吉野は、運動の指導者の一人である北京大学教授の李大釗に連絡をとり、日中両国の教授・学生の交流を提案した。これに応えて中国の全国学生連合会から黎明会に、ともに軍閥打倒のために互いに助力しあおうという挨拶状が届き、また日本からは翌二〇年に、宮崎滔天の息子で吉野の教え子でもある宮崎竜介が上海に渡り、全国学生連合会の大会で演説を行った。こうして五・四運動期には、日中間の学生・知識人の間で活発な交流が行われた。

ところで、五・四運動をめぐってはこうした吉野の「隣邦の友人への日本国民の真の平和的要求」や石橋湛山、神戸正雄らの山東省返還の提言とは対極的な主張も現われた。すなわち、辛亥革命以前から長年中国革命に携わってきた北一輝は、滞在中の上海ではげしい排日運動に直面し、日本の危機を実感して『国家改造案原理大綱』を執筆し、日本の新たな領土獲得の構想を提起した。こうした意味でも、一九一九年はのちの日本のアジア侵略に向けての重要な起点となった。

次にインドの民族運動と日本との接点は、第一次世界大戦前にさかのぼる。一九一三年、大川周明は神田の古書店で見つけたH・コットンの『新インド』を読み、イギリス統治下の植民地インドの悲惨な現実を知り衝撃を受けた。さらに大川は一九一五年、東京帝国大学の赤門付近で一人のインド人に出会った。彼の名前はヘーランド・ラール・グプタ、式力闘争によるインドの独立をめざすガダル党員である。これ以後大川は亡命インド人革命家たちの支援に身を投じることになった。そしてインド人革命家との交流と彼のインド研究による最初の所産が一九一六年に上梓された『印度に於ける国民運動の現状及び其の由来』である。大川は同書のなかで一九〇五年以降のインドの独立運動の軌跡を詳述し、イギリスのインド統治の悪弊を指摘し、さらにイギリス追随の日本政府の外交にも批判の目を向けている。こうしてインド人革命家たちへの支援活動や『復興亜細亜の諸問題』（一九二二年）に代表される大川の仕事は、当時東アジアしか視野に入れていなかった日本人に、南アジアから西アジアまでの地域とそこでの民族運動を認識させる重要な役割を果たした。

ほかに亡命インド人革命家との連帯に尽くした日本人の例として新宿中村屋の相馬愛蔵・黒光夫妻をあげることができる。彼らは、イギリス大使館の要請をうけて日本政府から国外退去を命じられた二人のインド人革命家（H・L・グプタとラーシュ・ビハーリーボース）を自宅のアトリエにかくまった。夫妻は「政府が無能なら、日本国民の手でどうかならんものか」「政府は見殺しにするが、われわれはこれを保護する」と語り、店員にも協力を求めた。のちにボースは中村屋の長女の相馬俊子を娶り日本に帰化するが、〝中村屋のボース〟の物語は、たとえそこにボースと孫文、宮崎滔天、頭山満などとの関係が前提にあったとしても、当時の日印間の民衆レベルの連帯を示唆する重要な事例である。

第一次大戦後のインド独立運動では、武力に代わってガンディーらの非暴力不服従運動が主流となるが、これ以後もインド民族運動と日本との関係は存続した。その一例を示すのが一九一三年に来日したA・M・サハーイである。サハーイは、のちに日本にインド国民会議派の支部を創設した人物であるが、その回想録によれば彼が神戸在住期間中に、神戸YMCAのセクレタリー奥村竜三の助力によって、YMCA寮の宿舎と夜学の英語教師の職の提供をうけたという。

初出（歴史教育者協議会編『歴史地理教育』第五九一号、一九九八年七月）

第11章　シベリア干渉戦争と朝鮮・中国・モンゴル・日本
――東アジア世界におけるシベリア戦争をどう教えるか

はじめに

一九九八年は米騒動とシベリア派兵の、また一九九九年は三・一運動と五・四運動発生の、それぞれ八〇年目に当たる年である。私たちは日頃の授業で、一九一〇年代末におこったこれらの事件をどのように教えているであろうか。同時期に発生した東アジア世界におけるこれら一連の民族運動・民衆運動をどう関連づけて教えているであろうか。

実はいうまでもなく、第一次世界大戦とロシア革命を経て、民主主義思想と民族自決主義の国際的潮流を背景にして発生したこれらの諸事件は、時期的に近接しているだけでなく、内容的にも影響を及ぼし合い、相互に密接に関連していた。しかし、教科書の記述では、日本史の場合も世界史の場合も、それらの相互関連性は分断され、個別的な扱いとして叙述されている。たとえば、シベリア干渉戦争を軸に考えると、手元にある、ある日本史教科書はそれを以下のように記述している。

「ロシアで三月革命、ついで十一月革命がおこり、帝政ロシアが崩壊し、世界最初の社会主義国家が出現したことは、日露同盟を軸とする日本の布石を根底からくつがえした。（中略）革命の影響の拡大を恐れた連合国が、ロシアの捕虜としてシベリアにいたチェコスロヴァキア軍の救出を名目に、干渉戦争を開始すると、寺内内閣はシベリアに勢力範囲を拡張する好機として、一九一八年八月、シベリア出兵をおこない、最高時七万三〇〇〇人に達する兵力で東部シベリアの要地を占領した」(『日本史B』実教出版、平成八年版)。

ここでは、シベリア派兵の目的が比較的詳しく書かれており、あとの頁で米騒動との関連についてもふれられているが、シベリア戦争が反革命を擁護する干渉戦争であることが指摘されているだけで、朝鮮・中国の民族運動とどのように関連していたかについては記述がみられない。

次に、世界史教科書の事例では、ある教科書はロシア革命の説明のなかでシベリア戦争を「……ロシア各地には反革命政権が樹立され、イギリス・フランスなどは軍隊を送ってこれを助けた。日本もシベリア出兵によって、革命政権を打倒しようとした。しかし革命政権は、国民を結集してこれと戦い、政権を維持し、一九一九年三月にはモスクワでコミンテルン(第三インターナショナル)を結成して、世界革命をめざすとともに諸国の民族解放運動を援助した」と記述している(『詳解世界史B』三省堂、平成十年版)。ここでは、ロシア革命をめぐる国内外の対抗関係が言及されているが、それらと東アジアの民族運動との関連については、日本史教科書と同様に記述されていない。

これらの教科書の記述例から明らかなことは、日本史の場合も世界史の場合も、シベリア戦争をロシア革命の説明のなかに位置づけ、他方で三・一運動や五・四運動を第一次世界大戦後のヴェルサイユ体制の説明の部分に置く構成をとっているため、現実には同時期に発生し相互に関連し合って展開したはずのこれらの諸事件の関連性が等閑視されているということである。しかし、シベリア戦争が単純な反革命的な干渉戦争ではなく、当時の日本政府のアジア政策と結合した極めて多面的・複合的な性格をもっていたことは、すでに一九五〇年代初頭の井上清の先駆的な研究が明示している（井上清「日本のソヴェート革命干渉戦争（一）（二）」『歴史学研究』第一五一号、一五三号、一九五一年、所収）。

そこで以下、革命と反革命、帝国主義と民族解放という当時の東アジアの国際的対抗関係のなかで、シベリア戦争と朝鮮・中国などの民族運動、日本の民衆運動がどのような関連性のもとで展開したかについて、日頃の授業実践をふまえつつ考えてみたい。

1. シベリア戦争の展開

(1) シベリア戦争の位置づけ

日清・日露戦争とアジア太平洋戦争の中間に位置し、わが国では一般に〝シベリア出兵〟と呼称されるシベリア革命干渉戦争は、未解明の点の多い、位置づけの困難な戦争である。しかし、この戦争の性格規定として以下の四点が重要である。

①〝シベリア出兵〟とは、この戦争のもつ侵略性を隠蔽した表現であり、その本質を重視するならば、〝シベリア（革命干渉）戦争〟という呼称が歴史用語としては適切である。

②当該戦争はロシア革命＝社会主義に敵対的な反ソ的な要素だけでなく、当初から傀儡政権の樹立、資源の略奪、満蒙支配の拡大と強化、植民地朝鮮の防衛などの多面的性格をもっていた。この点では、出兵した日本軍に対する闘争主体がロシア革命派・パルチザンだけでなく、朝鮮・中国の民族運動勢力でもあったという事実が戦争の多面的性格を物語っている。

③シベリア戦争は、その戦史が長らく軍部の極秘扱いにされたこともあり、「隠され」「忘れられた」戦争

という印象が強いが、この戦争の真実は一九一八年から二二年まで足かけ五年間（一九二五年の北サハリン撤退を含めると八年間）、宣戦布告なきままシベリアに派兵し、当時としては日本の歴史上最長の戦争を行い、しかも初めて敗北した侵略戦争だった。

④上記の①～③とも関連して、この戦争が勢力圏拡大と共産党勢力の拡大阻止をめざして派兵し、長期にわたって戦争と占領を続け、その間、住民虐殺などをひきおこしたという点で、のちの中国侵略と共通点をもっていた。

(2) シベリア戦争をめぐる国際関係

シベリア戦争の展開を軸に略年表を見ると、次のような同時代のつながりを把握することができる。

①反ソ干渉戦争は、一九一八年三月のイギリス軍のムルマンスク上陸によって始まるが、それは同年十一月のドイツの休戦以前のことであり、列強は第一次世界大戦終結以前にすでに反ソ干渉戦争を開始していた。これは帝国主義戦争としての第一次世界大戦と反ソヴェト干渉戦争がともに列強の利害に結びついていたことを示している。

②日本の派兵は一八年八月、日米連合軍のウラジオストク上陸によって開始されるが、これに先立ち日本国内では米騒動がおきたこと、また三ヵ月前にはチェコスロヴァキア軍団反乱事件がおこっていることに注目したい。ここでは、ソヴェト政権の東西からの挟撃という英仏の提案に対して、正当な理由がないとして参戦に躊躇していたウィルソン大統領のアメリカがチェコ軍団救援を口実に派兵を行ったことが理解できる。

なお当時、日本国内には早期出兵論もみられたが、英米との協調を重視する山県有朋らの慎重論もあり、アメリカの意向を無視できなかった。ところが、他方で日本は、一八年四月四日、ウラジオストクでの石戸

図Ⅰ　シベリア戦争期の極東シベリア・中国東北部

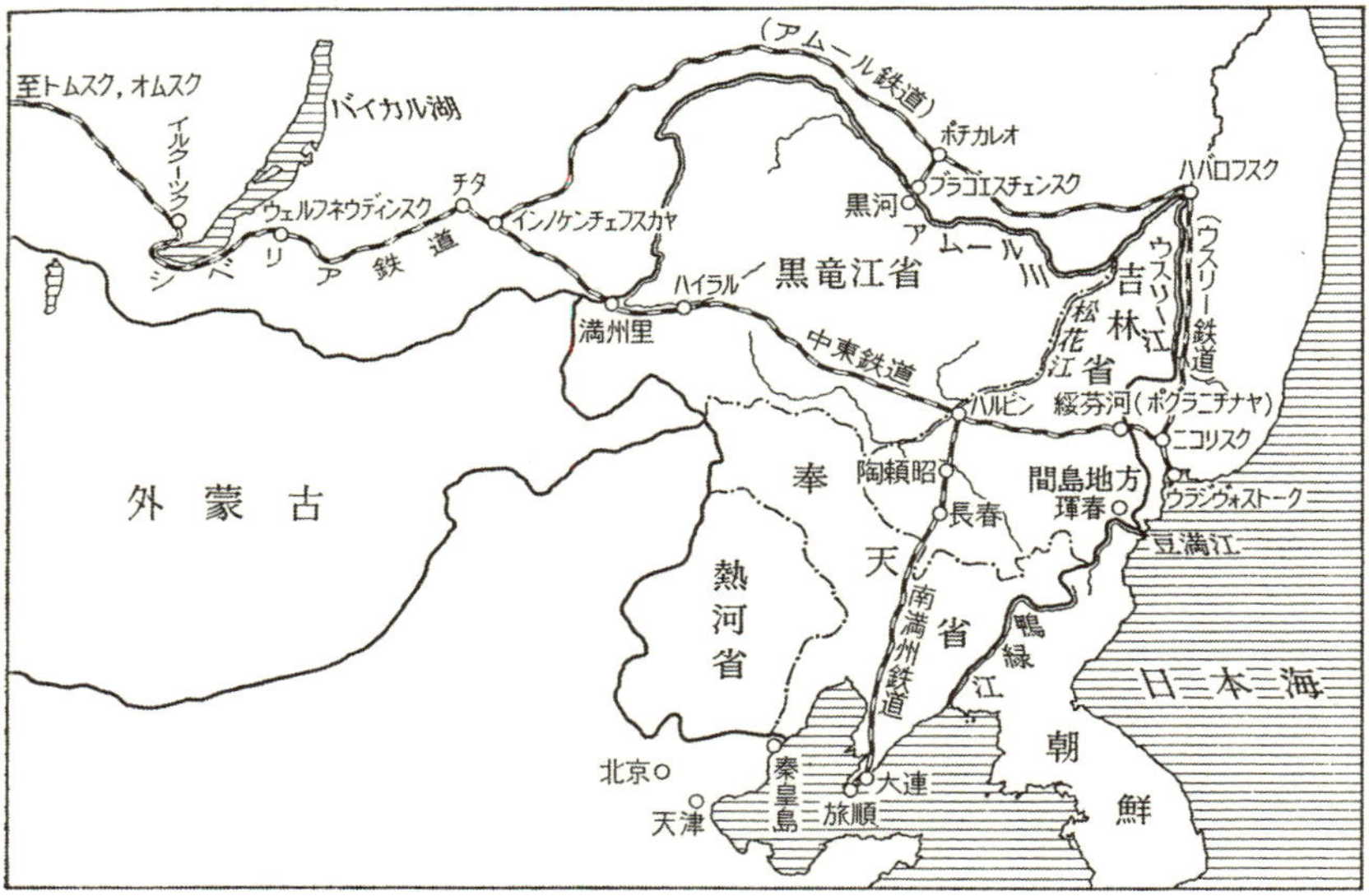

出典：『岩波講座世界歴史 25 現代 2』1970 年、526 頁

商会事件を機に、居留民保護を口実に五〇〇人以上の陸戦隊を上陸させていた。日清戦争と同様にシベリア派兵の口実も居留民の保護であった。

③一九一八年八月から二二年一〇月にかけての日本のシベリア干渉の期間中は、第一次世界大戦の終結にともなう、ヴェルサイユ体制とワシントン体制の成立、東アジアでの三・一運動、五・四運動発生の時期と照応する。これは、日本のシベリア干渉が戦後の諸国民の平和への希求や国際秩序の再建、民族解放運動の高揚という世界史的趨勢に逆行する行為であったことを暗示している。

一九二〇年一月のコルチャーク反革命政権の崩壊は、シベリア戦争の転回点となった。すなわち、これによって連合軍は撤退を宣言し、ワシントン会議の開催に向かったが、自らの意思で日本一国だけは残留し、シベリア民衆の犠牲と憎悪を増幅させることになった。日本のシベリア戦争は、日本国内の民衆運動・大正デモクラシーと連動して展開した。一九一八年八月のシベリア派兵は米騒動の渦中で実施され、二二年の撤退は大正デモクラシーの高揚期、二五年の北サハリン撤退は普通選挙法制定の年に符合した。授業では、シベリア戦争の展開過程を国内の大正デモクラシーの進展と関連づけて考察させたい。

表Ⅰ　連合軍各国の兵力数

連合軍各国の兵力数			
アメリカ	13,500	ポーランド	10,000
イギリス	800	セルビア	4,550
（カナダ）	6,000	ルーマニア	2,500
フランス	1,200	ラトヴィア	1,600
イタリア	1,400	日本	73,000
チェコスロヴァキア	35,300	中国	2,000

出典：原暉之「日本の極東ロシア軍事干渉の諸問題」『歴史学研究』第478号、5頁

(3)　シベリア戦争の展開

旧ソ連の歴史学界で確立された学説によると、シベリア干渉戦争の過程は、以下の三つの段階に区分することができる。

［第一期］一九一七年十一月～一九一八年九月
・ロシア十月革命と極東シベリアでのソヴェト政権の成立（一九一七年十一月～十八年一月）
・日米主体の連合軍の極東三州の軍事制圧（一九一八年九月）

［第二期］一九一八年九月～一九二〇年三月
・コルチャーク反革命・独裁政権の成立（一九一八年十一月）
・パルチザンの反撃と田中大隊の全滅（一九一九年二月）
・コルチャーク政権の崩壊とアメリカ軍の撤退宣言（一九二〇年一月）

［第三期］一九二〇年四月～一九二五年五月
・（緩衝国家）極東共和国の成立（一九二〇年四月）
・ニコラエフスク事件と日本軍の北サハリン保障占領（一九二〇年五月）
・ワシントン会議開催と日本のサハリン撤退（一九二一年一一月～一九二五年五月）

表Ⅱ　シベリア干渉戦争関連略年表

ロシア・極東シベリア	中国	モンゴル	朝鮮	日本	国際関係
			1910　韓国併合		
	1911　辛亥革命	1911　モンゴル独立宣言			
		（ホトクト政権）			
				1914.9　山東出兵	1914第一次世界大戦勃発
	1915日本の二十一ヵ条要求	1915　キャフタ条約		1915　二十一ヵ条要求	
1917.3　三月革命	1915　新文化運動		1917　全露韓族会結成		
1917.11　十月革命～	1917軍閥間闘争と南北対立				
極東シベリア各地	1917西原借款・援段政策				1918.3　イギリス軍のム
でソヴェト政権成立					ルマンスク上陸
1918.9　連合軍、極東3	1918.5日中軍事秘密協定				1918.5　チェコ軍団事件
州を軍事制圧				1918.7～　米騒動	1918.8日米主体の連合軍
1918.11 コルチャーク反	1919.2　南北和平会議		1919.3　三・一独立運動	1918.8　日本軍のウラジ	のシベリア派兵
革命政権成立	1919.5　五・四運動	1919.2　チタ会議	～間島・極東シベ	オストク上陸	1918.11 ドイツの休戦
1919.2　ユフタの戦いで	1919.6　上海で三罷闘争		リアに波及		1919.1　パリ講和会議
田中大隊全滅	1919.7中東鉄道ゼネスト				～19.6
1920.1コルチャーク政権		1920.3　コミンテルンと	1920.4　四月惨変		
崩壊～米軍撤退		接触			
1920.4　極東共和国成立		1920.6　モンゴル人民党			
1920.5ニコラエフスク事件	1920.7～　安直戦争	の結成	1920.10 琿春事件～		
1922　ロシアで大旱魃		1920.10 白軍ウンゲルン	間島出兵	1922.6　対露非干渉同志	1921.11 ワシントン会議
1922.10 日本軍撤退		～21.7　の侵入への抗戦		会の結成	～22.2
1925.1　日ソ基本条約		1924　モンゴル人民共		1922　大正デモクラシ	
1925.5　日本軍の北サハ		和国成立		ーの絶頂期	
リン撤退				1925　普通選挙法制定	

授業では、上記の段階区分にしたがい、略地図を利用してシベリア戦争の展開過程を説明するが、その場合、とくに以下の点に留意している。

①連合軍に占める日本軍の兵力数について

表Ⅰは、一九一八年から一九年にかけての連合軍の兵力数を示したものである。これをみると、日本軍の規模が桁外れに大きいことが看取できる。出兵にあたり日米両国は七〇〇〇名ずつの派兵を協定していたが、寺内正毅内閣はその十倍を上回る約七万三千人の兵力を動員した。これは、シベリア戦争にあたっての日本の多様な思惑・目的を示唆している。また授業では、連合軍のうち、アメリカ軍には黒人とフィリピン人、フランス軍にはベトナム人が含まれていた事実についてもふれている。このことは、義和団事件以来、帝国主義列強の軍隊には植民地民衆が動員されていたことを示し、シベリア戦争の場合には、革命と祖国の防衛をめざすシベリア民衆とアジアの民衆が戦ったこと、さらに言えば、同じ民族解放を求めるアジア人のうち、一方では朝鮮・中国の民衆がロシア革命派のパルチザンとして、他方ではベトナム・フィリピンの民衆が連合軍兵士として戦わされたという側面を意味している。

②シベリア戦争における日本軍の行動について

シベリア戦争の実相を知るために、従軍兵士、松尾勝造の『シベリア出征日記』に描かれた次の一節を引用し利用している。

「……ガラスをうち割り、扉をやぶり、家に侵入、敵か住民かの見わけはつかぬ。手あたりしだいに撃ち殺す、つき殺すの阿修羅となった。前もって女子供、住民を害すなと注意されてはいたものの、敵にして正規兵はごく少数、多くは住民に武器を持たせたもの、武器を捨てれば住民に早がわりというありさまにて、兵か住民かの見わけがつこうはずがない。かたっぱしから殺していく。（中略）一発ポーンと放っておいて『イヂシュダー（こっちへこい！）』とどなると、銃や剣を捨てて、まず両手をあげて、次に手あわせ拝みながら上がってくるやつを、戸外に連れだし、撃つ、突くなどして死骸の山。もうこの時は、人を殺すことを何とも思わない。大根か人参を切るぐらいにしか思っていない。心は鬼ともなったであろう。一人でも敵を多く殺すことに優越感をもっていた」（笠原十九司『ファミリー版世界と日本の歴史第九巻（現代一）戦争と平和』大月書店、一九八八年、一三九〜一四〇頁、所収）。

この史料は、一九一九年一一月一三日のインノケンチェフスカヤ村での虐殺に関する証言であるが、これを読むと、生徒は次のようなことを理解することができる。まず第一に、シベリア戦争では、のちの三光作戦や南京虐殺の原形ともいうべき村落掃討・焼棄や住民虐殺が行われたことである。第二に、「敵か住民かの見わけはつかぬ」「多くは住民に武器を持たせたもの、武器を捨てれば住民に早がわり」などの表現から、松尾が戦った相手が正規兵ではなくパルチザンであったこと。第三に、「前もって女子供、住民を害すなと注意されてはいたものの」という言葉から、日本軍兵士が捕虜の保護、非戦闘員の殺害禁止などに関する一九〇七年のハーグ陸戦法規条約を教わっていながらこれを無視したことである。引用史料はシベリア戦争の一場面を描写したものではあるが、こうした光景が多数見られたことは想像に難くなく、シベリア戦争の本質を知る上で貴重な教材となる。

2. シベリア戦争と朝鮮民族独立運動

(1) 極東シベリア地方における三・一独立運動

シベリア戦争の授業で、私が最も重視していることの一つは、日本軍の戦闘対象がロシアの革命派だけでなく、そこに広範な朝鮮・中国の民族解放の勢力が含まれていた事実である。この点について、シベリア戦争史研究者の原暉之は「三・一独立運動は、日本帝国主義の『武断政治』のもとに抑圧されていた植民地朝鮮ばかりでなく、植民地の延長の如き扱いをうけていた中国領間島においても、また事実上日本軍の占領下におかれた極東ロシアにおいても、広範な民衆の日本帝国主義に対する対決として闘われた。間島と極東ロシア（とくに沿海州）の運動は、相互に連携しつつ、義兵闘争の伝統を継承した武装闘争として展開され……ロシアの革命と朝鮮の解放を媒介する役割を果たさざるを得ない位置にあった」と指摘している（原暉之「極東ロシアにおける朝鮮独立運動と日本」『季刊三千里』第一七号、一九七五年、四八頁、所収）。ここには、植民地朝鮮・間島・極東シベリアで同時展開した三・一独立運動を統一的に把握し、さらにそれをロシア革命と朝鮮の民族解放の結節点として捉える視座がみられ、授業づくりの点で大変示唆的である。

さて授業では、一八六三年以来、朝鮮人の極東シベリア地方への移民が行われたこと、二〇世紀以降の移民は、その多くが余戸とよばれる貧農として安価な労働力を提供させられたこと、一九一七年、ロシア二月革命が発生すると、これを好機とうけとめて極東シベリア地方でも朝鮮人民族独立運動が活性化したことなどについて簡単な説明を行う。そして極東シベリア地方での三・一独立運動の具体的展開として、一九一九年三月一七日にウラジオストクの新韓村で発表された以下の〝朝鮮独立宣言書〟を扱う。

「人道の公敵たる勢力としては、かの軍国主義の日本はその最たるものなり。（中略）一八六八年日本は北海道を占領し、一八九五年台湾島の自由を制御し、その血塗られた手にて朝鮮を併合し、朝鮮の独立と自由とを奪えり。そして一九一五年にいたっては支那に対し有名な二一ヵ条要求を提出せり。これらの類例は枚挙にいとまあらざんとす。そして、今や露国も日本の軍国主義の威嚇的発作を実験中なり。日本はロシアに対し、実にシベリアの監督権までも要求して貪梵なる獣慾をほしいままにしつつあり。（中略）概して朝鮮における日本の政策は、その大陸における軍国的発展のために必要なる根拠地として、永久に朝鮮を自己に結合せんとする最后の目的を達成するに、最も巧妙なる方法として、その方針を定めたるものにして、畢竟日本は朝鮮を根拠として、意のごとくその威力を大陸に振るにいたるべく、これすなわち満州の平和と世界人類の平和とに対する不断の威嚇なりとす」（『現代史資料26　朝鮮2』）。

この宣言を読むと、明治維新以降の北海道開拓からシベリア戦争に至る日本の膨張・侵略政策が一連の連鎖的なものとして捉えられていること、そして日本の朝鮮植民地支配が大陸支配のための橋頭堡として認識されていることがよく分かる。

つづいて授業では、極東シベリア地方で活動した朝鮮人パルチザンとして、韓昌傑のパルチザン部隊（約一〇〇〇人）、ニコラエフスタの〝韓人尼港軍隊〟（約五〇〇人）、アムール州の〝韓人歩兵自由部隊〟（約一二〇〇人）、ハバロフスクの〝間島パルチザン部隊〟（約五〇〇人）などの名前をあげる。彼ら朝鮮人パルチザンは、義兵闘争の伝統を継承した規律正しく、大義と敬愛の念に満ちた戦士たちで、朝鮮人移住民から温かく遇されたことも併せて説明する。

(2) 〝四月惨変〟と〝間島出兵〟

次に時間的余裕があれば、一九二〇年の日本の朝鮮民族運動の弾圧についても是非ふれたい。一九二〇年一月のコルチャーク政権の倒壊にともなう白軍勢力の弱体化によって朝鮮独立運動抑圧の盟友を喪失した日本は、運動への弾圧を強化した。すなわち、ウラジオストクの新韓村で日本軍は、朝鮮人学校と新聞社を焼き払い、捕らえた朝鮮人をひとまとめにして首にレールを巻きつけてウスリー江に沈める〝四月惨変〟をひきおこした。さらに、一〇月二日に、間島の琿春で日本領事館が放火され日本人居留民が殺害される琿春事件がおこると、約二ヵ月間にわたって〝間島出兵〟を決行した。当時、中国領に属していた間島は韓国併合以来、朝鮮人独立運動の根拠地であったが、日本軍が〝四月惨変〟の延長上で〝間島出兵〟を断行したことは、ロシアの革命勢力と朝鮮民族運動の提携を遮断するとともに、植民地朝鮮・間島・極東シベリア地方を結ぶ朝鮮独立運動の連鎖的関係を分断する意味をもった。以上のような授業展開のなかで、三・一独立運動の空間的広がりやシベリア戦争におけるロシア革命派と朝鮮民族運動の連携関係を理解することができる。

3. シベリア戦争と中国・モンゴル

(1) 日中軍事秘密協定の意味

第一次世界大戦から五・四運動に至る中国の政治状況は複雑かつ激動の過程をたどる。まず、授業ではこの時期の簡単な整理が必要である。大別すれば、当該時期は以下の五つの段階に区分できる。①一九一四年七月に第一次世界大戦が勃発すると、日英同盟を根拠に日本は山東に出兵し、翌一五年一月に袁世凱政府に二十一ヵ条要求を強要し、五月には最後通牒によってこれを受諾させた。②中国で反袁世凱闘争がおこり、同時に新文化運動が展開した。③一九一七年九月、孫文が広東軍政府を樹立して政局は南北対立の形勢となり、並行して段祺瑞の安徽派と馮国璋の直隷派の分立を軸とする北洋軍の対立、日本の寺内内閣の西原借款による援段政策が進められた。④ロシア革命が勃発すると、日本は一九一八年五月に段祺瑞政権とのあいだに日中軍事秘密協定を結び、シベリア干渉に着手した。⑤列強の共同勧告をうけて、内戦状態にあった中国では南北統一と和平の機運が高まり、一九一九年二月、上海で南北和平会議が開催された。これは翌二〇年七月の安直戦争開戦で破綻するが、一年余りの休戦状態が五・四運動発生の前提条件を形成した。

以上の五つの段階のうち、シベリア戦争との関連で最も重要なのは、④の日中軍事秘密協定である。そこで同協定に関する次の資料を生徒に読ませる。

> 「日中軍事秘密協定は、独墺軍とソヴェト革命軍の東進に対して、日・中両軍が極東の平和と安全を共同防衛するという想定の軍事同盟で、日本軍の作戦区域は北満州・東部モンゴル・シベリア東部・極東露領……とされ、日本軍の防衛分担区域では中国軍を指揮下におくことができた。日中軍事協定によって日本は中国領土内における軍事行動が自由となり、軍事作戦を口実に中国内政への干与、中国の資源・市場の開発さえも可能となったのである。いわばかつて撤回を余儀なくされた二十一ヵ条要求第五号の復活であった。ここに寺内内閣は北満州進出の足掛りを得、「シベリア出兵」のための準備を完成したのである」（笠原十九司他『中国近現代史（上巻）』東京大学出版会、二三〇頁）。

さて教科書では、この協定に関する説明は見られないが、同協定は極めて重要な意味をもっている。第一に、日本は一九一八年八月のシベリア派兵時に連合国の要請をうけたウラジオストクからの干渉（第一、二師団）のほかに、日中軍事秘密協定にもとづく日本独自のものとして北満州・ザバイカル方面からも出兵（第三～第七師団）した。第二に、同協定はかつて列強の反対で盛り込まれなかった二十一ヵ条要求の第五号項目を復活させる内容を含んでいた。そこで第三に、中国の保護国化の危機を察知した約一二〇〇人の中国人留日学生たちが一斉に帰国して軍事協定反対運動を展開し、これが一年後の五・四運動発生の源流となった。授業では、二十一ヵ条要求第五号項目に目を通し、その意味を確認しながら日中軍事秘密協定の意味をしっかりと把握させたい。そうすることによって、日本のシベリア干渉が対中国政策と別個なものではなく、相互に連動した膨大な東アジアへの反革命・反民族解放の侵略政策であったことがよりよく理解できるであろう。

(2)　ロシア革命・シベリア戦争における中国人

次に、ロシア革命とシベリア戦争における中国人の行動に目を向けたい。一九一〇年の段階でロシア国内には約五五万人の中国人が在住し、坑夫や苦力として非熟練労働に従事していたが、第一次世界大戦が始まると、彼らは〝参戦華工〟とよばれる工兵隊員として東部戦線などに送られた。一九一七年、ロシア二月革命が発生すると、ロシア在留中国人労働者の多くが革命運動に参加し、翌一八年にはモスクワ、ペテルブルク、エカテリンブルクなどの工業都市で中国人労働者の革命組織が成立した。そして同年十二月には、約六万人を結集した全露中国人労働者同盟が結成され、翌一九年三月には、その代表ラウ・シウヂャウ（劉沢栄）がモスクワで開催されたコミンテルン創立大会に、レーニンの呼びかけに応えて評議権をもって参加するなど、中国人労働者の革命参加は活発であった。

また、中国人労働者はシベリア戦争においても革命軍兵士、あるいはパルチザン兵士として重要な役割を果たした。革命軍兵士としては、一九二〇年半ばにイルクーツクの全中国国際部隊編成本部の下にヂャン・ハイチェン指揮の中国人部隊があり、同年八月には極東共和国人民革命軍に七〇〇人からなる朝鮮・中国混成部隊などがあった。パルチザン部隊では、ハバロフスクで創設の国際パルチザン部隊にリュー・リャンコ（劉良科）揮下の中国人部隊があり、ザバイカル州で活動したスターリカ（老頭）部隊などにも多数の中国人のパルチザンが含まれていた。アムール川上流で活動したヴァーゼムスキー・パルチザン部隊の隊長ゲー・エフ・コーバリが「極東地方で中国の同志の戦っていなかった部隊は一つもなかった」と証言しているように、中国人パルチザンの活動にはめざましいものがあった。ロシア十月革命・シベリア戦争期に赤軍・パルチザン部隊に従軍した中国人労働者階級は最低でも三〜四万人と想定されており、たとえば、彼らが参加した中東鉄道ゼネストがコルチャーク政権への軍需輸送を一時的に遮断して反革命政権の倒壊に寄与するなど、彼らの行動には注目すべき面が多数みられた。

このようにしてみると、シベリア干渉戦争における日本軍の敵対勢力がロシア革命派、朝鮮民族独立運動だけでなく、中国民族解放運動でもあったことが明らかとなる。

(3)　シベリア戦争と五・四運動

シベリア戦争は、極東シベリア在住の中国人の民族解放の闘いだけでなく、五・四運動とも様々な点で結びついていた。まず第一に、教科書では五・四運動の原因はパリ講和会議における山東省の旧ドイツ権益の日本への継承（山東処理問題）であると説明しているが、すでに述べたように、時間的にみると、一九一八年五月の日中軍事秘密協定が決定的な意味をもっている。シベリア干渉の布石として結ばれた同協定がこれに反対する留日中国人学生の一斉帰国と救国団運動をひきおこし、これが五・四運動の源流となった事実を考えると、日中軍事秘密協定はシベリア戦争と五・四運動を結ぶ媒介であった。

第二は、華僑の活動を通じてのシベリア戦争と五・四運動との政治的関連現象である。五・四運動は、民族ブルジョアジーである華僑を通じて、マレー半島・ジャワ・タイなどの東南アジア各地に波及していたが、北方ではウラジオストクでシベリア戦争に接続していた。すなわち、一九一九年五月一七日、ウラジオストク在留華僑は日華排斥を決議し、さらに六月初めには、上海で開かれた北京学生の大量逮捕に対する抗議集会にウラジオストク華商代表の凌有光を派遣した。このことは、シベリア戦争を背景に、極東シベリアと中国本土との連帯関係のなかで五・四運動が展開していたことを示している。

第三は、五・四運動期、上海の位置づけである。当時、上海は、五・四運動の拠点であるだけでなく、三・一独立運動の弾圧を逃れて亡命してきた約千人の朝鮮人革命家が結集して大韓民国臨時政府を樹立した地点でもあり、この点で、上海は三・一運動と五・四運動の合流点であった。実際に亡命朝鮮人革命家のなかには、五・四運動への参加者も多く、〝中韓国民互助社〟〝中韓協会〟などの中国人・韓国人の革命家の連帯と共同の組織もつくられた。また、上海周辺では、シベリア戦争と日本の米騒動に起因する様々な政治運動が渦巻いていた。たとえば、日本政府は国内の米不足に対処するため、三井物産・大倉組などを通じて中国産の、とくに江蘇米の買い付け工作に奔走したが、これは中国国内での米価高騰をひきおこし、東シナ海沿岸で搶米事件（米騒動）が発生する要因となった。さらに、これと並行して労働者の対米価賃上げ要求がおこり、東アジア最大の上海港では五～六万人の埠頭労働者による日本船の積み荷の積み降ろし拒否のストライキがおこった。このようにみると、一九一九年のある時点における上海には、日本帝国主義に対立する諸矛盾の集積がみられたということができる。それは、シベリア戦争、三・一運動、五・四運動、日本の米騒動など、日本帝国主義に対峙する東アジアの民族運動・民衆運動の連関の縮図であった。

(4) シベリア戦争とモンゴル・日本

私たちが日頃東アジアの歴史を語るとき、どれだけモンゴルの歴史を意識しているであろうか。実はシベリア戦争は、朝鮮・中国だけでなくモンゴルの歴史とも密接に連関していた。日露戦争後、日本は日露協約（一九〇七年、一〇年）で内モンゴルの分割を約定していたが、モンゴルは辛亥革命を機に一九一一年一二月、活仏ホトクトを中心に臨時政府を組織し、独立宣言を公布した。

しかし、中華民国がモンゴルの独立を認めなかったためモンゴルはロシアに接近するなど、モンゴルの独立の歴史は中・露二大国間の狭間で翻弄されることになる。そして一九一五年、中・露・蒙の三国間でキャフタ条約が結ばれ、外モンゴルを中華民国の宗主権下におき、ホトクト政権に自治を認めること、ロシアは一定の経済権益を得ることが定められた。これは外モンゴルの分離独立を認め、モンゴル分裂の原因となった。

つづいて、一九一七年のロシア革命がさらに事態を変転させた。中国は帝政ロシアの消滅を機に自治を廃止し、日本は反革命派のセミョーノフを用いて〝大モンゴル国〟の建設を提案しモンゴルの奪取を構想していた（一九年、チタ会議）。こうした民族的危機のなかで、独立と社会変革に覚醒したモンゴルはコミンテルンと接触し（二〇年三月）、モンゴル人民党を組織し（二〇年六月）、赤軍の援護をうけつつ一九二〇年十月から二一年七月にかけての、白軍指導者ウンゲルン（セミョーノフの部下）との激しい戦闘に勝利して独立を防衛することになった。このようにしてロシア革命後の混乱と日本を主体とする列強のシベリア干渉は、モンゴルの独立の命運を左右し、モンゴルの民族解放を圧殺する機能を果たした。のちのノモンハン戦争との関連からも、ここで、シベリア干渉戦争とモンゴル独立闘争との関係についておさえておきたい。

4．シベリア戦争と日本民衆

(1)　シベリア戦争と米騒動

私は授業で、シベリア戦争と日本民衆との関係について、以下の三つのテーマをとりあげている。その第一は、シベリア戦争と米騒動の関係であり、第二は、日本国内でのシベリア戦争反対運動、そして第三はシベリアの前線で展開された反戦活動についてである。

まず第一に、シベリア派兵がそれにともなう地主の軍用米の売り惜しみと米商人の買い占め・投機をひきおこし、米騒動の主因となったことを説明する。そして一九一八年七月半ば頃から、日本海をはさんでウラジオストクと向き合う魚津をはじめとする富山県下の沿岸町村で〝越中女房一揆〟とよばれる米移出阻止の民衆運動が発生したことにふれる。ここで注目したいのは、八月二日に派兵宣言をうけた大谷喜久蔵軍司令官がウラジオストクをめざして宇品を出港した八月一四日頃、米騒動は絶頂期に達したことである。名古屋・京都・大阪・岡山など宇品に向かう途中で大谷軍司令官を迎えたのは、日の丸を打ち振る忠良な国民ではなく、米騒動の渦中にある大衆のどよめきであった。

また、もう一つ授業で指摘したいのは、米騒動鎮圧のために動員された軍隊の出兵地点である。このときの動員総兵力は十万人を超え、その出兵地点は二六府県三五市六〇町二七村の計一二二ヵ所に及んだが、そのほぼ半数が広島・山口・福岡の三県に集中していた事実は、炭坑暴動の抑制と八幡製鉄所の安全確保のためだけでなく、これらの県の出身者が多数を占めるシベリア派兵軍の動揺を防ぎ、シベリア派兵の輸送基地の防衛のためでもあった。これらの事実は、シベリア派兵と米騒動との多様な内的関係を示唆する重要な事例だと思われる。

(2) シベリア戦争反対・反戦の諸運動

次に、日本国内のシベリア戦争反対運動についていては、〝対露非干渉同志会〟を取り上げている。シベリア戦争の初期には、出兵反対論は『大阪朝日』の大山郁夫、『東洋経済新報』の石橋湛山など極めて少数意見だったが、一九二二年、干渉戦争と大旱魃によって生じたロシアの飢饉問題を機に、飢饉救済運動が始まり、これがさらにベルリンの〝世界労働者ロシア飢饉救済委員会〟やロンドンの〝全国対露非干渉委員会〟からの呼びかけに応えて、同年六月、社会主義者・労働者・学生など二五諸団体から成る〝対露非干渉同志会〟の結成へと発展した。同志会は、同年十月の日本軍の撤退直後には解散するが、その間、日本軍の即時撤兵、ロシア飢饉の救済に加えて、労農ロシアの承認をも高々と主張した。同志会による労農ロシア承認の要求は、石橋湛山の「過激派政府を承認せよ」(『東洋経済新報』大正七年七月二五日号社説)と併せて、その意義を確認しておきたい。もちろん、その場合も、こうしたシベリア戦争反対運動の背後に、同じ一九二二年の日本共産党・全国水平社・日本農民組合の結成などにみられる国内の民衆運動の高揚、とくに社会主義者の政治闘争への進出という政治状況があったことを理解することが必要である。

シベリア戦争は一九一八年の米騒動と同時並行的に始まり、一九二二年の大正デモクラシー運動の発展のなかで撤退し、最終的には普通選挙法が制定された一九二五年の北サハリン撤退によって閉幕した。シベリア戦争の遂行過程は、吉田裕の表現に従えば、「外におけるロシア革命と民族解放の大きなうねり」、「内における デモクラシー運動の高揚、階級闘争の本格化」という内外情勢のなかに位置づけるべきであり（吉田裕「日本帝国主義のシベリア干渉戦争」『歴史学研究』第四九〇号、一九八一年、一四頁）、とくに日本国内におけるデモクラシー運動・民衆運動との関連を重視すべきであろう。

最後に、シベリア前線での反戦活動としては、塩田庄兵衛編『反戦平和に生きた人びと』（草の根出版会、一九八九年）から〝日本人サトウ〟を抜粋して、佐藤三千夫の反戦運動を紹介している。彼の行動の詳細は同書に譲るが、〝ヤポンスキー・コミュニスト・サトウ〟の名で知られ、一九二二年十二月、ハバロフスクでわずか二三歳で死去し、コミンテルンなどによって現地で盛大な国際的葬儀を営まれた佐藤三千夫は、シベリア戦争という困難な時代に反戦平和と国際連帯を担った人物として注目すべき存在であり、私の授業では毎年取り上げている。こうして片山潜や佐藤三千夫が命懸けで行った前線での反戦活動は、客観的にみれば、日本国内の反戦活動と呼応し合い、日本帝国主義を国際的に包囲しシベリア撤退を促す役割を果たしたといえよう。

おわりに

日頃の授業をふまえながら、シベリア干渉戦争を軸に、朝鮮・中国・モンゴルの反帝国主義民族運動、日本国内の民衆運動との諸関係について素描してみた。そこには、シベリア戦争に媒介され日本帝国主義に対峙して展開された極東シベリア地方・東アジア諸地域の広範な社会主義運動・民族運動・民衆運動との密接な相互連関性をみることができた。大局的にみれば、最初は東アジアの各地で個別的に展開していた朝鮮・

中国・モンゴルの民族運動、日本の民衆運動は、第一次世界大戦とロシア革命によって生み出された民主主義思想と民族自決主義の国際的潮流を背景にして質的に高まり、さらにそれがシベリア干渉戦争に媒介・接合されて日本帝国主義に対抗する相互連関的な巨大な運動として発展し機能していたということができる。

多面的・複合的な性格をもったシベリア戦争からの日本の撤退は、ソヴェト・ロシアと東アジアの民族運動に対する敗北を意味したが、日本の政府と民衆はこの敗北を直視せず、再びアジア侵略に歩を進めることになった。私たちには、一九一〇年代末の東アジア世界に目を向け、日本帝国主義と、それに対決した様々な民族運動・民衆運動を事実に即して正確に理解し、その歴史的意義を考察することが問われている。本稿は、そうした課題に応えるための拙い第一歩である。

【主要参考文献】

伊藤秀一「十月革命後の数年間におけるソヴェト・中国・朝鮮勤労者の国際主義的連帯について（一）（二）」『歴史評論』第一六二号、第一六三号、一九六四年、所収。

井上清「日本のソヴェート革命干渉戦争（一）（二）」『歴史学研究』第一五一号、第一五三号、一九五一年、所収。

井本三夫「日本近代米騒動の複合性と朝鮮・中国における連動」『歴史評論』第四五九号、一九八八年、所収。

笠原十九司他編『中国近現代史（上巻）』東京大学出版会、一九八二年。

糟谷政和「三・一独立運動、五・四運動とアジア」歴史教育者協議会編『近現代史の授業づくり――日本史編――』青木書店、一九九四年、所収。

神田文人「日本の社会主義思想における反戦について――第一次大戦とシベリア出兵をめぐって――」『歴史学研究』第三三八号、一九六八年、所収。

姜徳相「日本帝国主義の朝鮮支配とロシア革命」『歴史学研究』第三三八号、一九六八年、所収。

関寛治「日本帝国主義と東アジア」『岩波講座世界歴史第二〇巻』岩波書店、一九七〇年、所収。

野沢豊「シベリア戦争と五・四運動」『歴史学研究（一九七九年度大会報告集）』一九七九年、所収。

原暉之「極東ロシアにおける朝鮮独立運動と日本」『季刊三千里』第一七号、一九七五年。

原暉之「日本の極東ロシア軍事干渉の諸問題」『歴史学研究』第四七八号、一九八〇年、所収。

原暉之『シベリア出兵――革命と反革命――』筑摩書房、一九八九年。

東尾和子「琿春事件と間島出兵」『朝鮮史研究会論文集』第一四号、一九七七年、所収。

朴慶植『朝鮮三・一独立運動』平凡社、一九七六年。

松尾尊兊『大正デモクラシー』岩波書店、一九七四年。

モンゴル科学アカデミー歴史研究所編『モンゴル史第一巻』恒文社、一九八八年。

吉田裕「日本帝国主義のシベリア干渉戦争」『歴史学研究』第四九〇号、一九八一年、所収。

和田春樹「「シベリア出兵」をシベリア戦争とよぶことについて」『岩波講座日本歴史第一八巻月報』岩波書店、一九八一年、所収。


初出（東京都歴史教育者協議会編『東京の歴史教育』第二八号、一九九九年七月）

第12章　「東アジア関係史」の授業づくりについて

1.「東アジア関係史」の開講の目的

勤務校の山梨英和学院は、山梨県甲府市に位置し、一八八九年にカナダのメソジスト派宣教師らによって創立されたキリスト教主義の中高一貫の女子校である。本校では、一九九七年度に単位制高等学校に移行して以来、すでに「演劇論」「キリスト教社会福祉」「ボランティア演習」など、ユニークで多彩な科目が開設されている。また、カナダでの語学研修や韓国修学旅行での梨花女子高校との交流などを通して国際理解教育にも努めているが、二〇〇〇年度から社会科の提案で「東アジア関係史」が新設されることになった。

開講の目的は以下のとおりである。

第一に、日本が位置し、それゆえに密接不可分な関係にある東アジア地域に視野を開き、日本（史）を東アジアのなかに位置づけつつ、その多面的な歴史的過去を学ぶこと。これは日本（史）像の相対化・客観化という課題につながる。

第二に、一足飛びに世界に目を向けるのではなく、世界（史）と日本（史）が出会う場としての東アジア地域に注目し、国家・国境を越えたトランスナショナルな視点から東アジア世界の歴史を学習すること。ここでは、日本・沖縄・南北朝鮮・中国・台湾・モンゴル・極東ロシア・ベトナムなどの国々・諸地域を「東アジア」という一つの地域世界として捉え、そこで展開された政治・経済・文化などの歴史的諸相を東アジアという視座から把握しようというものである。これは「日本史」と「世界史」の二分法の歴史科目の設定というわが国の高等学校歴史教育のなかで、日本史の記述の希薄な「世界史」と世界史との関連の乏しい「日本史」という現状の弊害を乗り越え、世界史と日本史を統一的に把握するという課題意識である。また、この点で本講座は、従来の「日本史」と「世界史」の二本立てに「東北アジア史」の追加を求める提言（たとえば、中村哲編『歴史はどう教えられているか』日本放送出版協会、一九九五年）を意識した実践の試みでもある。

第三に、東アジアの歴史的過去だけでなく、現代東アジアの等身大の姿を政治・経済・社会生活・暮らし・大衆文化・風俗・芸術など、ソフトとハードの多様な側面から学習し、東アジアの現実と課題を理解すること。こうして、東アジアの歴史的過去とその現伏・課題の学習を通じて、二一世紀の東アジアの共生と友好・相互理解に資する豊かで柔砍な世界認識・東アジア認識・国際認識を育成することが本講座の目的である。

2.「東アジア関係史」の授業方法

本講座では、一年間の前半を「歴史編」、後半を「現代編」に区分し、本校の社会科専任教師八人が毎回持ち回りで、一回ごとに完結型の授業を行っている。したがって、担当教師は通史的な授業ではなく、各教師の問題意識・関心にもとづいて生徒の知的な興味・関心を引き出すことをめざす問題提起型の授業を行っている（表Ⅰを参照）。初年度の場合は、まず最初に、本講座の提案者であり責任者である私が授業の年間

表Ⅰ　2000年度「東アジア関係史」実施授業一覧

回　数	期　日	担　当　者	テ　ー　マ
第1回	4月13日	石原　聡・米山宏史	入門編・東アジアへの誘い
第2回	4月20日	大音百合子	稲作の起源
第3回	4月27日	大音百合子	東アジアにおける仏教の伝播
第4回	5月11日	堀　君彦	東アジアにおける冊封体制の成立
第5回	5月18日	大音百合子	モンゴル帝国と日本
第6回	5月25日	大音百合子	冊封体制と倭寇
第7回	6月1日	米山宏史	東アジアから見た秀吉の朝鮮侵略
第8回	6月8日	山崎行人	「鎖国」体制と朝鮮通信使
第9回	6月15日	深沢美恵子	北の内海世界―くつがえる縄文の常識―
第10回	6月29日	米山宏史	漂流民の世界史―大黒屋光太夫の日露交流史―
第11回	7月6日	米山宏史	19世紀後半の東アジア
第12回	8月31日	米山宏史	東アジアにおける日清戦争
第13回	9月7日	山崎行人	日露戦争から韓国併合へ
第14回	9月21日	米山宏史	アジアの民族運動と日本人
第15回	9月28日	堀　君彦	ワシントン体制と東アジア
第16回	10月5日	米山宏史	第二次世界大戦と東アジア（概論）
第17回	10月19日	浅川　保（県立甲府南高等学校教諭）	山梨と十五年戦争
第18回	10月26日	後藤明正	戦後の東アジアⅠ・朝鮮半島
第19回	11月9日	石原　聡	戦後の東アジアⅡ・中国
第20回	11月16日	石原　聡	中国の現在（一人子政策から20年）
第21回	12月7日	何　彗真（一橋大学大学院留学生）	台湾の歴史
第22回	12月14日	何　彗真（一橋大学大学院留学生）	台湾の現在
第23回	1月11日	劉　承恩（山梨英和短期大学留学生）	韓国の現在
第24回	1月18日	壁谷嘉恵	在日韓国・朝鮮人と外国人労働者
第25回	1月25日	米山宏史	ベトナムの歴史と現在
第26回	2月8日	後藤明正	モンゴルの歴史と現在
第27回	2月15日	壁谷嘉恵	近現代沖縄の歴史
第28回	2月22日	後藤明正	沖縄の現在と課題
第29回	3月8日	後藤明正	「東アジア関係史」のまとめ

計画の原案を作成し、それを教科会で議論して、一人ひとりの教師が自分の担当箇所とその内容・テーマを決め、初回の授業で、授業に役立つ参考文献表をも付した「履修の手引き」を配布している。また、専門的なテーマについては、外部講師を招いて特別講義をお願いし、生徒の興味・関心を高めるように努めている。成績評価については、定期試験は実施せず、年間四回（三年生は三回）のレポート提出を課題とし

ている。レポートは授業を問題提起として受け止め、そこで触発されたテーマを自ら選択・調査して執筆・作成することにし、提出レポートを毎回複数の教師が読み、協議のうえ、点数をつけている。なお、初年度の二〇〇〇年度の場合には、履修者全員二七名(二年生一〇人、三年生一七人)の三回分のレポート八〇本を『二一世紀の東アジアへの架橋』と題する約一六〇ページのレポート集としてまとめ、全員に配布した。

3．生徒は「東アジア関係史」から何を学んだか——提出レポートを通して——

表Ⅱは、提出された八〇本のレポートを類似のテーマごとに分類・整理したものである。表Ⅰ・Ⅱを見て気づくことは、授業内容に触発され、あるいは影響をうけた共通の問題関心が通底しており、それにもとづいてさらに発展的に調査し作成したレポートが多いことである。たとえば、モンゴル関連のレポート、秀吉の朝鮮侵略関係のもの、日清戦争に関するもの、安重根を扱ったもの、十五年戦争を主題にしたものなどはすべて授業から何らかの示唆と刺激をうけたものである。以下、私の担当授業に関わるレポートについて紹介・コメントしてみたい。

まず最初に、第七回の「東アジアから見た秀吉の朝鮮侵略」の授業で、私は、①一六世紀の東アジア情勢の説明から入り、②秀吉の朝鮮侵略の目的と侵略の展開、③朝鮮・中国・日本への侵略の影響、④そしてとくに考えてみたい問題点として、陶工の連行や鼻削ぎ・耳削ぎの蛮行、日本人の厭戦・抵抗としての梅北国兼の一揆、降倭としての沙也可などを扱った。

これに対して八人がこのテーマをレポートに取り上げた。たとえば、「秀吉の朝鮮侵略」(K・A)は「私は日本がおこした朝鮮への侵略を朝鮮側から学び、あらためてその卑劣さと勝手さと悲惨さを知りました。

表Ⅱ　2000年度「東アジア関係史」提出レポート一覧

1．東アジアにおける歴史上の人物

C．I．「ブッダとその人物像」
M．K．「チンギス・ハンについて」
K．F．「織田信長について」
M．N．「雨森芳洲について」
A．Y．「西太后」
C．T．「孫文と日本人」
S．K．「韓国の土になった浅川巧」
Y．Y．「柳宗悦とその周囲の人々」
A．A．「歴史を動かす個人の力」
C．I．「十五年戦争―李香蘭の半生を通して―」

2．前近代東アジアにおける社会・宗教・文化交流

A．Y．「インドの聖典群『ヴェーダ』」
K．O．「中国東北地方の歴史と文化」
K．O．「中国文明の源流」
K．O．「戦国時代・秦の統一」
M．K．「シルクロードと日本」
N．N．「宦官」
A．T．「東アジアの宗教」
A．S．「『古事記』『日本書紀』と宗教」
C．I．「三味線にみる諸外国とのつながり」
R．S．「江戸時代のキリシタン」
A．N．「島原の乱と鎖国」

3．前近代東アジアにおける帝国形成と国際関係

Y．H．「朝鮮半島と日本」
N．N．「倭寇」
K．N．「モンゴル帝国について」
N．M．「モンゴル帝国について」
M．W．「元について」
Y．H．「チンギス・ハンとモンゴル」
S．K．「秀吉の朝鮮出兵による日本への影響」
Y．O．「東アジアから見た秀吉の朝鮮侵略戦争」
A．A．「秀吉の朝鮮侵略を通して日本の歴史教育を考える」
K．A．「秀吉の朝鮮侵略」
M．A．「朝鮮侵略と降倭・沙也可について」
Y．Y．「沙也可」
A．N．「朝鮮半島の昔と今」
A．I．「肥前名護屋城について」
C．I．“Taste of China”
M．W．「中世・近世の日本・朝鮮間の関係」
F．I．「朱印船貿易と海外市場」
C．T．「日本の貿易」
A．N．「北方の歴史と先住民族」

4．東アジアにおける帝国主義の成立

N．M．「アヘン戦争と第2次アヘン戦争」
A．I．「欧米の東侵と脱亜論」
A．N．「日清戦争」
K．N．「日清戦争について」
Y．O．「日清戦争と日韓関係」
C．I．「悲しきAsian Boy」
A．T．「朝鮮にしてきたこと」
A．N．「日露戦争」
S．K．「日露戦争から韓国民族の独立運動まで」
M．K．「大韓独立をめざした人々」
R．S．「伊藤博文・安重根・韓国併合」
F．I．「安重根―伊藤博文を殺した男―」
K．A．「韓国併合と安重根」
M．N．「安重根」
S．I．「朝鮮独立運動について」
C．I．「韓国併合」
Y．H．「霧社事件」

5．東アジアにおける日中・アジア・太平洋戦争

R．S．「山梨の十五年戦争」
A．A．「十五年戦争から見えてきた真実」
K．A．「アジア・十五年戦争について」
C．T．「憲法を過信しがちだった大東亜戦争」
M．S．「南京大虐殺」
M．K．「南京大虐殺」
S．I．「南京大虐殺事件について」
F．I．「『慰安婦』問題について」
N．M．「十五年戦争下の朝鮮皇民化＝同化政策」
M．A．「皇民化政策とその影響について」
K．F．「七三一部隊」
M．A．「東・東南アジアと日本」
M．W．「第二次世界大戦下の日本のベトナム侵入」
M．K．「泰緬鉄道について」
A．I．「〝捷号作戦〟と神風特別攻撃隊」
A．Y．「中国革命・長征と3人の中心人物」
M．S．「原爆はなぜ投下されたか」

6．現代東アジアの諸問題

Y．O．「中国と日本の関係」
A．T．「女性労働者の労働条件」
M．N．「中国の女性たちについて」
A．N．「現代中国社会の現状」
Y．Y．「グローバリゼーションと債務」
K．F．「日の丸・君が代と子どもたち」

英雄扱いされる秀吉ですが、私は今は彼を英雄と呼べません。朝鮮の人々に消えることのない深い傷を与え、日本の農民や兵士にさえ重労働を強いて奴隷扱いをしていたなんて許すことのできない事実です。」と、授業を通じての秀吉像の転換を語っている。また、「朝鮮侵略と降倭・沙也可について」（M・A）は「秀吉の朝鮮侵略という悲劇の中、日本兵を脱走し、投降した沙也可の存在は、まさに日韓友好の橋渡し的存在であると思う。……彼のことを調べていって、日韓友好のむずかしさも知ることになったが、同時にその糸口もわずかながらつかむことができたように思う。」と記し、降倭沙也可を通じて、日韓友好の困難とその可能性について考えている。

次に第一二回の「東アジアにおける日清戦争」の授業では、私は、①征韓論と脱亜論、②江華島事件以降の日本の朝鮮侵略、③日清戦争の展開・経過などについて説明し、とくに④周到な日本の開戦準備、⑤旅順虐殺事件、⑥下関条約をめぐる日本側と清国側（李鴻章）の対応の違い、⑦勝海舟の領土割譲要求反対論などについて強調した。日清戦争については四人がレポートを書いたが、とくに軍夫問題に焦点をあてて調べた「日清戦争」（A・N）は「彼らは兵士以下の待遇のため疾病・凍傷に痛めつけられていた。彼らは戦闘に巻き込まれ、七〇〇〇人以上の死者を出したという。……他国の人々ばかりか自分の国の国民も苦しめてまで行った日清戦争とは何なのであろうか。」と書き、軍夫問題から人命軽視の日本軍の体質を学び、さらに日清戦争が日清両国の民衆に多大な犠牲を強いたという近代戦争の悲惨な本質を見抜いている。

第一四回の「アジアの民族運動と日本人」の授業では、私は当時としては極めて希有な例ではあるが、アジアとの友好・共同に尽くした評価すべき思想や行動の例として、①宮崎滔天、②亜洲和親会、③柳宗悦、④吉野作造、⑤安重根と千葉十七の交流、安重根の東洋平和論について紹介・説明した。これに関しては、「孫文と日本人」「韓国の土になった浅川巧」を含めて八本のレポートが出された。そのうち、「歴史を動かす個人の力」（A・A）は「宮崎滔天、柳宗悦、吉野作造。〝東アジア関係史〟の授業で習わなければ、この三人の名前は単なる歴史上の人物ということでしかなかった。しかし、ただ事実を並べた単なる暗記の授業ではなく、〝歴史から何を学ぶか〟〝何を吸収するか〟という先生の熱心な授業のおかげで、私はこの三人が行ったことについて、一生懸命考えることができた。この三人に共通していえることは、彼らは自分の信念を貫き、実際に行動をおこしたことである。まちがっていると思ったことに逃げもごまかしも妥協もせず、正面から立ち向かったのだ。当時の社会を批判することは非常に危険なことであったが、彼らは決して引き下がらなかった。個人の力というものは、こんなに大きく力強いものなのか。私は今回の授業でそう強く感じた。」と述べ、アジア友好・「連帯」の事例を通じて、社会の変革や平和の創造における個人の役割の重要性に関心を向けている。

また、安重根については四人が取り上げたが、その一人「安重根」（M・N）は「印象に残ったのは、安重根と千葉十七との親交や安重根の著した『東洋平和論』だった。私は今回このテーマを調べてみて、もし『東洋平和論』が完成し、日韓両国民に読まれていたならば韓国併合はなかったかもしれないという運命を感じた。また、このように朝鮮史を学んで、日本の朝鮮支配を安重根の視点に立ち、客観的に見ることができたと思う。これからの国際社会において日本の過去における真実はありのままに受け止めることが必要であり、安重根が『東洋平和論』で伝えようとしたことを知っていくのもこれから必要だと思う。」と語り、日本の朝鮮植民地化を朝鮮側から捉え直すことの意味と安重根の反侵略・平和思想の意義に注目している。

第一六回の私の授業「第二次世界大戦と東アジア（概論）」では、次回の特別講師、浅川保氏の「山梨と十五年戦争」に備えて十五年戦争の概論的授業を行った。その際、私はアジア太平洋各地での日本軍の侵略・加害の実態、戦争責任・戦後補償などの現在に残された問題にも言及し注意を促した。私の授業と浅川氏のそれとがうまく連動したこともあり、また、「自由主義史観」や「歴史教科書問題」がすでに浮上し報道されていたこともあり、生徒たちは十五年戦争に強い関心を示し、一七人がこのテーマでレポートを書き、その多くが「南京大虐殺」「七三一部隊」「従軍慰安婦問題」などを主題にしていた。たとえば「南京大虐殺」（M・K）は日本における南京事件の論争をたどりつつ、「南京大虐殺はでっち上げだとか、従軍慰安婦は公娼だったなどという主張は、事実としてはとうに決着のついていることを蒸し返しているだけで、学問的論争とはとてもいえないものだ。しかし、ウソでもデマでも、たびたび繰り返していれば、ある程度の効果はある。……歴史の真実をゆがめる戦争美化論にとらわれているのは、これからの二一世紀に生きようとする日本にとっては、極めて不幸なことである。……日本の侵略の対象になったアジア各国の傷痕は大きく、被害を決して忘れまいと歴史教育でもそのことを重視している。加害者の側が忘れたり知らなかったりではすまされないし、決して真の友好関係は生まれないのである。事実を正しく認識したうえで対応しなければならないのである。」と、この問題に関する意見を主張している。

このように、生徒のレポートには多様なテーマが見られ、問題意識の深まりがうかがわれる。生徒たちは、授業を通じて具体的な歴史の事実や現代の課題に出会うとともに、毎回の授業を教師の問題提起の場として受け止め、そこで触発された多彩なテーマについて自ら調べ学び、それをレポートとして表現することによって、一人ひとりが今まで以上に豊かでリアルな歴史認識・東アジア認識を獲得できたと思われる。

4.「東アジア関係史」の成果と課題

二〇〇一年に入り、履修者全員に授業のアンケート調査を実施した。まず「一年間の授業から何を学んだか」という質問項目には、①「他国から見た日本、東アジア（韓国・中国・台湾）」から見た日本を学んだ」、②「日本と東アジアとの関係、東アジアの中の日本を学んだ」などの回答が多く現れた。これは本講座の目的の一つとして掲げた「日本史像の相対化」「世界史と日本史の統一的把握」などのねらいが、一定程度達成されたものといえよう。

また、③「毎回のレポート作成を通じて、ふだんの授業ではすることのない自分で考えるということをし、考えることの大切さを学んだ」とか、④「歴史に受け身ではなく、学んだことをこれからの自分に生かしていきたい」という感想も見られた。これらは自分自身の眼で歴史を捉え、歴史に主体的に関わっていくことの意義を語ったものであり、毎回異なる教師による問題提起型の授業が生徒の歴史認識の形成に効果的であったことを示している。

他方、「今後の授業への期待と要望」という質問項目への回答から今後改善すべき課題も明らかになった。授業の時間帯が終礼後の七、八校時で、すでに学習時間帯としては疲れているという学習条件の問題がある。また、外部講師をもっと増やして特定テーマに関する講義を聞きたいとか、授業内容が歴史中心なので、もっと文化・食事・住居・生活などを扱ってほしいという授業内容に関する要望がある。さらに生徒の発表・討論などの生徒を主体とした学習方法をより多く取り入れてほしいという授業方法に関する意見もあった。今後さらに、英和の社会科教師の力を結集してこれらの課題を克服し、「東アジア関係史」を内容と方法の両面で発展させたいと考えている。

初出（歴史教育者協議会編『歴史地理教育』第六三九号、二〇〇二年五月）

第13章　東アジア世界における帝国主義の成立をどう教えているか

はじめに

私たちは、二〇世紀世界史を条件づけた帝国主義の時代をどのように教えているであろうか。以下の報告は、日本の高等学校の歴史教育において「東アジア世界における帝国主義の成立をどう教えているか」という主題のもとに私が行っている授業の取り組みに関するものである。

1. 日本の高等学校歴史教科書における帝国主義記述

わが国では、高等学校の歴史教育の科目として「世界史」と「日本史」が設置されている。そして小学校・中学校・高等学校の全教科目の学習内容を規定する学習指導要領が（一九九九年の時点で）過去八回にわたり告示されてきたが、一九八九年度版の学習指導要領では「世界史」の場合には、帝国主義時代は「帝国主義とアジア・アフリカ」の項目が立てられ、その内容として「一九世紀後期からのヨーロッパ諸国によるアジア・アフリカの対応に着目させ、一九世紀後期から二〇世紀初期の世界の歴史の特色を理解させる」

と説明されており、また、「日本史」の場合には、「近代日本の形成とアジア」の項目が設けられ、その内容として「開国、幕府の滅亡と新政府の成立から明治時代の近代日本の歩みについて、アジアにおける国際環境と関連付けて理解させる」と記されている。

さて、こうした学習指導要領に立脚して作成された「世界史」と「日本史」の教科書はどのように東アジアの帝国主義時代を扱っているのだろうか。まず「世界史」の場合には、多くの教科書が帝国主義の時代を①帝国主義の成立、②帝国主義諸国の国内状況、③アフリカ「分割」、④アジア・太平洋地域の「分割」、⑤日清戦争～中国「分割」～義和団事件、⑥日露戦争～韓国併合、⑦アジア諸地域の民族運動～辛亥革命、⑧バルカン問題～第一次世界大戦という内容で組み立てており、このなかで東アジアの帝国主義は、帝国主義的世界体制の形成過程の一環として位置づけられている。

次に「日本史」の教科書は、近代日本の歴史展開を、①欧米列強のアジア侵略と日本の開国、②明治維新と国家統一、③国内体制の整備と文明開化、④初期の外交と士族反乱、⑤自由民権運動、⑥立憲政治の成立、⑦条約改正問題、⑧初期議会と日清戦争、⑨産業革命と社会の変化、⑩帝国主義の成立と日露戦争という内容で構成しており、ここでは東アジアの問題は、日本外交の行動範囲とその対象、あるいはその国際環境として扱われている。

このように、日本の歴史教科書の場合には、「世界史」が東アジア世界を帝国主義列強の侵略・「分割」対象として、それを帝国主義世界体制の形成途上に他律的に位置づけており、また、「日本史」がそれを近代日本の歴史展開の行動範囲・国際的背景として断片的に扱っているという点で問題がある。すなわち、ここには、東アジア地域を世界史と日本史を切り結ぶ結節点・媒介的世界として把握し、東アジア世界に存在した清国を核とする独自な国際秩序としての冊封体制が欧米列強のアジア侵略によって解体・崩壊しつつ、それと連動しながら日本の帝国主義国化によって東アジアの帝国主義体制が確立したという、近代東アジアの歴史展開を統一的・構造的に捉える基本的な視点が欠落している。こうして、このような問題状況から歴史教育界では、日本と東アジアの歴史的関係を主体的に理解するために「世界史」とも「日本史」とも異なる「東アジア史」という歴史科目の設置の提言もなされている。

さて私は、例年の「世界史」の授業では、帝国主義の成立から第一次世界大戦の終結までの通史を、東アジア史を重視しながら、一五時間程度かけて教えている。授業で意図しているのは、東アジア世界における帝国主義の成立を、列強の侵略をうけての中華帝国・冊封体制の動揺・解体と、これに反応して推進された日本の軍事大国化・帝国主義国化の両面から相互連関的に把握し、それを帝国主義世界体制のなかに位置づけて理解させることである。そこで私は、①自国史を相対化して東アジア史という枠組みで捉えること、②世界史的視野で理解すること、③民衆の視点を重視すること、④政治動向だけでなく「侵略する側」と「抵抗する側」双方の思想・文化に注目することなどに留意して授業を行っている。

2. 一八七〇—八〇年代の東アジアの国際関係をどう教えているか

東アジア世界における帝国主義の歴史を教える場合、私は一八七〇年代の東アジアの国際関係までさかのぼって説明することにしている。その理由は、教科書の記述にしたがって、「帝国主義の成立」から授業を行った場合、前述のように、東アジア世界は帝国主義列強の「分割」対象の扱いにとどまり、現実に東アジア世界に存在した中国を中軸とする伝統的な冊封体制が列強のアジア侵略をうけて変容・解体する過程と、その間隙をぬって行われた日本の帝国主義国化、そしてその帰結としての東アジア世界における帝国主義体制の成立という歴史過程を整合的に把握できないからである。そこで授業では、最初に「朝貢」と「冊封」という関係で結ばれた東アジアの伝統的な華夷秩序・冊封体制の特質について確認し、次いで、これと対照的な欧米の近代的国際法・「万国公法」の思想を導入した日本の明治政府の国境線の画定事業の意味について説明する。具体的にいえば、一八七一年の対馬藩からの対朝鮮通交権の接収と日清修好条規締結、七四年の「台湾出兵」、七五年の樺太・千島交換条約、七六年の日朝修好条規と小笠原領有宣言、七九年の「琉球処分」（沖縄県設置）など、一八七〇年代末までに明治政府が推進したこれらの一連の行動は近代国民国家としての一元的な領土的支配の確立を意味し、とくに「台湾出兵」が琉球との宗属関係をめぐる清国の伝統的な版図支配の脆弱性を暴露して、冊封体制を動揺させる契機になったことである。そして英米の支持を得て砲艦外交に訴えて行われた江華島事件では、日本は列強の朝鮮開国実現の代行者となり、翌年締結された日朝修好条規が日本の「安政の五ヵ国条約」よりもはるかに従属性の強い不平等条約となった。

つづいて、一八八〇年代の説明に入る。東アジアの一八八〇年代は、英露間の国際対立を背景に、冊封体制の解体が加速化し、さらに朝鮮半島が矛盾の焦点になる時期である。授業では、朝鮮開国後の日本の経済侵略と朝鮮の民衆生活の圧迫、軍制改革のなかで発生した壬午軍乱と急進開化派がおこした甲申政変などの事件を、朝鮮国内における閔氏政権と大院君派の敵対、守旧派と開化派の対立、その背後にある日清両国の政治的思惑などを含めて説明している。

とくに甲申政変の学習では、この事件の未完の近代化改革の意義と事件の背景となる清仏戦争などの八〇年代中葉の緊迫する東アジアの国際情勢、甲申政変と日本との関係、とくにこの事件を転機とする日本人のアジア観の転換について詳しい説明を行っている。

まず国際情勢に関しては、一八八〇年代半ばが世界分割体制形成の起点となり、また、東アジアの国際関係の転換期になった点を重視している。すなわち、コンゴ川流域をめぐる列強間の対立の調整をめざしてビスマルクが主催したベルリン西アフリカ会議（一八八四年一一月—八五年二月）が「実効ある支配」「先占権」などの「分割」の基本原則を確定し、以後アフリカ「分割」を加速化する契機になり、また、東アジアではベトナムをめぐる清仏戦争（一八八四—八五年）と、フランスのベトナム支配に脅威を感じたイギリスのビルマ併合二八八六年）が清国の冊封体制の解体に拍車をかけ、これらと連動する形でアフガニスタンをめぐる英露間の緊張（一八八四—八五年）、ロシアのウラジオストク港の閉鎖、イギリスの巨文島占領（一八八五—八七年）、ロシアの永興湾占領（一八八六年）などの事件が連鎖的に展開した。

次に日本人のアジア観の転換については、このような一八八〇年代半ばの英露間の対立を軸とする列強の東アジア侵略の強化が、日本にアジアの植民地化の危機感を強め、日本人のアジア観の転換の画期になった。授業では、その典型的な例として、福沢諭吉を取り上げている。すなわち、明治維新以来、日本の独立の保持に強い危機感を抱いていた福沢のアジア観は、八〇年代前半の壬午軍乱までは「西洋」対「東洋」、「文明」対「非文明」の二分法的認識にもとづいて、西洋列強の植民地化への対抗とアジアの防衛のために東洋の「文明国」たる日本が「非文明国」の清国・朝鮮の「文明化」を誘導するという、日本を盟主とする「興亜論」を特徴としてきたが、それが壬午軍乱以後、清国の敵視に転換し、さらに甲申政変以降は「固陋」たる清国・朝鮮を「謝絶」して脱亜入欧を志向する「脱亜論」に変容していった経緯を彼の社説「朝鮮の交際を論ず」（一八八二年）と「脱亜論」（一八八五年）を読みながら説明している。以上のように、授業では、一八七〇年代以降の清国の冊封体制の解体と日本の強国化とを関連づけながら東アジア世界の歴史的展開を重視している。

3. 日清戦争をどう教えているか

日清戦争は、東アジアの中華的な国際秩序・冊封体制の崩壊を決定づけ、日本の突出という形で、国際政治への東アジア世界の編入を規定することになった。授業では、まず最初に甲午農民戦争とその思想的背景をなした東学について学習する。「人乃天」による「保国安民」という東学の教義の特徴、「斥倭洋倡義」のスローガンにみられる一八九〇年代における東学の反侵略思想としての発展、九四年二月、全琫準指揮下の全羅道の民乱の発生と甲午農民戦争への発展、五月の全州占領と日清両国軍の介入という民族的危機のなかでの六月の全州和約などを説明する。

次に、日清両国の派兵から開戦までの過程を詳しくみていく。扱う内容は日清両国の出兵理由の相違、日本の対朝鮮内政改革の要求、日英通商条約の調印、日本軍の王宮占領、豊島沖海戦、日清両国の宣戦布告という経過である。ここでは、二つの点を重視している。一つは、開戦にあたり、日本政府が、ロシアの南下への警戒から日本の朝鮮進出をロシアの南下の防壁とみなすイギリスに接近し、不平等条約の一部改正とイギリスの対日不干渉の決定という有利な国際状況を待って清国に宣戦布告したこと。そしてもう一つは、八月一日の天皇の宣戦の詔勅が「朝鮮の独立をないがしろにする清国」への非難と「東洋平和のため」と謳いながらも、実際には、開戦前夜には王宮の占領と国王高宗の監禁、親日派政権の擁立という明白な国家主権の侵害を行っていた事実である。

このあと、地図で戦場の位置を確認しながら戦争経過を説明していくが、豊島沖海戦で日本軍艦「浪速」がイギリスの商船を撃沈したとき、ヨーロッパ人船員のみを助け、清国兵を救助しなかったという事実や、旅順虐殺事件とこれを報道した『ワールド新聞』記者クリールマンを日本政府が買収し損ねたことを説明し、「文明国」入りを志向した日本の戦争方法について生徒に考えさせている。

このほかに、日清戦争に対する日本国民の態度として、福沢諭吉と内村鑑三の日清戦争肯定論と、中華文明に対する尊崇からの勝海舟の日清戦争反対論にふれている。ここでは、講和会議での日本の領土要求が列強の東アジア介入を招来すると警告を発した海舟の認識が、清国側の全権として講和会議に参加した李鴻章が提起した、領土割譲が清国の対日復讐心を高め、将来の日清協力の困難と列強の東アジア侵略を誘起するという見解と符合していたことに注目している。このとき、海舟と李鴻章の提案は、現実には採用されなかったが、ここにはアジアの対立の回避と「アジアの共同」の道が示されていた。

そして最後に、日清講和条約とその後の台湾占領戦争の内容について説明し、日清戦争の国際的および国内的影響についてまとめを行っている。まず国際的影響としては、伝統的な中華帝国の清国に対する新興の軍事大国日本の勝利という形で終結した日清戦争が東アジアにおける新旧二つの「帝国」の交替を意味し、清国を軸とする冊封体制を最終的に崩壊させ、東アジア世界では未完であった帝国主義的国際関係を創出する契機になり、これによって帝国主義世界体制の最後の環がはめられ、帝国主義世界体制が成立することになった点である。また、日本国内への影響としては、日清戦争の勝利がアジアで唯一近代的強国化を達成した日本と日本人の優秀さを確信させ、一方では西洋文明に対する劣等感・敵愾心を、他方では中国・朝鮮人への差別感・蔑視観を扶植し、その後の日本のナショナリズムのあり方を方向づけるとともに、清国からの賠償金・領土割譲がその後の日本の帝国主義体制構築の土台を形成したことである。

4. 中国「分割」・義和団事件をどう教えているか

まず、日清戦争と中国「分割」の関連性について、日本への清国の領土割譲が三国干渉にみられるように列強を刺激し、さらに対日賠償金支払いのための清国の英独仏露四ヵ国からの借款が中国「分割」の導火線になったことを説明する。そして実際の中国「分割」は、三国干渉を主導したロシアが遼東半島返還の代償として東清鉄道の敷設権を獲得して「分割」の先鞭を切り、これに反応したドイツが宣教師殺害事件を口実にして膠州湾を租借、さらにこれに対抗する形でロシアが旅順・大連を、イギリスが威海衛と九竜半島を、フランスが広州湾を租借するなど、相互連関的に展開したことを地図で位置を確認しつつ説明している。また、この時期の日本の動きとして、台湾を拠点として福建省の植民地化をめざしての厦門出兵の企てとフィリピン独立闘争への間接的関与、アメリカのハワイ併合に際しての軍艦派遣など、アメリカ帝国主義を意識した日清戦争後の日本の「南進」の模索についてもふれている。

つづいて、こうした中国の「瓜分」の危機のなかで発生した「上からの改革」としての変法運動と「下からの抵抗」としての義和団運動の説明を行う。ここでは、後者についてのみ述べるが、授業では最初に義和団運動の発生・展開の過程、次に義和団の思想的特徴と運動の歴史的意義、最後に義和団事件をめぐる国際関係について説明している。

たとえば、義和団の思想的特徴としては、『義和団民話集』から義和団のビラの一例を引用し、そこに表現された「邪教」「洋鬼子」などの用語の意味をキリスト教布教や仇教運動などと関連づけて考えながら、反帝国主義闘争としての義和団運動の意義について理解させている。

義和団事件をめぐる国際関係は、帝国主義の国際関係を理解する上で、重要な内容を多く含んでいるので、以下に力点をおいて授業を行っている。まず、この事件が中国における既得権益の防衛を意図した列強の「共同一致」の八ヵ国連合軍の出兵をよびおこしたこと、義和団と南アフリカ戦争・フィリピン独立闘争の同時並行的展開が英米両国の自由な行動を規制し、このため最大の軍事力を派遣した日本が「極東の憲兵」の地位を与えられる契機になったことなどにふれている。また、出兵した連合軍兵士の写真を見ながら、このとき連合軍兵士のなかにインド人・ベトナム人などの植民地民衆が含まれていたことに着目させ、彼らが同じアジア人である義和団の中国人民衆と戦ったという事実から世界分割体制のもつ重層的・構造的特質を生徒に考えさせている。

さらに、イギリスがインド人兵士の動員のほかに、オーストラリア・ニュージーランド艦隊を天津沖に派遣し、英印軍を北京と南アフリカのどちらに送るか苦慮したという事実から、イギリス帝国主義を媒介に東アジアと南アジア・太平洋・南アフリカの諸地域が結合されていたという、帝国主義の世界の一体化の構造を生徒に理解させている。このようにして義和団事件は、世界分割体制を完成に導き、また、これによって中国は、ロシアの進出に対する列強の警戒という国際政治上の利害を受けて「分割」し尽くされずに保持されたものの、清国の従属性はより強化されることになった。

5. 日露戦争、および日本帝国主義とアジアの民族運動をどう教えているか

日露戦争は、帝国主義国家としての日本の地位を確定し、東アジアの帝国主義体制の再編を促した。授業では、まず義和団事件の終結後から日露開戦に至る経過を詳しく説明している。それは、ロシア軍の「満

州」占領から直線的に開戦に至ったのではなく、その間に展開した「満州」・朝鮮をめぐる日露交渉と、日本国内における日露協商論と日英同盟論、ロシア国内における対日妥協論と強硬論という両国における二つの路線の存在、日英同盟の成立と日本国内での反戦論から主戦論への転換などの動きを理解させるためである。

このあと、地図で位置を確認しながら日露戦争の展開を追っていく。その際、次の点に留意している。一つは日露戦争の基本的性格が、朝鮮と「満州」の領有をめぐる帝国主義国間戦争であり、最大の犠牲者は戦場化した朝鮮・中国の民衆であったこと。もう一つは、日露戦争のもつ国際的性格についてである。日本が戦争中、英米の金融市場で外債を調達し、イギリスから武器と良質炭の提供を受けた背後には、各地でロシアと対立中のイギリスの対日支援と日本の英米両国に対する戦後の「満州」市場開放の約束があったこと、逆にロシア側では、ロシアの軍事力を極東に向けドイツを包囲する露仏同盟の脅威を弱め、その間にバルカンでの自由な行動を確保したいとするドイツの思惑や、英仏協商成立以後、フランスがロシア支援に消極化したという日露両国をめぐる国際関係にふれている。

そして日露戦争中、日本は一方では、韓国の局外中立宣言を黙殺して韓国に日韓議定書、第一次日韓協約を強要し、他方では、桂・タフト協定、第二次日英同盟条約の締結によって事実上の韓国の保護国化を進めていたという事実にも注意を向けさせている。

さらに、日露戦争の終結状況に関しては、それが実際には日本の勝利ではなく、ロシア国内の革命情勢の拡大と消耗戦にともなう日本側の国力の疲弊という両国の戦争継続の困難と、極東・東アジアにおける強国の出現への警戒から早期講和を望む列強の思惑という国際政治の力学を反映した結果であったという事実も指摘している。

授業ではこのあと、韓国併合の歴史と日本のアジア民族運動への抑圧を関連づけて学習している。韓国併合については、一度一八九五年の閔妃殺害事件までさかのぼり、そこから反日義兵闘争の展開、日露戦争と韓国の保護国化、愛国啓蒙運動、ハーグ密使事件を経て一九一〇年の韓国併合までの過程を詳しく説明している。その際、留意しているのは、朝鮮民衆の抵抗の側面とともに、甲午改革、大韓帝国と光武改革、独立協会などを取り上げ、朝鮮国内での自主的な近代化改革の歩みを捉えることである。そして授業では、事実を正確に理解させる目的から、日韓議定書と三回の日韓協約、韓国併合条約については史料を読み、また、それぞれの事件についてもその内容を説明したプリント史料を配布している。

次に、日本帝国主義のアジアの民族運動の抑圧については、最初に潘佩珠の『ヴェトナム亡国史』の一節から日露戦争に勝利した日本に対するベトナム民衆の期待の声を紹介し、その具体的な表現としての東遊運動、そして同じ時期に宮崎滔天の仲介で成立した中国同盟会や、中国・インド・ベトナム・フィリピン・ビルマ・マライ・日本などの革命家・社会主義者たちが交流していた亜洲和親会について取り上げ、東京がアジアの革命家たちの合流点であったことを説明する。しかし、このあと一九〇七年に日仏英露四ヵ国の利害がそれぞれ一致して日仏協約・英露協商・日露協約が結ばれ、日本が三国協商の盟友に加わると、日本政府はアジアの民族運動が日本の朝鮮支配の障害になると判断して民族運動への抑圧姿勢を強化する。こうしてアジア諸民族の日本への期待は霧散していくが、この点については、日本を全アジア諸民族の「公敵」と宣言した中国の劉師培の日本帝国主義批判を紹介している。授業では、このような流れをたどって韓国併合に進むが、そこで私が重視しているのは、安重根の人と思想についてである。

授業では、安重根と伊藤博文をめぐる日韓両国の対照的な評価を紹介した上で、安重根と旅順監獄の日本人看守千葉十七との魂の交流、安の未完の書『東洋平和論』に現われた彼の独自な反帝国主義の平和思想について説明している。すなわち、日本の朝鮮侵略が東洋平和を攪乱し、列強のアジア侵略を誘発するとの危機感から、韓国独立と、それを基盤とした日韓中三国の連携による東洋平和の確立という彼の思想的意義について考えさせている。

6. 生徒の帝国主義認識について

生徒は帝国主義にどのようなイメージを抱いているのであろうか。多くの生徒は、東アジアの帝国主義の授業で、「文明（国）」への上昇を志向する日本がその帝国主義国化の台頭の過程で、朝鮮半島や中国大陸の各地で様々な侵略と加害を行った事実を具体的に学習するなかで、日本の帝国主義国化に対してきびしい批判の目を向けている。たとえば、「不平等条約の改正をめざす日本は日清戦争で「文明」ぶりを世界にアピールしようと努めたが、旅順虐殺事件が発生し、さらに事件を報道した『ワールド新聞』の記者の買収に失敗してしまった。一般市民に略奪や虐殺をしておきながら「文明国」だなんてよくも言えるなあとがっかりしました。」「日露戦争で戦場になったのは日本でもロシアでもなく、中国と朝鮮だった。まったくひどいことだと思う。」「今回日本の韓国併合の歴史を詳しく学習してみて、日本のむごい侵略の事実の数々を知って愕然としました。しかし、事実を直視してそこから目をそむけてはいけないと強く思いました。」などの感想が出てくる。

しかし、他方で一部の生徒のあいだには、「日露戦争＝自衛戦争論」「韓国併合＝必然論」などの帝国主義肯定論もみられる。このような歴史理解に対して、今のところ私は二つの対応を行っている。一つは、それを誤りだと指摘するのではなく、正確な事実認識を積み上げながら、生徒の歴史観に揺さぶりをかけ、自分の歴史認識と向き合い、その問い直しをはかることである。たとえば、日本の植民地化の危機論にもとづく「韓国併合＝必然論」に対しては、列強との条約のうち、南京条約以来の中国の敗戦条約と日本の不平等条約との質的相違、オールコック初代駐日公使の対日政策などに反映された、日本を自由貿易市場として確保するための幕末日本への列強の慎重な対応、日英同盟の存在や、一時日韓両国の支配層に存在した韓国中立国化構想などにみられる列強の対日政策や日本と韓国をめぐる現実の国際関係の理解を通じて、果たして二〇世紀初頭の段階で日本の植民地化の危機が存在し、韓国併合が日本の植民地化の防止のための必然かつ不可避の路線であったのか、どうかを「疑問」の形で提示している。

そしてもう一つは、たとえそれが歴史の傍流にすぎず、現実の政治政策には反映されなかったにせよ、植木枝盛の「無上政法論」、宮崎滔天の支那革命主義、勝海舟の日清戦争反対論、幸徳秋水の帝国主義批判などにみられた反帝国主義・アジア友好的な思想と行動を紹介し、日本国内に実在した帝国主義批判・アジア友好論の意義について考えさせることである。もちろん、このような方法が常に説得的であるとは限らないが、こうした歴史的事実を提示することによって、帝国主義が日本にとっては与件ではなく、あくまでも自らの意思で日本が帝国主義の道を選択したこと、そして日本の能動的な行動こそが東アジア世界における帝国主義体制形成の原動力になったこと、したがって日本の帝国主義国化は当時の国際関係のなかでは唯一不可避な可能性ではなかったという認識に迫ることができるのではないかと考え、現在、試行錯誤を行っている。

おわりに

東アジア世界における帝国主義体制の成立の歴史は、列強のアジア侵略による伝統的な冊封体制の解体を背景に、列強の世界分割体制形成の動きと連動しながら、日本が自らの意思で帝国主義国化の道を選択し、アジアの民衆の抵抗を抑圧する軍事力として列強の国際関係に自らを介在させることによって、東アジア地域に帝国主義体制を構築していく過程であった。その結果、日本はアジアで唯一の帝国主義国に台頭し、日本の帝国主義国化にともない、全体としての帝国主義世界体制が成立したが、日本はこの過程で国内外の帝国主義批判を圧殺し、アジアで孤立化の道を歩むことになった。

二〇世紀世界史の起点となった帝国主義の歴史を考えるとき、東アジア世界における帝国主義の歴史を事実に即して正確に理解するとともに、アジア共生の課題に向けて多角的・複眼的な視座から考察することが必要である。本報告は、こうした課題に応えるための日本の歴史教育の場における私の拙い試みである。

初出（比較史・比較歴史教育研究会編『帝国主義の時代と現在――東アジアの対話――』未来社、二〇〇二年五月）

第14章　近代東アジアと山梨
——身近な地域の歴史を世界史・東アジア史の中に——

はじめに

私たちが作成した教科書『世界史A』（一橋出版、平成一五年四月検定済み）には幾つかの特色がある。その一つが随所に「コラム」を設け、日本列島の様々な地域の歴史的事物を取り上げ、それと世界史との関係を説明している点である。これは、世界史を日本史から隔絶された外国史とみなすのではなく、日本史と世界史を関連づけ統一的に捉えること、私たちが暮らしている身近な地域に世界史との出会い・結びつきを探ることなどを意図した試みである（教科書一一二頁、「自由課題の進め方［二］地域にさぐる世界史の入り口」参照）。

また、同様な意図を具体的に実践するために私の勤務校では、選択科目「東アジア関係史」を開講し、日本（史）と世界（史）が出会う場としての〝東アジア〟に注目し、その歴史的過去と現在を国家・国境を越えたトランスナショナルな視座からテーマ的に学習している。

このように、日本の高等学校における「日本史」と「世界史」の二本立ての科目編成から生じる日本史と世界史を別物とみなす旧来の認識を乗り越え、世界史と日本史を統一的に理解する視点（たとえば、日本国内のある地域の動きが世界史全体に影響し、また、世界史の動向が日本国内のある地域の歴史を規定するという具合に複眼的・多角的に捉える）が必要である。そこで以下、身近な地域の歴史と世界史との関係を探る一つの試みとして「近代東アジアと山梨」をテーマに、両者を結ぶ歴史的素材（人物が中心になるが）、について考えてみたい。

1. 日本史上最初のストライキ——雨宮製糸工女の闘い——

一八五八年の日米通商条約にもとづき、神奈川・長崎・箱館が開港し外国貿易が始まると、主要な輸出品である生糸の需要が大幅に伸び、山梨の篠原（甲州屋）忠右衛門のように開港場の外国商人に生糸を売り込んで蓄財した地方商人が出現した。明治期に入ると、山梨では藤村紫朗県令の殖産興業政策（一八七四年、県営勧業製糸場が設立）によって製糸業が急速に拡大し、山梨は長野・岐阜と並ぶ代表的な製糸県になった。一八八六年には、甲府だけで器械製糸工場が七三、工女数は四四〇〇人にも達した。

そして同年二月、県当局が製糸業組合準則を作ると、工場主らも各々規約を定めて工女らに他工場への移動の禁止や罰金（糸の太さを間違えると本人の賃金と同額まで取り立ててもよい）を明記した。とくに、甲府市山田町の雨宮製糸工場では、実動一四時間が一四時間半に三〇分間延長になり、逆に賃金は上等工女で一日三二・三銭が二二・三銭に一〇銭も引き下げになった。これに対して六月一四日、雨宮製糸の工女一九八人全員が職場放棄し、近くの瑞泉寺に三日間たてこもり、一人の脱落者も出さずに闘った結果、出場時間を一時間遅らせること、その他の優遇策を講じることなどの譲歩を工場主から引き出し、ストを勝利に導いた。日本史上最初の雨宮製糸ストライキは、本格的な資本主義の確立と労使対立の開始直前に製糸業の先進地甲府で発生した労働者の先駆的な闘いとして位置づけられている。また、言うまでもなく、この事件は日本国内の社会運動史や山梨という地域史の文脈の中だけでなく、開国以来の外国貿易による製糸業の躍進という国際的条件を視野に入れて捉えなければならない。

私は中学二年生の歴史の授業（明治期の工場労働者がテーマ）でこの事件を紹介したところ、ある生徒は「山梨には武田信玄くらいしか誇れる歴史がないと思っていたけど、自分たちの主張を貫き通した雨宮製糸工女たちの輝かしい闘いの歴史があったことを知り、とても感動した」と、地域の歴史を学ぶことの新鮮さとその感動を述べている（二〇〇二年度、中二「歴史」学年末テストでの「一年間の授業を通して学んだこと」の論述答案より）。

2. 朝鮮民衆への共感からアナーキストへ——金子文子——

山梨県牧丘町（現山梨市）杣口に一つの記念碑が立っている。金子文子の獄中歌を刻んだ歌碑である。文子は一九〇四年、母親の駆け落ち先の横浜で生まれたが、両親の離婚によって母親の実家がある牧丘町や丹波山村で育った。無籍者だったため学校にも行けない不遇な少女時代を過ごした。一九一二年秋、父方の祖母の養女になり朝鮮半島（忠清北道清州郡芙蓉面芙江里）に渡った。

ここで文子は、三・一独立運動や朝鮮人民衆への差別・迫害を目撃し、また、家庭では祖母から日々虐待を受け「地獄のような生活」を送った。この辛酸を嘗める体験が文子に植民地支配下で苦悶する朝鮮民衆への同情と理解を促し、文子の思想形成に重大な意味を刻印した。

一九一九年に帰国し上京した文子は、在日朝鮮人アナーキストの朴烈と出会い、彼の思想と情熱的な活動にたちまち魅了された。文子は朴烈の生き方に自己を発見し、社会の最底辺におかれた人間の解放の道に自己の解放を重ね合わせた。

こうして二人は結婚後、アナーキスト団体の不逞社を興し、雑誌の刊行などの活動を行ったが、一九二三年九月、関東大震災がおこると警察に保護検束され、さらに一九二五年、皇太子の暗殺計画を捏造され死刑判決を受けた。しかし、翌二六年に証拠不十分で無期懲役に減刑されたものの、文子は服役中の栃木刑務所の独房で自殺し、二一年間の短い生涯を閉じた。

文子は、その不幸な少女時代の原体験から朝鮮民衆の苦悩を自分の問題として感じ取ることができ、また、朝鮮人の青年と思想的に結ばれ共に行動することができた、当時としてはまったく希有な日本人の一人であった〈金子文子のほかに、山梨からはキリスト教社会主義者の渡辺政太郎〈敷島町（現甲斐市）出身〉や大逆事件の原因となった爆弾を製造した宮下太吉〈甲府市出身〉などの無政府主義者が現れている〉。

3．関東大震災時、朝鮮人虐殺がなかった山梨県

一九二三年九月一日の関東大震災に際して、関東地方の各地で併せて約六七〇〇人の朝鮮人と約七〇〇人の中国人が虐殺されたこと、また、船橋市丸山地区などわずかな地域では朝鮮人が保護されたという事実が知られている。山梨県では、この震災で死者一七人、行方不明者一人、重軽傷者五〇人、家屋全壊五七一戸などの被害が出た。

このとき、山梨県では朝鮮人の暴動に関する三つの情報が入った。その一つが「南部町方面から朝鮮人労務者が甲府に向かっている」であった。当時、鰍沢署管内の増穂町（現南巨摩郡富士川町）青柳の派出所の巡査を務めていた北村義保さんは署長からの連絡に従い、南部町方面から青柳を通過する朝鮮人労務者一八

人に宿泊を世話し、翌日、甲西町を通って鉄道馬車に乗せて甲府まで送り届け、甲府署に保護させた（途中、甲西町（現南アルプス市）では一行の中の妊婦が産気づき出産したという）。署長の命令とはいえ、道中、猟銃や竹槍を持った自警団が取り巻く中、北村巡査の冷静で適切な護衛がなければ、朝鮮人の身の安全は保障されなかったであろう。そうした意味で、朝鮮人への差別・蔑視が頂点に達したこの時期に、山梨県で朝鮮人虐殺がおこらなかったという事実は北村巡査の行動に負うところが大きい。

私は、この事実を毎年「東アジア関係史」の授業（テーマは「近代東アジアと山梨」）の中でふれているが、これを一巡査の美談として済ませるのではなく、当時の日本人の朝鮮人観や山梨県内における在日朝鮮人の動向と関連づけて、その意味を理解させることがこれからの課題である。

4．現在も燦然と輝く「小日本主義」——石橋湛山——

山梨県に縁のある人物で武田信玄に次いで有名なのが石橋湛山であろう。湛山は一八八四年、日蓮宗の僧侶の子として東京に生まれたが、翌年、父が山梨県増穂町の住職に転じたため、母とともに甲府に移った。その後、甲府市や鏡中条村（現南アルプス市）で少年時代を送った湛山は山梨県立尋常中学校（現在の甲府一高）に進学した。

同校で湛山は、札幌農学校でクラーク博士から直接薫陶を受けた大島正健校長と邂逅し、大島校長を通じてアメリカ流の民主主義思想など「一生を支配する影響」を受けた。そして湛山は在学中にしばしば「校友会雑誌」に寄稿したが、そこには将来の湛山の活躍の予兆ともいえるスケールの大きな批判的精神が看取できる。こうして、湛山の思想形成の基盤は甲府時代に培われた。

その後、湛山は早稲田大学を経て東洋経済新報社に入り、言論人として健筆をふるったが、その真骨頂は「小日本主義」とよばれる平和主義的外交論である。すなわち、第一次世界大戦における日本の山東出兵への反対、日本の二一ヵ条要求への批判、シベリア出兵時のソヴィエト・ロシア政府の承認の訴え、三・一独立運動における民族自決の正当性の主張、ワシントン会議に際しての植民地放棄論の提唱など、湛山の主張には一貫した小日本主義・平和外交の思考が脈々と流れていた。

さて、石橋湛山を実際の授業の中で、どのように扱うかは授業者の視点によって異なるが、私は中学二年生の歴史の授業の、日本の第一次世界大戦参戦の場面で湛山の「青島は断じて領有すべからず」を資料プリントに載せて利用している。

授業中に生徒が通読するには長すぎるので、冒頭の「……アジア大陸に領土を拡張すべからず、満州もよろしく早きに……これを放棄すべし……さらに新たに支那山東省の一角に領土を獲得するごときは、害悪を重ね、危険に危険を加うるもの、断じて反対せざるをえざるところなり」と文末の「……我が国の青島割取は実に不抜の怨恨を支那人に結び、欧米列強には危険視され、決して東洋の平和を増進するゆえんにあらず……もしそれ我国がドイツに代って青島を領得せば、これさらに重大なる失敗を重ねるものなり。その結果は、あにただ我が国民にさらに限りなき軍備拡張の負担を強ゆるのみあらんや。青島の割取は断じて不可なり」の二ヵ所を精読し、その意味を説明している。

中学生でも、後者の文章から湛山がどのような理由で青島領有に反対していたかを明確に読み取ることができる。大部分の生徒は石橋湛山の名前に授業で初めて接するが、甲府一高の卒業生の湛山が日本の中国侵略に対して、このような平和主義的外交論を堂々と主張していたという事実に驚きと感動を示している。

5. 〝韓国の土になった日本人〟――浅川巧――

日韓友好の象徴的存在として注目されている人物が浅川巧である。巧は一八九一年に八ヶ岳山麓の山梨県北巨摩郡甲村（現北杜市高根町）に出生し、県立農林学校で学んだ後、秋田県の大館営林署に就職した。そして一九一四年、巧は日本の植民地支配下のソウルで小学校の教師を務める兄の伯教を頼って朝鮮半島に渡り、朝鮮総督府農商工部山林課の林業試験場の職員に採用された。

こうして、その後二〇年間にわたり巧は朝鮮の植林事業に携わり、朝鮮の各地を歩き回り、朝鮮の山々の緑化に努めるとともに、朝鮮の民衆の生活文化に深く接した。当時、一般の日本人が帝国意識に染まり、植民地朝鮮の人々を見下していた時代に、巧はいちはやく朝鮮の言葉を修得し朝鮮服を着用するなど、朝鮮の文化を心から理解し、溶け込んでいった。やがて巧は兄伯教の影響もあり、朝鮮白磁や工芸品に魅了され、その収集を進めていった。日本の民芸運動の創始者、柳宗悦が朝鮮の民芸に開眼したのも浅川兄弟との出会いがその契機になった。

一九三一年四月、巧が四〇歳の若さで亡くなると、朝鮮の人々は号泣し、大勢の人々が巧の棺を担ぎたいと申し出た。巧の遺骨は初め里門里の墓地に埋葬されたが、のちの一九六四年、韓国林業試験場の職員らによって、ソウル郊外の忘憂里の丘に移葬された。さらに一九八四年には「浅川巧記念碑」が建立され、「韓国が好きで韓国人を愛し、韓国の山と民芸に身を捧げた日本人、ここに韓国の土となる」と刻まれた。

浅川巧を歴史の闇から掘りおこし、その復権の決定的契機をつくったのが高崎宗司氏（津田塾大学教授）の『朝鮮の土となった日本人――浅川巧の生涯――』（草風館、一九八八年）の刊行である。以後、韓国では同書の韓国語訳が行われ、日本では巧の生地・高根町の多くの町民が浅川兄弟の存在を知り、「浅川伯教・巧兄弟を偲ぶ会」を立ち上げ、さらに二〇〇一年には同町が「浅川伯教・巧兄弟資料館」を建設した。

さて、ここで浅川巧に関する生徒の学習の一例を紹介したい。勤務校では長年にわたり中学二年次に「自由研究」に取り組んでいる。これは、一人ひとりの生徒が一年間をかけて自ら選んだテーマについて、教師のマンツーマン指導のもと、自ら調べ、その調査結果を大部なスクラップにまとめる学習で、いわば「総合的な学習」の先駆的な取り組みの一つである。

二〇〇二年度、私が指導担当教師を務めた椙村彩さんは、巧と同じ小学校（現高根西小）の卒業生で、「自由研究」のテーマに浅川巧を選んだ。身近な地域の歴史上の人物で、しかも日韓友好の証しともいえる理想的なテーマを選んだ椙村さんに私は、資料館を含む高根町に存在する巧に関するすべての史跡・資料に直接あたり調べること、次に一定の知識と関心を得たうえで、高崎宗司氏にインタビューすることを指示した。

椙村さんは私の指示にきちんと応えて夏休み前までに上記二点をていねいにこなして、夏休み中には巧の日記などにあたって巧の生涯を多角的に調べ、また、巧の軌跡を近代日朝関係史の中に詳細に位置づけていった。さらに夏休みの後半に、高崎宗司氏を講師とする「柳宗悦、浅川伯教・巧の足跡を訪ねる旅」に参加してソウルに飛んだ椙村さんは、自分の眼と足で巧の墓地、林業研究院、巧の住宅跡などを見学し、感銘を受けるとともに、巧に関する認識を深めた。

こうして浅川巧について知りたいという熱い思いからスタートし、全力で調べ、その成果をまとめ上げた椙村さんの自由研究はスクラップ九〇頁にも及ぶ充実した内容に結実した。そして、椙村さんの「自由研究」は高崎宗司氏のご尽力で、『日韓交流のさきがけ――浅川巧』（揺籃社、二〇〇四年）として刊行された。

同書の中で、高崎氏は「中学生が書いた分かりやすい本というだけではない。韓国の陶芸家をはじめ多くの人から浅川巧観を聞き出し、新しい写真資料をたくさん紹介している」と推薦の言葉を書いている。

ところで、中高一貫の勤務校では二〇〇三年度から中学三年生の平和学習の一環として松代大本営（長野市）、無言館（上田市）、浅川伯教・巧兄弟資料館の三ヵ所を回る「平和旅行」を実施することになっている。また、高校の修学旅行（高一の三月に沖縄・長崎と韓国の二コースで実施）での長年の韓国訪問と梨花女子高校との交流が実を結び、二〇〇三年に同校との姉妹校締結が実現した（実は浅川伯教の妻たか代が山梨英和の卒業生であり、かつて梨花女子高校の英語の講師をしていたという両校の古い絆もある）、本校では、浅川巧に関する学習は生徒にも教師にも今後ますます重要なテーマになりつつある。

6. 中国から日本に反戦を訴えた平和の良心――長谷川テル――

日中戦争期、中国から日本に反戦を訴え続けた日本人に長谷川テルがいる。テルは一九一二年、山梨県大月市猿橋に生まれ、奈良女子高等師範学校（現奈良女子大学）在学中にエスペラント語を学んだ。エスペランティストには平和主義者が多く、平和主義に目覚めたテルは奈良地方の労農団体や文化団体と交流したため検挙・退学させられた。やがて帰京後、中国人留学生の劉仁と出会い結婚したテルは一九三七年、上海に渡った。

テルは日本の敗戦までの七年間を重慶で過ごし、その間、中国国民党国際宣伝部国際宣伝処対日科に属して「誤って血を流してはならない。あなたの敵は海を越えたこちら側にはいない」とありったけの声でマイクを通じて日本に訴えた。これを聴いた日本軍関係者はテルを裏切り者と脅したが、テルは堂々と反論し、決して屈しなかった。

テルは、日本の敗戦と第二次世界大戦の終結を見届けることはできたが、国共内戦の続く一九四七年一月、再び日本の土を踏むこともなく三四歳で生涯を終えた。テルの没後、テルの遺児劉星・劉暁蘭兄弟が一九七九年に母の生地の猿橋と甲府を訪れ、また、テルの終焉の地チャムス市が一九八四年に山梨県韮崎市と姉妹都市になった。

私は例年、高校の世界史の授業で、第二次世界大戦での日本の敗戦と関わって様々な抗日・反戦の運動を取り上げている。その理由は、日本の敗戦の直接原因がソ連参戦とそれに先行した原爆投下などのアメリカの物量作戦への敗北だとしても、それに先立って日本は中国や東南アジア各地での長年の抵抗に敗北していたという認識（家永三郎『太平洋戦争（第二版）』岩波書店、一一七頁）を重視したいからである。

そこで、その年の授業の時間的余裕の有無にもよるが、東アジアでは中国人民の抗日闘争、東南アジアではベトナムのベトミン、フィリピンのフクバラハップ、日本国民の運動としては反戦詩人の槙村浩、良心的兵役拒否を行った灯台社、鹿地亘の在華日本人民反戦同盟、長谷川テルなどを扱っている。とくにテルを取り上げる理由は、テルが山梨県の出身であることと、勤務校が女子校のため、同じ女性として生徒たちがテルの活動をどのように評価するかを知りたいからである。

授業後に書かせた感想では「戦争中、日本では反戦を唱えると『非国民』として軽蔑された。しかし積極的に反戦を唱えた人がいることを私は知らなかった。長谷川テルはその一人だった。彼女は……他人に『売国奴』とののしられても『罪のない人たちを地獄に陥れる日本人に属している方が恥だ』と言ったという。日本人にもこういう考えの人は他にもいたと思う。でも彼女のように、皆の前では言えなかったであろう。私は女性として彼女の行動を尊敬できるし、彼女のしたことは日本人にとって救いであるし、大変意義深いものであると思った」とか「長谷川テルさんは中国人と結婚し中国に渡り、反戦運動をした。私はここまでできる人を尊敬してしまう。おそらく不安だらけだっただろう……私は反戦運動をおこした人が長谷川テルさん、女性だからこそとても心を打たれたのだ。私にとって尊敬できる女性である」というような感想が多数出てくる。

これらの感想は、困難な時代状況の中で、長谷川テルという一人の女性が夫の祖国であり日本の侵略国である中国に渡り、不屈の信念をもって反戦運動に身を投じ、それに力を尽くしたという事実に対する深い共感の表出であり、自分が同じ状況に置かれたならばどこまで何ができるだろうかと自問しながらテルへの思いを表現したものである。こうして、長谷川テルは、浅川巧や石橋湛山とはまた違った意味で、生徒たちの心にしっかりと受け止められている。

おわりに

近代の山梨の歴史を概観すると、二つの特徴が浮かび上がる。その一つは田安領一揆、大小切騒動、雨宮製糸スト、甲府の米騒動（若尾邸焼き討ち事件）、数々の小作争議や農民運動などの反権力の闘いの歴史であり、もう一つが浅川巧、金子文子、石橋湛山、長谷川テルなどに象徴されるアジアとの友好・連帯に尽くした人々の歴史である。山梨という共通の土壌で生み出されたこれらの二つの特徴は甲州人・山梨県人の心性の基底部分ではつながりあうものであろう。

近代山梨の歴史を貫流する上記の二つの特徴のうち、前者が日本史学習の素材になり得るのに対して、世界史学習ではぜひ後者の題材を扱いたい。それは、山梨と東アジアをつなげて理解することを通じて、世界史と日本史の統一的把握や身近な地域に世界史との出会いを探る歴史学習に役立つからである。また、それだけでなく、帝国主義と日本のアジア侵略という困難な時代の中で、アジアとの共同・友好を追求した人々の歴史を学ぶことは、平和・共生・交流などの現代の課題に迫るための有効なテーマになり得るからである。

【参考文献】

1．日本史上最初のストライキ――雨宮製糸工女の闘い――
米田佐代子「明治一九年の甲府製糸女工争議について」『歴史評論』第一〇五号、一九五九年、所収。

米田佐代子『近代日本女性史（上）』新日本出版社（新書）、一九七二年。
2．朝鮮民衆への共感からアナーキストへ――金子文子――
山田昭次『金子文子―自己・天皇制国家・朝鮮人―』影書房、一九九四年。

瀬戸内晴美『余白の春』中央公論社（文庫）、一九七五年。
3．関東大震災時、朝鮮人虐殺がなかった山梨県
坂本徳一『甲府の歴史』東洋書院、一九八二年。
4．現在も燦然と輝く「小日本主義」――石橋湛山――
松尾尊兊『石橋湛山評論集』岩波文庫、一九八五年。

浅川保『若き日の石橋湛山』近代文藝社、一九九三年。

増田弘『石橋湛山』中央公論社（新書）、一九九五年。
5．〝韓国の土になった日本人〟――浅川巧――
高崎宗司『朝鮮の土となった日本人――浅川巧の生涯――（増補新版）』草風館、一九九八年。

高崎宗司『浅川巧全集』草風館、一九九六年。

江宮隆之『白磁の人』河出書房新社（文庫）、一九九四年。
6．中国から日本に反戦を訴えた平和の良心――長谷川テル――
高杉一郎『中国の緑の星―長谷川テル・反戦の生涯―』朝日新聞社、一九八〇年。

宮本正男編『（日本平和論大系第一七巻）長谷川テル作品集』日本図書センター、一九九四年。
7．全体を通して
米山宏史「『東アジア関係史』の授業づくりについて」歴史教育者協議会編『歴史地理教育』第六三九号、二〇〇二年、所収。

磯貝正義編『図説山梨県の歴史』河出書房新社、一九九〇年。

萩原三雄編『図説甲府の歴史』郷土出版社、二〇〇〇年。

山梨戦争遺跡ネットワーク編『山梨の戦争遺跡』山梨日日新聞社、二〇〇〇年。

松本武彦「アジアから見た山梨の近代」『甲斐ヶ峯』第五九号、二〇〇二年、所収。


初出（『一橋情報 地歴公民科２００３ 特集：時代を見る目』一橋出版、二〇〇三年五月）

第15章　不二農村と朝鮮植民地支配

1．授業のねらい

日本の朝鮮植民地支配を扱った授業では、武断統治下での同化政策、皇民化政策と強制連行・労働などの政治政策や三・一独立運動、光州学生抗日運動などの政治事件にふれることが多い反面、朝鮮半島に渡った日本人移民や総督府の農業政策など植民地支配の社会や経済の側面を取り上げる場面は必ずしも多くはない。そこで、日本の朝鮮植民地支配の実態をより多面的に理解するために、政治史・事件史中心の授業ではなく、朝鮮半島に渡った日本人農業移民に着目し、農業という観点から植民地支配を考える授業を組み立ててみたい。

2．授業の展開

(1)　東洋拓殖の農業移民と朝鮮農民運動

授業では、一九一〇年の韓国併合、武断統治下での土地調査事業、三・一独立運動などを学んだうえで、以下の一～二のテーマを取り上げる。まず次の資料を読んでみる。

【資料Ⅰ】……東洋拓殖が入手した土地のうち、三五町歩が日本人の所有になっていた。……小作農家五九戸のうち四九戸が日本人地主の支配下に入っていた。小作人の一人、金喜栄は七人の家族を抱え、不作と負債に喘いでいたが、彼が借金を返さないことに腹を立てた山本文作なる農民は、金の家の家財道具一切を差し押さえた。同じ町に住む野口尚三も金の家にあった藁に「肥料の代金である」と差し押さえ証を貼り、坂口兵太は金の畑に「収穫権は我にあり」との木札を立て、堀内三作は家屋自体を差し押さえ、金はついに流浪の身になった。（轟博志「朝鮮における日本人農業移民」三二頁、一部修正）

T「この資料は一九二〇年代の植民地朝鮮で日本人地主が朝鮮の小作農民をどのように扱っていたかを示したものです。文中の東洋拓殖とは、日本人移民を送り出す目的で設立された国策会社で、日本の国有地となった朝鮮の土地を安価で払い下げられ、一九一〇年以来毎年、移民の募集を行い、二六年まで多くの農業移民を朝鮮半島に送りました。

土地調査事業の結果、朝鮮総督府と少数の日本人が大地主になり、朝鮮の多くの農民は土地を奪われ小作人に転落し（一九一八年末には朝鮮の全農民に占める小作人の率は三七・八％）、日本人地主から、このような扱いを受けていました。文中から金喜栄さんが日本人地主から受けた行為を答えて下さい。」

S「すべての家財道具の差し押さえ、藁を肥料の代金として差し押さえ、畑の収穫の権利の喪失、家屋自体の差し押さえ、などです。」

T「文中から当時の小作人の金さんがどんな負担を負っていたか、分かりますか？」

S「七人の家族を抱え、不作と負債に苦しみ、肥料の代金、地主への小作料などを払っていました。」

T「東洋拓殖は多くの日本人農業移民を送り出し、日本人移民らが地主となって朝鮮の開墾地に入植し、朝鮮の小作人を支配しました。では、朝鮮の小作人はどのように対応したと思いますか？　次の資料を読んでみましょう。」

【資料Ⅱ】……朝鮮総督府が一九二〇年代に産米増殖計画を実施すると、農民の生活は非常に苦しくなった。借金返済や小作料をはじめとして税金、肥料代金、水利組合費などを負担させられた農民は、極度に苦しい生活を送ることになった。……農民はこのような状況に対して小作争議で対応した。農民は地主小作権の移転反対、高率小作料の引き下げ、地税ならびに公課金の地主負担、強制賦役の禁止、横暴な小作地管理人の処罰などを要求した。全羅南道岩泰島と黄海道戴寧の東洋拓殖……の農場でおきた小作争議は規模が大きかった。このような小作争議は農民の生存権の闘争であって、さらには日本の収奪行為に強く抵抗する抗日民族運動の性格を帯びていた。（『日韓歴史共通教材　日韓交流の歴史』二三八―二三九頁）

T「まず産米増殖計画ですが、これは植民地朝鮮で米を増産させ、日本に輸出する政策です。この頃、日本で米が不足するような事態がありましたか？」

S「米騒動ですか？」

T「そうです。米騒動以後、食糧確保が政府の重要課題となり、植民地朝鮮を食糧供給地として確保しようと考えたのです。」

T「次に、朝鮮の小作農民はどのように対抗し、何を要求しましたか？」

S「小作争議をおこしました。そして小作権の移転の反対、小作料の引き下げ、地税・公課金の地主負担、強制賦役の禁止、横暴な小作管理人の処罰などを要求しました。」

T「ということは、これだけの負担が小作人にかけられていたことが分かりますね。では、このような農業移民政策がうまく続いたと思いますか？」

S「小作人の激しい抵抗にあって移民政策を続けるのは大変だったと思います。」

T「その通り。そこで、次のような移民政策に変わっていきました。」

3．藤井貫太郎と不二農村の創設

T「朝鮮総督府は、東洋拓殖の移民政策が小作人の反発を多発させ、継続が困難なことに鑑み、やがて未開拓地を干拓・開墾し、さらに水利事業によって水を引き、新しい農村を創設して日本人農業移民を入植させる方法へと政策を転換していきました。その際、注目されたのが徳島県出身の実業家・藤井貫太郎のプランであり、彼が一九一九年に着手して建設したのが不二農村です。さて、ここで次の図Ⅰを見て下さい。不二農村の概観を示した図です。この図から分かることを答えて下さい。」

S「各県名のついた集落、計画的な道路、事務所、学校などがあります。」

T「そうですね。不二農村がとても計画的に建てられた農村であることが分かりますね。不二農村は全羅

図Ⅰ　日本人移住村「不二農村」の概観

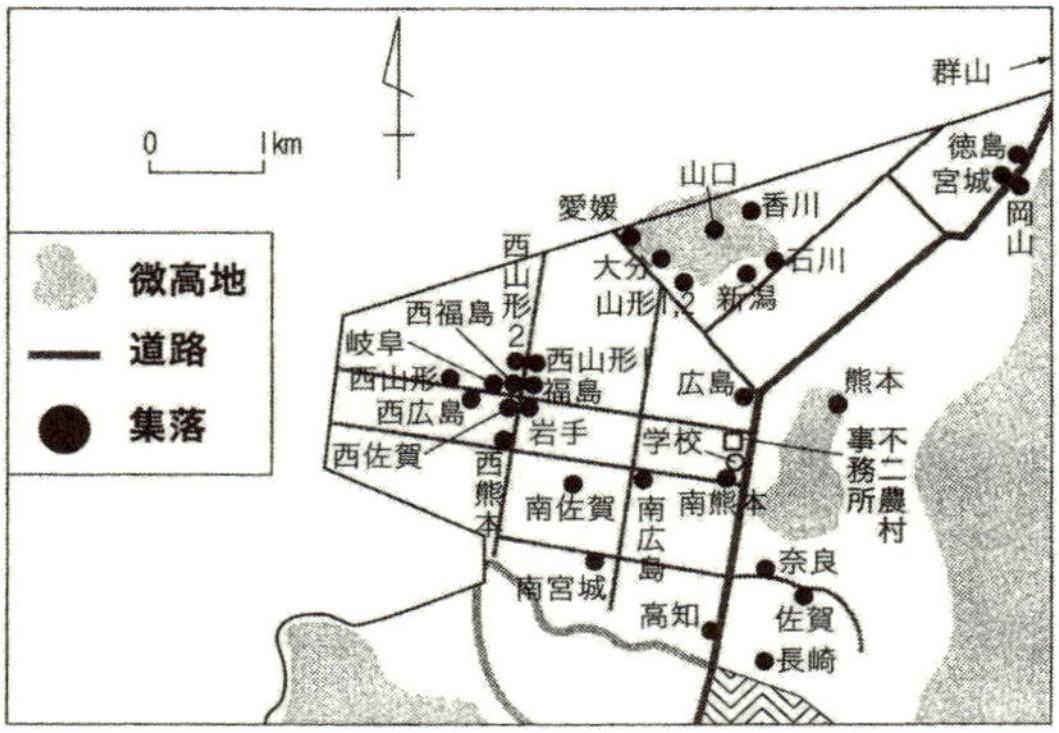

出典：轟博志「朝鮮における日本人農業移民」『立命館言語文化研究』17 巻 1 号、2005 年より作成

表Ⅰ　不二農村の各期別・村別移民戸数

第１期他			第２期他			第３期他		
村名	出身県	戸数	村名	出身県	戸数	村名	出身県	戸数
徳島村	徳島県	10	愛媛村	愛媛県	10	南佐賀村	佐賀県	10
宮城村	宮城県	10	南熊本村	熊本県	10	南宮城村	宮城県	10
岡山村	岡山県	10	南広島村	広島県	10	西福島村	福島県	10
山口村	山口県	10	奈良村	奈良県	10	西佐賀村	佐賀県	10
香川村	香川県	10	佐賀村	佐賀県	10	岐阜村	岐阜県	15
石川村	石川県	10	長崎村	長崎県	10	西熊本村	熊本県	10
新潟村	新潟県	10	高知村	高知県	10	西岡山村	岡山県	11
山形村	山形県	20	岩手村	岩手県	10	西広島村	広島県	11
大分村	大分県	10	福島村	福島県	10	西高知村	高知県	2
広島村	広島県	10	西山形村	山形県	20			
熊本村	熊本県	10						
小計		120	小計		110	小計		89

出典：李圭洙「植民地朝鮮における集団農業移民の展開過程」『朝鮮史研究会論文集』33 号、1995 年より引用

北道の群山（市）の南方、黄海沿岸に面した干潟二二〇〇町歩を干拓して作った一大稲作地帯の移住村で、各県庁を窓口にして日本全国から自作農を募りました。ここで質問。どんな応募条件があったと思いますか？」

S「健康な人、若い人、夫婦連れ、農業をする意志のある人。」

T「かなり当たっていますね。『不二農村移住規定要綱』には、二〇歳以上の男子で配偶者を持ち、身体が強壮で労働に耐え、意志が堅実で勤勉、米作農業に十分な経験があり、将来朝鮮農民の模範になる者、家族全員が移住地に永住できる者、営農資金五〇〇円以上を持つ者と書かれています。皆さんなら、条件が合えば、応募しますか？」

T「今度は、次の表Iを見て下さい。この表は不二農村の集落数を現しています。この表から読み取れることをあげて下さい。」

S「各出身の県ごとに村をつくっています。三期に分けて移民が行われています。二回移民を送った県もあります。各村の戸数は十〜十五戸で、山形県の移民は二回とも最大の二〇戸の村をつくっています。」

T「そうですね。不二農村では、言葉や習慣、農業方法などの違いに配慮して出身県別に村（集落）をつくっています。また、移民は一九二四年、二八年、三二年と三期に分けて行われました。第一期に三〇〇戸の移民を予定していましたが、一二〇戸の応募しかなかったので、応募条件のうち、営農資金五〇〇円を削除し、補助金を支給しました。

村の中央には不二農村を管理する企業の不二興業の事務所と学校（小学校・高等小学校・農業学校）、集会所、小売店がおかれました。計画的に作られた道路では、群山市街と不二農村を結ぶバスが一日四往復走っていました。」

S「農業移民はどの位の広さの土地を与えられたのですか？」

T「重要な質問ですね。一人につき三町歩です。現在の単位に直せば、一町歩は九九一七㎡ですから、約二万九七五一㎡ということになります。」

T「なお、不二興業はこの地域を干拓した際、中央に貯水池を作り、その北側に不二農村を、南側に不二沃溝農場を作りました。不二沃溝農場では会社が雇った農事係員の監督のもとに朝鮮の小作人が農業を営んで暮らしていました。このように、不二興業は日本人農業移民と朝鮮の小作農民を使い分けて農場経営を行い、植民地支配の一翼を担っていました。今日は移民と農業の面から朝鮮植民地支配について、学習しました。」

資料と教材研究

政治史・事件史に比べて、移民や農業経営について利用可能な資料は少なく、不二農村に関しては専門的な文献が僅かにあるだけである。しかし、後掲のこれらの文献から不二農村の位置づけ、目的、しくみ、戸数、耕地面積などの具体的なデータを得ることができる。土地調査事業、産米増殖計画などと関連づけて不二農村を扱うことによって、朝鮮植民地支配の実態を農業の側面からリアルに捉えることができる。

【参考文献】

李 圭洙「植民地朝鮮における集団農業移民の展開過程」『朝鮮史研究会論文集』三三号、一九九五年、所収
轟 博志「朝鮮における日本人農業移民」『立命館言語文化研究』一七巻一号、二〇〇五年、所収
歴史教育研究会編『日韓歴史共通教材 日韓交流の歴史』明石書店、二〇〇七年

初出（歴史教育者協議会編『歴史地理教育』第七七七号、二〇一一年七月）

第16章 「世界史Ｂ」教科書にみられる戦後東アジア現代史

1. はじめに

二〇一二年は、沖縄復帰四〇年、日中国交正常化四〇年など戦後東アジア現代史の節目の年にあたる。そこで、現在の東アジア情勢に眼を向けると、歴史問題、領土問題、安全保障問題などが山積し、日中両国では相手国に対する反感・嫌悪感情がそれぞれ八〇％を超えていると指摘されている。こうした現実を見据え、より豊かな東アジア認識を育むためには、歴史教科書の東アジア史記述の充実が重要である。このような問題意識から、以下、採択率が上位三位までの「世界史Ｂ」教科書（現行版）を取り上げ、戦後東アジア現代史に関する共通項目の記述内容を比較分析し、教科書記述にみられる戦後東アジア史像を検証してみたい。

なお、分析の対象とする教科書は、採択率第一位の山川出版社「詳説世界史Ｂ（改訂版）」、第二位の東京書籍「世界史Ｂ」、第三位の帝国書院「新詳世界史Ｂ」である。

2.「世界史B」教科書に描かれた戦後東アジア現代史

(1) 中華人民共和国の建国

三社とも、国共内戦の経過を説明し、中国共産党の勝利による中華人民共和国の成立を描いている。そのうち「山川」は「……国民党幹部の腐敗、激しいインフレーションによる経済混乱で民衆の批判を浴び……共産党はこの間、農村で土地改革を実行して農民の支持を得……」と記述し、国共内戦で共産党が勝利した背景を分かりやすく記しているが、土地改革の内容に関する説明がない。「東書」は「……土地改革をすすめ、地主の土地を没収して農民に分配し、農民や労働者の支持を得て優勢になった」と表現し、土地改革と農民の共産党支持の関係を明記し、さらに新中国のチベット進駐とチベット住民の反発にまでふれている。「帝国」は「一九四五年、国民政府はソ連と条約を結び……安定した関係をつくりあげようとし、国際連合など戦後の国際秩序に積極的に参加する姿勢を示した。……蒋介石の国民政府は……中華民国憲法を公布し憲政の道を歩み出した。ところが、国民党政権の腐敗を訴える共産党の宣伝もあり、国民党は徐々に国民の期待を失い……共産党はたくみに農村社会を掌握して支持を集め……」と記述し、国民政府を肯定的に、共産党をやや否定的に捉えている印象を与えるが、他方では、台湾の住民に対する国民党政権の圧制と住民の抗議行動（二・二八事件）にまで目配りをしている。

(2) 朝鮮戦争

「山川」は南北朝鮮の分断国家の成立と朝鮮戦争を別々に記述しているため、両者の因果関係が分かりにくい。また、ソ連が国連安保理事会をボイコットした理由、警察予備隊設立の目的に関する説明がない。「山川」は総じて日本の再軍備化が東アジア情勢を受けてのアメリカの巻き返し政策であるという関連づけが弱い。さらに、「日米安全保障条約が結ばれ、アメリカは事実上、日本の防衛を引きうけ……」と記述し、安保条約が当初からアメリカによる日本防衛義務を定めていたという印象を与える説明になっている。「東書」は冷戦の開始と南北朝鮮の分断国家の成立、朝鮮戦争の因果関係を明記しているが、「一九五〇年六月、両国間で朝鮮戦争がはじまり、北朝鮮軍は半島の南端まで進軍した」と記述し、戦争発生の主体と目的が不明確で、自然発生的な印象を与える。しかし、他方で、ソ連が国連安保理事会をボイコットした理由、東アジア情勢の変化を受けてアメリカが対日政策を転換し、日本を反共産主義陣営に組み込むために警察予備隊を発足させたことなどを詳述し、日ソ国交回復、日本の国連加盟にまでふれている。「帝国」は米ソ冷戦と朝鮮半島の南北分断、朝鮮戦争の関係、朝鮮戦争発生の主体とその目的も明記している。さらに、台湾との日華平和条約、サンフランシスコ平和条約発効後の沖縄に対する米軍の支配についても注記している。

(3) 核兵器の開発と原水爆禁止運動

「山川」はアメリカの世界各地における軍事同盟網の創設、水爆保有によって加速した米ソ間の核兵器開発競争を軸に記述しているが、それはあくまで国際政治の文脈の中での説明であり、ビキニ水爆実験や第五福竜丸被爆事件、原水爆禁止世界大会などの記述がなく、民衆による反核運動への言及がみられない。「東書」はアインシュタインの相対性理論からアメリカの原爆投下、水爆の開発、大陸間弾道弾の開発、ビキニ水爆実験、第五福竜丸事件、原水爆禁止世界大会、パグウォッシュ会議までを時系列的に記述し、核兵器の開発と核兵器反対運動の開始を的確に説明している。「帝国」も世界各地におけるアメリカの軍事同盟網の形成から第一回原水爆禁止世界大会までを記述し、ビキニ水爆事件、第五福竜丸事件を註記している。

(4) 高度経済成長

「山川」は「アメリカの繁栄と西欧・日本の復興」というタイトルで、朝鮮特需から日本の高度経済成長、日韓基本条約までを記述し、日本の経済成長をアメリカの繁栄、西欧諸国の復興と並べて評価し、「先進国の平均経済成長率」という表を掲載し、一九五〇～七三年の日本の成長率を九・三%と表示している。ここでは日本の経済成長をアジアとの関係ではなく、専らアメリカ、西欧との対比で説明している。

また、「一九六〇年には日米相互協力および安全保障条約が改定され、日米間の結びつきが強化されたが、国内では改定をめぐって激しい対立がおこった」と記述しているが、日米間の結びつきの強化の具体的内容、安保改定時の対立の争点、対立した勢力などが不明で、安保改定反対闘争の言及もない。さらに日韓基本条約の内容説明もないため、その後の日韓関係の問題点も分からない。

「東書」は「アジアでの経済成長」で日米新安保条約、沖縄の日本復帰、韓国・東南アジア諸国との国交・賠償・経済援助、韓国の朴正熙政権、日韓基本条約、インドネシアとフィリピンの独裁、ＡＳＥＡＮの発足までを説明し、日本の経済成長を欧米との関係だけでなく、日本企業の韓国・東南アジア進出などアジア諸国と関連づけて把握している。さらに、註で開発独裁を取り上げ、開発と独裁の関係を明記している。

「帝国」は「西欧と日本の高度経済成長」のタイトルで、西欧諸国の経済統合の歴史、西ドイツ・フランスの経済発展と並べて日本の高度経済成長を記述している。さらに、日米安保の改定が日米の結びつきを強め、日本のアメリカ向け工業製品の輸出を伸ばし、高度経済成長を促したとしているが、安保改定反対運動への言及はない。また、西欧と日本の経済成長期の一九六〇年代後半以降、米ソ二極化時代から多極化時代に入るとして、経済成長を戦後世界史に位置づけている。

(5) ベトナム戦争

「山川」は「ベトナム戦争とインドシナ半島」というタイトルで、一九五五年の南ベトナムのゴ・ディン・ジェム政権の樹立からベトナム戦争、南北ベトナム統一、民主カンボジアとラオス人民共和国の成立までを記述している。「合衆国の軍事介入は合衆国内の世論を二分させ、国際的にも多くの批判をうけた」と記述しているが、国内世論の二分の様相、国際的批判の具体的内容の説明がない。よって、ベトナム戦争がアメリカの社会と経済に与えた影響を読み取れず、ベトナム反戦運動についての言及も全くない。さらに、ベトナム戦争とカンボジア、ラオスの内戦との関係についても説明がなく、両者の相互関係が分からない。

「東書」はベトナム戦争の展開をアメリカの国内動向と関連づけて記述しているため、ベトナム戦争がアメリカ社会に与えた様々な影響がよく理解できる。また、「最大時五〇万の大軍を投入」「第二次世界大戦後最大の戦争」「数百万の人命が失われた」「反戦運動が全世界に広まり」「合衆国でも多くの若者が反戦運動に参加し、徴兵拒否の動きも広がった」など戦争の実相がよく分かる生き生きとした記述を行っている。

「帝国」も戦争の経過を詳述しているが、アメリカの「名誉ある撤退」の必要性から、アメリカがベトナムの支援国との関係改善をはかり、ソ連との関係改善、ニクソンの訪中による米中関係の改善、中華人民共和国の国連代表権の承認など、ベトナム戦争終結とアメリカの外交の変化を関連づけて説明している。

(6)　アジアの経済成長

「山川」は「第三世界の分化」というタイトルで、南南問題、ＮＩＥｓの台頭、ＡＳＥＡＮの経済成長などを取り上げ、「……冷戦体制という枠が消えて民主化がうながされたが、他方では、外交的・政治的に自由行動の余地がひろがり、武力紛争や内戦もふえている」と記述しているが、冷戦終結後の民主化と武力紛争・内戦との相互関係の説明がないため、両者の関連性を理解できない。

「東書」は一九七〇年代の石油危機と世界不況を日本が技術革新と経営の合理化で切り抜けたこと、日米貿易摩擦の内容、韓国の経済成長に伴う民主化運動の発生、ＡＳＥＡＮの経済発展の理由（ベトナム戦争特需、日本の資本投下）などを具体的に分かりやすく説明している。

「帝国」も日本の東・東南アジア諸国への投資と東・東南アジア諸国の経済成長の因果関係を明記し、東・東南アジア諸国の経済成長と民主化運動の発生、国際社会における地位向上との連動性を説明している。

(7)　二一世紀の東アジア情勢

「山川」は「第三世界における強権支配の後退」というタイトルで一九八〇年代以降の東・東南アジア情勢を記述しているが、韓国の盧武鉉の大統領選挙当選（二〇〇二年）、台湾の陳水扁の総統選挙当選（二〇〇〇年）以外に二一世紀の東・東南アジア情勢の説明がない。「東書」は「アジアの民主化と経済開放」というタイトルで、韓国と北朝鮮の南北首脳会談（二〇〇〇年）、日朝首脳会談（二〇〇二年）、イラク戦争（二〇〇三年）、核管理のための六ヵ国協議（二〇〇三年〜）、韓国の李明博大統領就任（二〇〇八年）、中国のＧＤＰが世界第二位に躍進（二〇一〇年）など二〇一〇年までの東・東南アジアの動向を詳論している。

その中で、冷戦期にアジア諸国では経済発展をめざして開発独裁が展開したが、冷戦終結後の政治・経済のグローバル化に伴い各国で独裁政権が崩壊したこと、二一世紀に入りアジア諸国の民主化と経済開放にブレーキがかかったことなどを巨視的に把握している。「帝国」は小単元「民主化の進展と停滞」でアジア情勢を扱っているが、韓国の盧武鉉政権（二〇〇三〜〇八年）、台湾の陳水扁政権（二〇〇〇〜〇八年）、北朝鮮の金正日政権以外に二一世紀の東アジアに関する記述はない。

3. おわりに

以上の分析から、五つの全般的な特徴を指摘できる。その第一は冷戦の展開と崩壊、ポスト冷戦という国際政治の大きなプロセスと絡めて東アジア諸国の戦後史を記述していること、第二は戦後東アジア史の前半は中華人民共和国の建国、朝鮮半島の南北分断と朝鮮戦争、ベトナム戦争などの規模の大きな政治史・事件史が中心で、後半は社会主義諸国の変容、冷戦体制の崩壊と各国の民主化、中国・東南アジア諸国の経済成長に記述の比重がおかれていること、第三は国家、政府、地域経済圏が主体で、ベトナム反戦運動、各国の民主化要求以外に市民・民衆の視点が希薄なこと、第四は二一世紀の動向の記述が少ないこと、第五は東アジアの各国史および国家間の関係史が中心であり、日本（史）との関連付けが弱いことである。

「山川」は説明に曖昧さが多く、生徒にとっては具体的なイメージが沸きにくいこと、各国の自立的な歴史展開よりも大国本意の国際政治を重視し、日本の動向をアジアとの関連よりも西側陣営との関係で把握していること、民衆の視点が欠落していることなどに特徴がみられた。

「東書」は多くの歴史的事実を時系列的に丁寧に詳しく説明し、国際関係への細かい目配りや事実の多面的な記述が多いこと、台湾や東南アジア諸国の動向にも着目し、二〇一〇年までの歴史展開を正確に記述している点などに工夫がうかがわれた。

「帝国」は各タイトルの下に二行の要点整理を提示し生徒の理解に配慮していること、台湾やチベットなど「周辺地域」を重視していること、各事件の細かな関係性、相互影響関係などを記述している点に独自性がみられた。歴史研究の新しい成果と、現在の東アジア情勢を視野に入れ、教科書記述の改善が望まれる。

初出（歴史教育者協議会編『歴史教育・社会科教育年報２０１２年版』三省堂、二〇一二年一二月）

第17章　東アジアとナショナリズム
――高校「世界史」教育からの提言――

はじめに

二〇一〇年代半ばの現在、ヨーロッパではＥＵの統合の拡大、東南アジアではＡＳＥＡＮの発展など世界各地で地域統合が進展し、域内の平和の構築と経済の活性化に様々な成果をあげている。他方、東アジアに眼を向けると、歴史認識問題、靖国問題、領土問題、安全保障問題などが山積し、国家間の対立状況が深刻化している。東アジアの政治不安を解消し、平和で友好的な地域関係を樹立するためには過去の事実を直視した歴史教育が不可欠であり、その際、過去の歴史の解釈と現在の国家間の対立・相克の背景にある各国のナショナリズムへの目配りが重要であろう。以下、高等学校の「世界史」教育における東アジアのナショナリズムに着目し、その授業実践例を紹介しながら、これからの課題について考えてみたい。

1．高等学校「世界史（Ｂ）」教科書における東アジアのナショナリズム

ここでは、「世界史Ａ」（二単位用）、「世界史Ｂ」（四単位用）のすべての教科書における東アジアのナショナリズムの記述を分析する余裕がないので、全体的に記述が詳しく、また、記述量が多い東京書籍と実教出版の「世界史Ｂ」の記述を例に紹介したい。

最初に、ナショナリズムの定義については、両者共に、ナショナリズムは「国民」「民族」を意味するネイションを政治の核にすえる考え方や運動で、均質な「国民」が一つの「国家」をつくる「国民国家」形成の運動を「国民主義」、二〇世紀のアジア、アフリカなどの民族自決を求める植民地独立運動を「民族主義」、一九世紀末の排外主義的傾向を「国家主義」と訳すというニュアンスで記述している。

次に、ナショナリズムが実際の歴史現象として初出するのは、一九世紀初めのヨーロッパであり、フランス革命の影響とナポレオンの大陸支配に対する反発から発生したと記述している。その後、ナショナリズムは自由主義（リベラリズム）とともに、一九世紀前半のヨーロッパで保守・反動的なウィーン体制に対抗する政治原理・運動として位置づけられ、一八四八年革命の歴史的意義などで扱われている。

教科書をさらに紐解いてみると、ナショナリズムの語句が登場する場面は意外と少なく、一九世紀のヨーロッパ以外には、韓国併合の過程における義兵闘争、愛国啓蒙運動としてのナショナリズム（実教）が記述されている程度である。また、「民族主義」「愛国主義」などの用語もほとんど使用されておらず、戦後のアジア・アフリカ諸国の独立運動の背景として「民族主義運動」が用いられている（東書）ほどである。このように、教科書を通観してみると、ナショナリズムは主に一九世紀ヨーロッパ史の枠組みの中で使用され、ナショナリズムの性質を帯びたその後の政治事件・運動については、ナショナリズムの用語を使わず、その事実内容のみを説明しているといえよう。

こうして、教科書は直接ナショナリズムの語句を使用していないが、近現代の東アジア史でナショナリズムが顕在化した場面としては、大別して、①帝国主義の「世界分割」期、②二度の世界大戦と戦間期、③戦後の国民国家形成と冷戦期、④ポスト冷戦から二〇一〇年代の現在という四つの段階をあげることができる。これらに関する教科書記述の事例は以下の通りである。

帝国主義の「世界分割」期では、義和団事件を鉄道や電信の破壊、教会の焼き討ちを行った排外運動と記述し（東書）、韓国の併合過程では義兵闘争や愛国啓蒙運動の展開を通じてナショナリズムが高まり、安重根による伊藤博文射殺事件が発生したという流れで説明している（実教）。二度の世界大戦期と戦間期に関しては、五・四運動を全国的な反帝国主義・反封建主義・打倒軍閥の民衆運動（東書）、日中戦争では八路軍の抗日戦の激化、住民を巻き込んだゲリラの抵抗が民衆の抗日戦への結集を招いたと記述している（実教）。

戦後の国民国家形成と冷戦期については、建国後の中華人民共和国が内モンゴル、東トルキスタン、チベットを自治区に編入したことに言及し（実教）、中国と周辺諸民族との関係、とくに中国が周辺諸民族のナショナリズムを抑圧する体制を築いたことが分かるように工夫がなされている。また、民族主義運動を背景にアジア・アフリカ諸国の独立運動が活発化し、アジア・アフリカ会議、非同盟諸国首脳会議など第三勢力の形成につながる動きが展開したことを記している（東書）。

ポスト冷戦時代に入ると、とくに二一世紀における中国の政治・経済・軍事大国化が詳論され、貧富の格差、環境問題などの負の問題の一例としてチベットと新疆の民族問題にふれ（実教）、日中関係として靖国問題、尖閣諸島問題、反日デモが例示され、両国民感情の行き違いを指摘している（実教）。

2．東アジアのナショナリズムに関する授業実践

上記の教科書記述の検討でも指摘したように、近現代東アジア史の授業でナショナリズムを扱う場面は幾つかあり得るが、その一例として、韓国併合過程の実践例を紹介したい。

江華島事件から日清戦争、日露戦争までの歴史展開を学習したうえで、第二次日英同盟条約や桂・タフト

協定などの当時の国際関係を視野に入れ、日韓議定書から韓国併合に関する条約までの諸協約の条文を生徒と読み合わせながら、日本が大韓帝国の国家機構をどのようにして解体し、植民地支配に至ったかを史料を通じて理解できるように心がけている。たとえば、日韓議定書第四条では、日本政府が日露戦争中、「軍略上必要ナ地点ヲ、臨機収用スル」権利を獲得し、第一次日韓協約では「日本政府ノ推薦スル日本人一名ヲ、財務顧問トシテ……」「日本政府ノ推薦スル日本人一名ヲ、外交顧問トシテ……」傭聘することを認めさせるなど、これらの史料から日本が韓国政府の主権を侵害していった事実を理解できる。

次に、第二次日韓協約では第二条で「韓国政府ハ、今後日本国政府ノ仲介ニ由ラズシテ……何等ノ条約若クハ約束ヲ、為サザルコト」、第三条で「韓国皇帝陛下ノ闕下ニ一名ノ統監」をおき、「統監ハ、専ラ外交ニ関スル事項ヲ管理スル為メ、京城ニ駐在」することを定めるなど、韓国の外交権を剥奪した経過が分かる。そして、外交権を喪失した大韓帝国皇帝高宗は、死力を振り絞り、ハーグの万国平和会議に密使を送り、日本の韓国侵略の告発をめざすが、帝国主義列強の妨害で頓挫したという事実に説明をつなげる。

さらに、第三次日韓協約では「韓国政府ノ法令ノ制定……重要ナル行政上ノ処分ハ、予メ統監ノ承認ヲ経ルコト」（第二条）、「韓国高等官吏ノ任免ハ、統監ノ同意ヲ以テ……行フ」（第四条）などの規定から日本が韓国の内政権を奪ったことがよく分かる。韓国併合に関する条約では、「韓国皇帝陛下ハ、韓国全部ニ関スル一切ノ統治権ヲ、完全且永久ニ日本国皇帝陛下ニ譲与ス」（第一条）、「日本国皇帝陛下ハ……譲与ヲ受諾シ……韓国ヲ日本帝国ニ併合スルコトヲ承諾ス」（第二条）と明記され、韓国併合があたかも大韓帝国皇帝の意志で行われ、日本の天皇がそれを受諾するという形式で表現することによって、日本の侵略の事実を隠蔽し、歴史の偽造が行われていることを読みとることができる。

こうした日本の侵略の強化に対して、韓国民衆のナショナリズムが顕在化し、各地で反日義兵闘争と愛国啓蒙運動が発生したことにふれ、抵抗運動の最終的・究極的な場面で安重根の伊藤博文射殺事件が発生したことを説明する。一九〇七年～一九一〇年までの義兵闘争には約一七万人が参加し、そのうち約一万七千人が日本軍に殺害されたという事実から、韓国皇帝が韓国併合を希望したという韓国併合に関する条約の条文が全くの虚構であることを知ることができる。

このような韓国併合の過程におけるナショナリズムの高揚について、生徒たちは「もしも私たちが韓国人であったとしたら、私たちも彼らと同じように植民地化反対運動のナショナリズムをおこしていただろう。その発生は当たり前の出来事である」「日本が韓国に対して、外交権を奪ったり内政権を奪ったり、治外法権や無関税貿易など不平等な条約を結ぶなど様々な非道なことをしたので、ナショナリズムが発生するのは当たり前だと思った」「自分の祖国に勝手に他国が干渉し植民地化されたら国民は怒るし、植民地化反対運動がおこるのも当たり前だ。自分の国が地図から消えるということはあってはならないし、自分がその立場だったら祖国のために全力で戦う」などと感想を寄せ、韓国民衆のナショナリズムの発生を当然視し、侵略と植民地化に対抗する論理・運動としてのナショナリズムを肯定的に評価している。

授業では、韓国併合の過程を事実に即して正確に学んだあと、安重根の思想と行動を重視している。かつてのテレビ番組「驚きももの木20世紀」で放送された「伊藤博文を撃った男！」を視聴し、彼の生涯と日本の韓国侵略の歴史を重ね合わせながら、安がなぜ、どのような場面で伊藤射殺という行動をおこなったのかに注目している。その際、留意していることは、安を韓国の独立防衛に命を賭けた義士・民族の英雄として一面的に評価することではなく、彼の「東洋平和論」に秘められた現代的意義と未来への可能性について着目することである。

安が旅順監獄の獄中で執筆に励み、死刑執行のために未完に終わった「東洋平和論」には東アジアの平和と共同のための具体的な構想、たとえば、旅順の永世中立地帯化による東アジア諸国の対立の回避、旅順にアジア各国の代表を派遣して平和委員会の設置と軍隊の共同管理、域内の安全保障、各国の資金提供による開発銀行の設立と地域開発援助などが含まれ、日韓中（清）三国の対等な提携による欧米帝国主義列強の侵略への対抗の論理が提示されている。

安重根の「東洋平和論」は現在のEUの先行思想であったという評価が韓国で存在するなど東アジアの平和と友好の指針としての普遍的価値を提起しながら、他方で、彼が甲午農民戦争に際して両班の立場から東学農民軍の鎮圧に参加し、民衆に敵対的な態度をとったという事実にもふれ、彼の思想と行動を多面的に理解するように努めている。

授業後の生徒の感想を見ると、「日本の韓国侵略が東アジアの平和を破壊したのに対抗して出された安の構想は今から一〇〇年以上前に東アジアの協力と平和を考え、国連やEUにつながる国際連帯の共同体を具体的に構想していた」「彼の主張の通り各国の自主独立と国家間の対等・平等な関係こそ東アジアの平和のカギだと思った」「安は単なるテロリストではなく、彼を処刑せず彼の「東洋平和論」を生かす方向性はなかったのか」というように彼の思想の先駆性とその意義を評価する意見が多かった。私が安重根の「東洋平和論」を取り上げる理由は、韓国のナショナリズムの象徴的存在である彼の構想に、実は二一世紀の東アジアの平和と共同の道標となる脱ナショナリズムの思想的意義を見出すからである。

韓国併合の一連の授業の終わりに、今後の日韓関係について、生徒に意見を問いかけると、日韓両国民が過去の歴史的事実を正確に理解すること、互いの歴史認識を共有するために共同で歴史の資料を作成し教育に生かすこと、ヘイトスピーチなどの嫌韓的な動きを批判して韓流ブームなど芸能やスポーツの分野を通じて草の根の交流を深めることなどがあげられた。歴史学習では生徒一人ひとりが様々な資料を活用して過去の歴史的事実を正確に理解すること、そうした学習活動を通じて主体的な歴史認識・豊かな歴史的思考力を身につけることが重要である。そして、その際、過去の歴史的事実が現在にどのような影響を与えているかを考察し、それをふまえて私たちがどのような未来を創造するかについて考えることができるような素材を提供したいと考えている。

3. 東アジアのナショナリズムをめぐる授業づくりの課題

歴史教育で東アジアのナショナリズムを扱う場合の二つの課題を述べておきたい。その一つはナショナリズムの両面性、すなわち意義と問題点である。ここでは、後者についてのみ語ると、ナショナリズムは戦後アジアの民族独立・国民国家形成の原動力になったが、他面では、新興諸国の政治的独立には限界性があり、旧宗主国・先進国への経済的従属の継続、国内の経済的・社会的課題の未解決が見られた。また、孫文の「中華ナショナリズム」やホー・チ・ミンの「民族共産主義」などに見られるように国内のマイノリティに対するマジョリティの自己中心主義、旧来の「植民地帝国」の支配に代わる国内の政権担当者の専制的支配への転化の危険性、戦後の新興アジア諸国間の戦争などの「負の遺産」もあり、そうした歴史的事実への目配りが必要である。

もう一つの課題は、過去のナショナリズムだけでなく、現在のナショナリズムをどのように捉え、学ぶかである。これに関して、現代中国の事例を紹介したい。習近平総書記・国家主席は「中華民族の偉大な復興」（「中国の夢」）演説を行い、中華民族・愛国主義・独自な社会主義建設を強調し、そのために総合的な国力の向上、大国としての影響力の発揮をめざしている。

そして、こうした政策の背景には、従来の社会主義イデオロギーの機能不全と中国共産党の求心力の低下、経済格差、腐敗官僚の一掃・民主化の要求などに見られる市民の政治不満の増大、チベットやウイグルの民族独立の志向が指摘されている。このような情勢の中で、「愛国主義教育実施要綱」（一九九四年）による愛国主義教育の展開、『ノーと言える中国』の出版以後の大国主義的感情の広がりが見られ、さらに二〇一〇年代の現在では、中国の社会構造の変化（農村出身の都市労働者の「農民工」と大卒者で就職難に直面している「蟻族」の政治不満）の中で、尖閣諸島問題や靖国参拝問題を背景に、排他性を帯びた民族主義が民衆に浸透し、ネットで結びついた市民が統制が困難化するレベルで反日デモをおこしているという現実がある。

現在進行形の社会現象を歴史学習に取り入れるために、教材選択の工夫など様々な配慮が必要であるが、東アジアのナショナリズムを理解するためには現在のナショナリズムを視野に入れることが重要であろう。

おわりに

歴史学習で東アジアのナショナリズムを学ぶには、多様な対象がある。ナショナリズム概念のみで東アジアの歴史を理解することは不可能であるが、また他方で、ナショナリズムを無視しては東アジア史、とくにその近現代史学習は成立しないであろう。多くの様相を併せ持つ過去と現在のナショナリズムに光をあて、その進歩的な側面と負の側面を複眼的に考察しながら、東アジアにおけるナショナリズムの歴史的役割についての理解を深められるよう、今後の授業づくりを考えたい。

初出（日本歴史学協会『日本歴史学協会年報』第二九号、二〇一四年六月）

第18章　帝国主義に立ち向かうアジアの連帯

「イギリスが南アフリカを、アメリカがフィリピンを征服し、ドイツは中国の膠州湾を占領し、ロシアが東北部を奪った。……わが日本も帝国主義に熱狂して一三個師団の陸軍、三〇万トン戦力の海軍に拡張して台湾に領土を広げ、……今や帝国主義という病原菌は世界各地に拡散して二〇世紀の文明を破壊するだろう」。一九〇一年四月、日本の社会主義者幸徳秋水は帝国主義の広がりをこう批判した。東アジアの人々は帝国主義の侵略にどう対応したのだろうか。

日本への留学運動を始める

日露戦争中の一九〇五年四月半ば、上海から日本船に乗ったベトナム人三人が神戸港に着いた。そのなかのひとりがファン・ボイ・チャウ（潘佩珠・Phan Boi Chau）だった。

当時、フランスの植民地だったベトナムでは独立気運が高まっていた。一九〇四年一〇月下旬、ベトナム維新会という独立運動組織の指導者たちは、ファン・ボイ・チャウを代表として日本に派遣することにした。

ベトナム人独立運動家たちは、日本とベトナムは漢字文化を共有する根強い絆で結ばれているという「同文同種論」の立場をとっていた。さらに日露戦争をアジアの黄色人種である日本とヨーロッパの白色人種であるロシアとの戦争と見ていた。したがって、白色人種のロシアと戦っていた黄色人種の兄である日本が、

図Ⅰ　20世紀初めのアジアの概念図

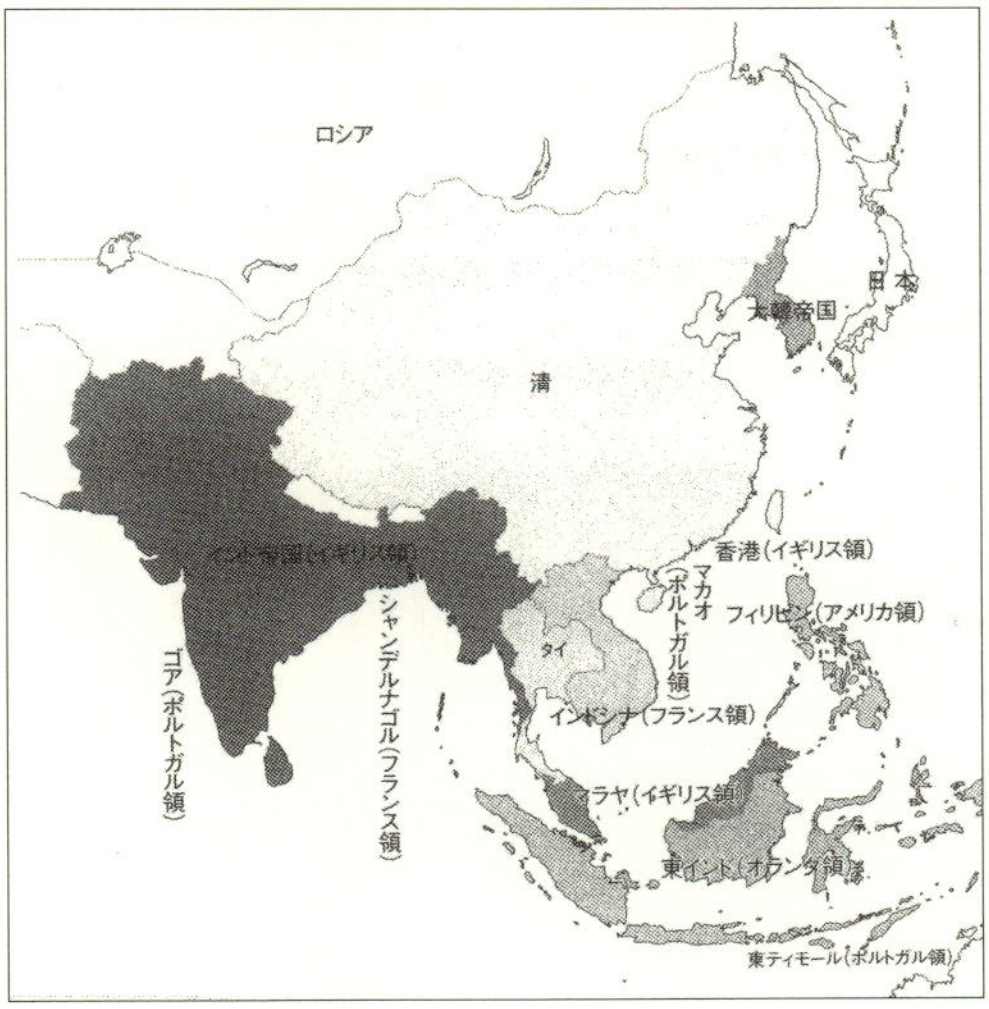

図Ⅱ　ファン・ボイ・チャウ

ファン・ボイ・チャウは、もともとベトナムの儒学者で1904年、王族クォン・デを迎えてベトナム維新会を結成し、翌05年、独立運動の支援を得るために来日した。

白色人種のフランスの植民地支配からの解放を求める弟ベトナムを援助してくれることを期待していた。

神戸にたどり着いたファン・ボイ・チャウは汽車で横浜に向かった。日本に亡命して横浜に滞在していた一人の中国人政治家に会うためだった。その政治家は日本政府からの武器援助を期待するファン・ボイ・チャウに、「ある国の政府が外国の革命勢力を支援するのは、その国と交戦状態にあるときだけであって、日本とフランスは今戦争状態ではないから、日本政府がベトナム人に武器を提供することはあり得ない」と語った。彼の紹介で、ファン・ボイ・チャウは日本政府の指導者たちとも会った。だが彼らも同じ意見で、ベトナム独立のためには人材養成が急務であり、ベトナムの青年たちを日本に留学させるよう勧めた。

そこで、ファン・ボイ・チャウはしばらく帰国し、維新会の同志と知識人たちに日本留学運動の意義を説得した。これに沿って維新会は、フランス官憲のものものしい警戒の目を盗んでベトナム青年を日本に送る東遊運動を開始した。

一九〇五年に三人の学生がファン・ボイ・チャウと一緒に日本に旅だったのを皮切りに、一九〇六年には王族のひとりが日本に亡命した。一九〇七年には滞在したベトナム人留学生は一〇〇人だったが、一九〇八年には二〇〇人に達した。彼らは日本の政治家の推薦で日本陸軍参謀本部が管轄する学校に入学し、独立運動に必要な西欧の政治・経済・軍事について学んだ。

日本に幻滅したベトナムの指導者

しかしながら、独立に必要な人材を育てるために日本に留学生を送る東遊運動は長くは続かなかった。一九〇七年六月にフランス政府と日本政府が、大韓帝国に対する日本の優越権とベトナムに対するフランスの支配権など、アジアで保ってきた権利を互いに承認しあう協約を結び、ベトナム独立運動に対する弾圧が強まったからである。フランス政府は、ベトナム本国で留学生への送金を妨害したり留学生の家族を逮捕・投獄するなどの弾圧をはかり、日本政府に滞日ベトナム人活動家の引き渡しを要請した。そこで、日本政府はフランスの要請に応じてベトナム人留学生の国外追放を断行した。その結果、多くのベトナム人留学生が日本を離れて帰国するか中国に渡った。

ファン・ボイ・チャウは、日本にとどまっていた王族が日本から追放されたという知らせを聞いた。失意のなかで彼は日本の外務大臣に手紙を送り、日本がヨーロッパの白色人種であるフランスと連合してアジアの黄色人種であるベトナムを圧迫していると抗議した。日露戦争を見て日本に大きな期待を寄せたベトナム人は日本政府の対応に幻滅し、日本を植民地化されたアジアの敵と考えるようになった。

図Ⅲ　幸徳秋水

図Ⅳ　平民社

1903 年、幸徳秋水、堺利彦ら日本の社会主義者たちは日露戦争の開戦に反対して社会主義団体の平民社を結成し、週刊の『平民新聞』を発行した。

アジアの革命家、東京に集う

日露戦争後の一時期、東京はアジアの革命家や独立運動家が集まる拠点になった。彼らはヨーロッパの白人帝国ロシアを打倒した日本を、アジアの「解放」と「独立」の象徴とみなした。日本に学び日本の支援を通じて自国の独立や変革を成し遂げたいという期待を抱いて東京に集まったのだ。

一九〇五年東京で、孫文を総理とする中国同盟会がつくられると、章炳麟が主筆となって『民報』を発行した。当時『民報』の編集に関与した中国人革命家たちは、社会主義思想に目を向け、一九〇七年六月には社会主義研究会を創設した。彼らは幸徳秋水《こうとくしゅうすい》を講師に招いて何度も社会主義講習会を開き、多いときには、約九〇人の中国人が参加した。

のちに代表的な社会主義者となる幸徳秋水はすでに一九〇一年四月に『廿世紀之怪物　帝国主義』を刊行し、帝国主義を次のように強く批判した。「帝国主義は国民の愛国心を呼び覚まし、軍事力を増強するために国民に過重な税を負担させ、国民の生活を窮乏させる。さらに軍事力で他国を支配する国は一時的には繁栄するがついには滅亡する」。

一八九八年に『万朝報』という新聞の記者になった彼は、

この新聞が日露戦争に賛成する開戦論に転換すると、新聞社を辞めて平民社を興して日露戦争を批判した。幸徳秋水は一九〇五年アメリカにわたり、ゼネラル・ストライキによる社会主義建設を志向する無政府主義を知って影響をうけ、アメリカ滞在中に在米日本人無政府主義者たちと社会革命党を結成した。

一九〇七年九月から翌年一月にかけて幸徳秋水らが開催していた社会主義金曜講演をはじめ、さまざまな集まりに中国人だけでなく韓国人留学生たちも参加し、三ヵ国の社会主義者が交流した。幸徳秋水ら日本の社会主義者は中国と韓国の社会主義者と交流し、自由、独立、自治権を尊重して日本政府が韓国の独立を保障すべきだと宣言した。

中国人革命家と日本人社会主義者が交流しただけでなく、日本に在留していたインド人革命家と中国人革命家の間にも友情が芽生えた。その発端は一九〇七年四月、虎ノ門で開かれた行事で、インドの英雄でマラータ王国の建国者を称える席だった。このときある有力政治家が行ったイギリスを讃美する演説を『民報』が批判したからである。

アジアの連帯をめざした亜洲和親会

こうした経過を経て一九〇七年夏に、中国人革命家と亡命インド人を中心にして、日本、韓国、ベトナム、フィリピン、マラヤ（マレーシア）、ビルマ（ミャンマー）などの人々が集まって亜洲和親会が発足した。

第一回の会合は東京青山にあるインド人の家で開かれ、中国人・インド人以外に幸徳秋水をはじめ何人かの日本人社会主義者が参加した。九月ころには九段下にあるキリスト教教会で第二回目の会合が開かれた。ファン・ボイ・チャウとベトナム人留学生、フィリピン人などが新たに加わって規約をつくった。

章炳麟が書いた規約は、会の目的を「帝国主義に対抗し、アジアですでに主権を失ってしまった民族の独立を達成すること」と定めた。そして会員資格は民族独立を求める者、共和制樹立を目標とする者、社会主義か無政府主義を唱える者などと宣言した。さらにはアジア諸民族の独立を目標とするあらゆる勢力の参加を認めること、帝国主義の侵略に反対し互いに援助して独立を達成すること、加盟国で革命がおきたら他の国々の同志が支援することなどを明記している。

ところで、当時日本に留学していた八〇〇人ほどの韓国人留学生の大多数は亜洲和親会には参加しなかった。日本の韓国侵略がしだいに本格化する状況で、「日本人が出席するならわれわれは出席しない」という固い信念があったからである。だが、亜洲和親会に参加した韓国人留学生も存在した。一九〇四年に韓国皇室留学生に選ばれて日本に渡り、東京府立第一中学校に籍をおいた趙素昂である。彼は第二次日韓協約に対する抗議集会を開き、すべての韓国人留学生を結集する学会誌に主筆として関わるなど、日本に在留する留学生民族運動の中心だった。のちに上海に亡命し、中国・インド・タイ・フィリピン・ベトナムなどの革命家との連帯を訴えたが、彼の連帯思想は亜洲和親会の活動と関係がある。

図Ⅴ　章炳麟

章炳麟は、中国の伝統的な学問を深く理解し、清朝を打倒するための革命論を主張していた。彼はのちの辛亥革命の功労者になり、魯迅の師ともよばれている。

一九〇八年一月には、屋外での演説を理由に日本人社会主義者たちが逮捕され、これが亜洲和親会解体の原因となった。このとき、中国人革命家たちは日本を離れ、日本政府は『民報』の発行を禁止した。

また、同じ時期に日本政府は日本とフランスの協約にもとづき、フランス政府の要請に沿ってベトナム人留学生の国外退去を強行した。こうして日本政府が社会主義者たちを捕らえ、アジアの革命家と民族運動家を国外に追放して亜洲和親会の活動は一年足らずで幕を下ろした。したがって、規約が掲げた各国革命の相互援助や民族独立は、実を結ぶことができなかった。

亜洲和親会の活動は短期間に終わった。だが約一〇〇年前の東京を舞台に、日本の社会主義者とアジアの革命家たちが民族解放と社会変革を夢みて、国際連帯活動を試みた事実はアジアにおける国際連帯の先駆的な例として大きな意義を残した。

大韓独立とアジアの連帯

一九〇九年一〇月二六日午前九時三〇分、雪が舞うハルビン駅プラットホームで銃声が鳴り響いた。韓国の義兵将安重根が伊藤博文を射殺した瞬間である。日本の初代内閣総理大臣、初代韓国統監を歴任した伊藤博文は、中国東北地方に関してロシアの財務長官と交渉するためにハルビンを訪問していた。安重根は発砲後、「大韓万歳」を叫び続け、すぐにロシア憲兵隊に捕らえられた。

一八七九年に黄海道海州の名門両班の家に生まれた安重根は、一九〇五年一一月、第二次日韓協約（韓国保護条約）の締結で外交権が剥奪された事実に憤慨して民族意識に目覚め、各地に私立学校を建設するなど愛国啓蒙運動に没頭した。

そして一九〇七年、第三次日韓協約で韓国軍が解散されたことを知ると、国権を回復する道は武力闘争以外にないと判断して義兵闘争に身を投じた。

一九〇八年一月には一一名の同志と同盟を結成し、ウラジオストクで伊藤博文のハルビン訪問のニュースに接した。彼は伊藤博文を射殺すれば日本の韓国侵略を世界に告発するよい機会になると確信し、その殺害を決意した。

安重根は、検挙されたのちに日本人検察官が行った尋問において、伊藤を射殺した理由として韓国皇帝を廃位した罪、無辜の韓国人を殺害した罪、韓国の政権を奪い統監政治に変えた罪、韓国軍隊を強制解散させた罪、東洋平和を破壊した罪など伊藤博文の罪状一五ヵ条を主張した。伊藤が日本を盟主として韓国の文明化をはかる韓国保護国化構想にもとづくアジア平和論を主張したのに対して、安重根はこれとは違った独自の東洋平和論を強く主張した。すなわち東洋平和とは韓国・日本・中国などアジア各国が自主独立した状態がその前提であり、韓国の独立なしには東洋平和は存立できない。ところが伊藤が韓国を侵略して東洋平和を破壊したがゆえに、東洋平和を維持するために彼を射殺したと語った。

安重根は獄舎において、礼儀正しい言葉で明確に意思を伝えるなど、常に毅然とした態度で堂々と行動し、カトリック信者として祈ることを欠かさなかった。彼の言動は旅順監獄に働いていた多くの日本人に感銘を与え、日本人看守と親しく対話する場面もあって、彼らの求めに応じて書を残した。

また獄中で自叙伝を書いたのちに『東洋平和論』執筆に着手したが、未完のまま死刑執行の日を迎えた。彼は同書を通じて、地域的に近く同じ黄色人種である韓国・日本・中国の東アジア三国が対等な関係で提携し、欧米帝国主義国のアジア侵略に対抗すべきだと訴えた。日本人通訳にはもっと具体的な東アジア平和構想を口述している。その内容は、旅順がロシア・日本・中国などの紛争地点になる恐れがあるから、

図Ⅵ　ハルビン駅プラットホームに到着した伊藤博文

1909年10月26日の午前9時、伊藤博文（左から3人目の人物）はハルビン駅のプラットホームに到着し、出迎えたロシアの高官に挨拶している。伊藤はこの30分後、銃弾に倒れた。

図Ⅶ　安重根

安重根は1909年1月、11名の同志とともに左手の薬指を切断し、その血で国旗に「大韓独立」の文字を大書し、独立への強い意思を表明した(断指同盟)。

旅順を永世中立地帯にして対立の危険を除くこと、アジア各国が旅順に代表を派遣して常設の平和委員会を設けること、平和委員会が各国の軍隊を共同管理し、紛争防止と地域の安全保障のために努力すること、各国が資金を提供し開発銀行を設立して地域開発や援助が必要な国を助けること、ローマ教皇も平和委員会に代表を送ることによって、委員会が西欧諸国の関与なしに国際的な承認と影響力を得ること、などである。

安重根は両班として甲午農民戦争鎮圧に参加するなど、民衆とは異なった立場にあったが、思想的には帝国主義に反対して韓国・日本・中国の協力を土台にした東アジアの平和と発展を構想した。その死後、韓国では彼を「大韓独立に命を捧げた義士」と評価し、中国では日中戦争中に演劇の主題になるほど抗日闘争を鼓舞する模範とみなされた。

【参考文献】

勝村誠「安重根の東洋平和論」『歴史地理教育』第七五四号、二〇一〇年一月

潘佩珠『ヴェトナム亡国史他』平凡社（東洋文庫）、一九六六年

米谷匡史『アジア／日本』岩波書店、二〇〇六年

初出（歴史教育者協議会（日本）・全国歴史教師の会（韓国）編『向かい合う日本と韓国・朝鮮の歴史・近現代史編』大月書店、二〇一五年一月）

第Ⅲ部　世界史認識を問い直す

第19章　近代ヨーロッパを相対化するための一つの試み
――一八四八年東欧民族運動に国家と民族の矛盾を探る――

はじめに

かつて歴史学者の江口朴郎は「現代史からみた十九世紀史の再検討」と題する論稿のなかで「いわゆる西洋史を原形とする現在の教科書的な世界史の把握は、一応一八七〇年代前後を一つの歴史の帰結点のように考えて、はじまっていると言える。西洋史の構造は大ざっぱにいうと近代国家の形成ということが、疑うべからざる人間の発展の目標のようになっている。簡単にいうと明治維新、ドイツの統一、イタリアの統一、そこまでがようやく近代的国民国家形成の課題をなしとげたという、極端に言うとそういう発想から出発している」と述べている（江口朴郎『歴史学とマルクス主義』青木書店、一九七二年、六四―六五頁）。

ところで、江口のこの指摘から数十年を過ぎた現在、私たちの世界史教科書の構成と記述は、果たしてどのくらい、変わったのであろうか。もちろん、この間、新しい記述項目が登場したり、非ヨーロッパ地域の記述が増加するなど、教科書の内容にも一定の改善は見られたが、それでもやはり、一九世紀ヨーロッパ史に関して言えば、西欧列強とよばれることになる特定の大国・強国の形成・発展・抗争などに関する歴史が、依然として教科書記述の中心を成していると言えよう。すなわち、そこでは近代国民国家であることが自明の前提であり、国民国家形成以前の諸民族は、教科書では市民権を得られず、近代国民国家を達成した大国・強国の客体として描かれているにすぎないのである。

ところで、ヨーロッパに目を向けると、西ヨーロッパではECの市場統合の動き、いわゆるボーダーレス化現象が顕著であるのに対し、東ヨーロッパでは一九九二年のユーゴスラヴィアの解体とその後の内戦の継続、一九九三年のチェコ・スロヴァキアの分離解体など、第一次世界大戦後人為的に形成された連邦制民族国家の瓦解の現象が見られる。現在も進行中の東西ヨーロッパの、このような統合と分裂という一見相反する政治現象は、近代国民国家を指標とする従来の歴史認識では、もはや事態を把握できないことを物語っている。

それでは、こうした国家と民族の矛盾を正しく理解するにはどうすればよいのだろうか。また、旧来の西欧近代大国中心史観を克服するには、どのようにすればよいのだろうか。以下、本稿では、このような課題に迫る一つのアプローチとして、国家と民族の矛盾が最も明確な姿で現われた一八四八年革命に着目し、その東欧民族解放運動のなかから国家と民族に関わる問題点を探り、併せて授業づくりにおける視点を提示してみたい。

1. 一八四八年東欧民族解放運動はどのように展開したか
――ハンガリー革命の場合――

(1) 革命前夜のハンガリー

一八四八年は、「諸民族の春」ともよばれ、ヨーロッパ各地で社会変革と民族的権利・解放を求める革命運動が激発し、ナポレオン失脚後に構築された保守反動のウィーン体制を崩壊させた年として注目されている。一般に一八四八年は、パリの二月革命が東方に波及して各地で革命運動が発生したものと考えられているが、周辺地域から見ると、一八四六年にオーストリアに対するポーランド人のクラクフ蜂起が先に発生し、さらに一八四八年一月にミラノで反オーストリアの「タバコ一揆」、シチリア島で立憲運動が続発するというかたちで、周辺地域での革命運動の高揚を背景にして、いわば最も先進的なイギリスやフランスで労働者を主体とする政治運動が展開したと理解することができる。

さて一八四八年革命のなかで国家と民族の矛盾が最も顕在化したのはハンガリーである。ハンガリーは、オスマン帝国の勢力が後退した一六九九年以来、オーストリア・ハプスブルク帝国の支配下におかれていたが、当時のオーストリアは、一一もの民族が居住する複雑で重層的な民族構成から成り立っていた。まずドナウ川沿いのオーストリアと北東アルプス地方には支配民族であるドイツ人が居住し、その東のハンガリー平原にはマジャル人が位置し、両者の南方には西から東にかけて南スラブ系のスロヴェニア人、クロアチア人、セルビア人が住んでいた。さらにアドリア海沿岸都市とロンバルディア地方にはイタリア人が、ドイツ人とマジャル人の北方には西から東にかけてチェコ人、スロヴァキア人、ルテニア人（ウクライナ人）が、カルパティア山脈の北方のガリツィア地方にはポーランド人とルテニア人が、そしてハンガリー東方のトランシルヴァニア地方にはルテニア人、ドイツ人のほかにラテン系のルーマニア人が、それぞれ居住していた。

このうち、マジャル人のハンガリーは、一七二三年以来、一定の自治（身分制議会）が認められ、特権的地位にあったが、オーストリア皇帝がハンガリー国王を兼任し、軍事・外交・財政・関税などの点でオーストリアに従属していた。そしてこのハンガリーの下にクロアチア人、セルビア人、スロヴァキア人、トランシルヴァニアのルーマニア人が服属するという重層的構造を成していた。しかも、これらの諸民族の多くは、ハンガリー（マジャル人）の地主の下に隷属する農奴であったから、民族的支配は社会的支配と重複していたことになる。一九世紀初めまでのハンガリーは、貴族階級中心の社会で、議会は特権貴族の利益代表機関であり、オーストリアの皇帝政府に妥協的であった。しかし一九世紀に入ると、一八三〇年代、四〇年代、四六～四七年と三回にわたる政治改革を経て、セーチェニら、自由主義的貴族を代表して漸進的改革を主張する改革派右派と、コシュートら、小地主層を代表して急進的民主主義を唱える改革派左派が台頭してきた。とくに一八四七年、コシュートが下院議員に当選してからは、下院の自由主義勢力が強まりつつあった。また他方で、国民的詩人ペテーフィを指導者とする知識人らは、青年ハンガリーという急進主義的勢力を形成しつつあった。

(2) ハンガリー革命の発生

一八四八年三月一日にボジョニ（ブラティスラバ）の国会に届いたパリ二月革命の報せは、ハンガリーの政治状況をたちまち革命的気運に高めた。早速コシュートは、三月三日の国会（下院）で演説し、オーストリア帝国の絶対主義体制を批判し、帝国内諸民族の立憲体制づくりによる帝国の統一の強化を主張するとともに、課税の平等負担、貴族への補償つきの農奴制廃止、独立した政府の樹立、国家収支のオーストリアからの独立などを内容とした請願書をウィーンの皇帝に送るよう提案した。この提案が上院で可決されると、コシュートらの代表団は、三月一五日、ウィーンに向かった。また同日、ハンガリーのペシュトでは、ペテーフィの指導のもと、学生、小市民、農民がコシュートの提案を含む一二項目の社会的・民族的要求を訴えて、大衆デモを展開した（ペシュト革命）。

三月一七日、皇帝フェルディナント一世は、三月一二日のウィーン三月革命と、このペシュト革命の圧力をうけて、ハンガリーに独立した責任内閣の設立を承認した。こうしてハンガリーは、帝国内での最大限の自治を認められ、二三日には、改革派右派のバチャーニを首相とする内閣が成立することが議会で決定された。新内閣は、コシュート、セーチェニなど、各派の有力な民族主義者を網羅していたが、温和派と急進派の連合内閣で妥協的性格が強く、王政の廃止やハプスブルク家との断絶は目標とせず、新選挙法も財産資格による制限選挙にとどまった。確かにバチャーニ内閣の成立によって、市民的自由と法の下での平等の保障、農奴の身分的解放、領主裁判権の廃止、平等課税、検閲の廃止、すべての宗教の信仰の自由が約束された（四月法令）が、社会変革という点では不徹底だったため（たとえば農民の六〇％を占める約八〇万人の無分与地農民には農地は与えられなかった）、より徹底した変革を求めて農民、労働者、非マジャル諸民族が、今後ハンガリー革命の展開に影響を与えることになる。

(3)　ハンガリー革命と従属民族の解放運動の相剋

ハンガリー服属下の諸民族は、一八四四年の言語法による従来のラテン語に代えてハンガリー語の公用語化への反発とパリ、ウィーン、ハンガリーの革命運動の影響により、各地で民族集会を開き、民族的権利の主張を展開した。

セルビア人は、すでに三月二七日に、ハンガリーと共通の国家を形成する用意があると表明しつつ、公共の場における自由な言語の使用、ギリシア正教のカトリックとの同権などから成る一六カ条の決議をおこない、それを四月八日にボジョニのハンガリー国会に提出したが、コシュートらの新政府に拒絶されたため、五月一三日にカルローツァ（カルロヴィッツ）で集会を開き、再度民族的権利を要求した。しかしハンガリーの地主は、軍隊を用いてこれを弾圧した。

同様に、スロヴァキア人も、五月一〇日にリプトーセントミクローシュで民族集会を開いている。

トランシルヴァニアのルーマニア人は、ハンガリー政府による同地方の統合に異議を唱え、バルヌチウの指導下に、五月一四日、バラージファルヴァ（ブラージュ）で集会を開催し、ルーマニア教会の自由と独立、ルーマニア語教育、トランシルヴァニア憲法など一六項目の要求を決議した。つづいてルーマニア人は、五月二四日、ブラッショー（ブラショフ）でも集会を開き、同様な社会的・政治的要求に加えて、モルダヴィア、ワラキアとの統一、自治国家の建設を主張した。このようなルーマニア人の動きに対し、コシュートらのハンガリー政府は、五月末にトランシルヴァニアの併合を正式に決議したため、ルーマニア人の側では、東方教会の聖職者シャグーナの影響のもとに、言語・民族の自由と平等を掲げて、ハンガリー政府と対立し、しだいにオーストリア皇帝に接近することになった。

ハンガリー統治下で唯一独立した自治が認められていたクロアチアでは、三月二五日にザグレブで議会を開き、三〇項目の民族的・立憲自由主義的要求を宣言したあと、あらためて六月五日にもザグレブで議会を開催し、オーストリア皇帝と結ぶことによってスラヴォニア、ダルマティアとハンガリー領海地域（フィウメ、リエカ周辺）をクロアチアに統合し、この地域でクロアチア語を公用語とすることを主張し、これをオーストリア皇帝に約束させることに成功した。これは、この後イェラチッチを首班とするクロアチア議会がハンガリー革命に敵対し、革命を内側から崩壊させる原因となった。

民族的権利を求めるこうした動きは、九月に入っても止まず、九月二一～一六日にトランシルヴァニアのルーマニア人農民六万人が、バラージファルヴァで集会を開き、オーストリア議会にあてて、「トランシルヴァニアのルーマニア民族の覚書」を採択し、全ルーマニア人が、ハンガリー貴族の圧迫やロシアの脅威からオーストリア議会によって守られるべきこと、オーストリア帝国の枠内で諸民族の自由で平等な連邦を築くべきことなどを要求し、これを皇帝に上奏する請願運動を展開した。

では、このように激しく噴出した民族解放の動きに、コシュートらのハンガリー政府はどのような対応を示したのだろうか。実はハンガリー政府は、オーストリアに対しては、自民族の自立を要求しながら、国内の少数民族に対しては、一貫してその民族的主権を否定するという矛盾した態度をとった。たとえばコシュートは、トランシルヴァニアのルーマニア人に対し、最終的譲歩として締結した講和案においても、ルーマニア人の言語権を認可したにとどまり、連邦国家はもちろん、独立自治州さえ認めなかったように、他民族との連邦の概念を、ハンガリー国外の諸民族との国家間連合あるいは同盟と理解しており、国内の少数民族との連邦の構築は、少なくとも四八年の時点では全く考えていなかった。

さて、このような従属民族の解放運動の噴出は、オーストリア皇帝に利用され、やがてハンガリーは皇帝とクロアチア総督イェラチッチの挟撃を受けることになった。すなわち九月一一日のイェラチッチのハンガリー進撃後、ハンガリーはコシュートの指導のもと、国防を強化し、翌四九年四月一四日にはオーストリアからの独立を宣言したが、ロシア軍の支援を受けたオーストリア軍に八月一三日に完敗し、革命の幕を閉じることになった。

2. 一八四八年東欧民族解放運動を授業でどう展開するか

ここでは一八四八年革命における東欧民族解放運動の授業の展開例を示してみたい。なお、以下は、一時間のモデル・プランである。

(1)　授業のねらい

①オーストリア帝国の複雑かつ重層的な民族構成に気づかせる。

②ハンガリー革命が、従属民族の抑圧のうえに立脚していたため、後者とオーストリアとの連携により最終的には挟撃され挫折した事実を理解させる。

③従属民族の要求に目を向けさせることによって、オーストリア帝国内の民族解放運動が帝国からの離脱ではなく、帝国の枠内での民族的・社会的権利の獲得をめざしたことを把握させる。

(2)　授業の展開

フランス二月革命、ドイツ三月革命～ドイツ統一の模索を学習した後、東欧民族解放運動をハンガリー革命とその従属民族の解放運動との関係を題材にして一時間で扱う。

〈多民族国家ハンガリー〉

歴史地図を見てオーストリア帝国内の一一の民族の名前を列挙させ、その位置を確認するとともに、人口統計表（資料2）から一九世紀半ばには支配民族がドイツ人で、次にマジャル（ハンガリー）人が位置し、その下に複数の民族が従属していたことに注目させる。

〈クロアチア人の民族解放運動〉

一八四八年三月のハンガリー革命の発生経過を概観したあと、ハンガリー支配下のクロアチア人の民族解放運動をとり上げ、他民族を抑圧したままでの自立をめざすハンガリー革命の矛盾を考えさせる。次の史料（一八四八年三月二五日、ザグレブで開かれた民族集会の決議の一部）を読み、クロアチア人の要求を考えてみよう。

資料1　クロアチア人の要求

（クロアチア・スラヴォニア・ダルマティアの）「三位一体王国」の諸民族は、……その祖先によって自発的に結びつけられていたハンガリー王国のもとにこれまでどおりにとどまりたいという願望に……また、現（ハプスブルク）王朝に忠誠を誓い続けたいという願望に……さらにオーストリア帝国とハンガリー王国の一体性を守りたいという願望につき動かされて……以下の諸要求を国王陛下に提出申し上げます。

（中略）

3．伝統的にもわれわれに属するダルマティア王国が、クロアチア王国およびスラヴォニア王国と、あらゆる面で新たに強く結合されること……。

（中略）

5．一般民衆から成る「三位一体王国」の議会に責任を負い、自由と進歩をめざす……王国の内閣。

6．「三位一体王国」の内・外政および公教育施設への民族語の導入。

（中略）

9．出版・信条・教育・言論の自由。

（中略）

13．身分のちがいに関係なく、すべての階級に比例的に課税すること。

14．あらゆる強制労働および「賦役」の免除。

（中略）

16．これまでハンガリーの管理下に置かれていたわれわれの民族的資産、および、財務当局に属する財産と資産のすべての回復……。
（中略）
30．……教会では旧来のクロアチアの権利と慣習とに基づいて、礼拝はクロアチア語で行うべきこと、（以上）を請求いたします。
（以上、ハンス・コーン、南塚信吾ほか訳『ハプスブルク帝国史入門』恒文社、一九八二年、一九七―二〇〇頁。なお、括弧は筆者による。）

資料2　ハプスブルク帝国の民族別人口統計

	1851年	
	数	%
ドイツ人	7,871,000人	21.6%
ハンガリー人	4,867,000	13.4
チェコ人	3,913,000	10.8
スロヴァキア人	1,788,000	4.9
セルビア人	1,428,000	3.9
クロアチア人	1,330,000	3.7
スロヴェニア人	1,172,000	3.2
ポーランド人	2,056,000	5.6
ウクライナ人	2,940,000	8.1
ルーマニア人	2,455,000	6.7
イタリア人	5,586,000	15.3
その他	992,000	2.7
計	36,398,000	100.0

出典：羽場久浘子『ハンガリー革命史研究』109頁

以上の史料（資料1）は、クロアチア人がオーストリア皇帝に宛てて請願した宣言であるが、ここからクロアチア人がオーストリア・ハンガリーの支配体制を容認したうえで、第5、9、13、14項目のような社会的要求と第6、16、30項目のような民族的要求を掲げていたことが読み取れる。このようにして、ここでは「抵抗の勢力としてのイメージの強いコシュートが、その革命運動をスラブ民族の抑圧のうえに行っていたことに驚いた」という、筆者の授業後の生徒の感想が示すように、生徒はハンガリー支配下の被抑圧民族の存在形態と彼らがオーストリア帝国の枠内での最大限の社会的・民族的権利を求めて運動を展開したという事実を理解できるのである。このあと、授業ではクロアチア総督イェラチッチと結んだオーストリア皇帝が、ハンガリー革命を挟撃するかたちでこれを鎖圧していく過程を説明し、東欧民族解放運動の意義と限界をまとめて授業を終える。

おわりに

以上、一八四八年革命におけるハンガリーとその従属諸民族の解放運動を概観し、授業の展開例を示したが、最後にこれらの学習テーマから学ぶべき観点を整理してみたい。

まず第一には、オーストリア・ハプスブルク帝国の重層的・立体的な民族構成と、それに起因する諸民族間の利害対立に注目すべきであろう。教科書では、コシュートのハンガリーの民族運動が大きく取り上げられているが、それがクロアチア人、セルビア人、スロヴァキア人、ルーマニア人などに対する抑圧体制のうえに推進され、そのことがこれらの諸民族の反発を喚起して、オーストリアの反動勢力との連携を許し、やがてはハンガリーの民族解放の致命傷になったことを理解するべきである。

第二には、一八四八年の、少なくともオーストリア支配下の民族解放運動は、民族的諸権利の獲得、立憲体制の樹立などをめざして戦われたのであり、厳密な意味ではオーストリア帝国からの政治的離脱や独立した民族国家の形成を志向したものではなかったことに留意すべきである。ハンガリーでは四九年四月の独立宣言までの革命政府の方針、そしてクロアチア人、セルビア人、スロヴァキア人、ルーマニア人の運動は、いずれもオーストリア帝国の存在を認めたうえでの、その枠内での民族的諸権利の要求であった。この点で国民国家概念という指標だけでは、複雑かつ多様な東欧地域の民族運動の本質は理解できない。

ハンガリー支配下のスラブ諸民族の解放運動に関していえば、同時代人のマルクスは、セルビア人、クロアチア人がオーストリア皇帝と提携し、ハンガリー革命の収束に関与したことから、彼らを反革命勢力とおよび、またエンゲルスは、ドイツ人、マジャル人、ポーランド人を「歴史的民族」、クロアチア人、セルビア人、スロヴァキア人、ルーマニア人などを「歴史なき民族」として区別しているが、ハンガリーに対する「歴史なき民族」の闘争は、反革命の要素を帯びつつも、一八四八年のオーストリア帝国下の重層的民族支配という具体的な歴史的条件に規定された、被抑圧民族の民族解放闘争として一定の積極的意義を持つものと思われる。

第三には、民族解放の課題に社会変革の課題が内包されていたことである。ハンガリーでは、四八年三月の解放運動発生の時点では、革命主体は、自由主義的貴族・ブルジョワジーと民主主義的知識人であった。しかし、当時のきびしい権力主義的な国際関係のなかでの民族解放運動の遂行は、労働者、下層市民、農民、学生などの運動への参加を不可欠とし、彼らの社会変革の要求を顕在化させることになった。このことは、変革主体としての民族の成員が、民族解放運動を通じて広範な社会階層にまで拡大したことを意味している。また、クロアチア人、セルビア人の多くが、ハンガリーのマジャル人の地主に隷属する農奴だったという事実も、民族解放と社会革命の重複性を示している。このように一八四八年革命の学習では、民族解放と社会革命、換言すれば民族の解放と階級の解放を統一的に把握する視座が形成できるであろう。

第四には、一八四八年革命の全体を通じて見れば、諸民族間の対立、自由主義者の保守化が反革命勢力の巻き返しの条件として際立っていたが、それにもかかわらず、各地の民衆運動と民族運動の間にも連帯の動きが見られたことである。たとえば、四八年一〇月のウィーン市民革命とハンガリーの連帯的行動の例、また議会で否決されたため実行には移されなかったが、四八年七月、ハンガリー急進派によるイタリア・ミラノ蜂起の支援の動きである。このことは、それぞれの地域での運動主体が、自らの闘争をウィーン体制打倒のための他地域での闘争と関連づけて認識していたことを示すものであり、闘争勢力の統一性を気づかせる有効な視点となるであろう。

　最後に、従来一八四八年革命の学習は、アメリカ独立革命やフランス革命よりも軽視されがちで、しかも、その学習内容は、先進国イギリス、フランスでは労働者階級の解放が、ドイツ、イタリアでは国民国家形成が、東欧では民族解放が、それぞれの運動の課題として提起されたというふうに、あまりにも図式化してなされてきたように思われる。しかし現実には、各地の革命は、極めて多様かつ複雑な展開を示しており、また本稿で扱ったハンガリーの革命だけを取り上げても多くの学ぶべき観点が含まれている。近代ヨーロッパを相対化するために国家と民族の矛盾を、一八四八年革命の民族解放運動に探ることはもちろん意義があるが、それと同時に一八四八年革命からは、国民国家、社会革命、民族と階級の解放の課題、社会主義思想の萌芽、国際関係など、近現代世界史を理解するための数多くの素材と視点が得られるはずである。

【参考文献】

良知力『向う岸からの世界史』未来社、一九七八年（のちに、ちくま学芸文庫として再刊、一九九三年）
増谷英樹「１８４８年革命の概観と研究の課題」、南塚信吾「ハンガリーにおける48年革命」（以上、良知力編『共同研究　１８４８年革命』大月書店、一九七九年、所収）
南塚信吾「近代国際関係における民族的諸運動」江口朴郎編『民族の世界史15　現代世界と民族』山川出版社、一九八七年、所収
羽場久浘子『ハンガリー革命史研究』勁草書房、一九八九年
羽場久浘子「近代東欧における民族と地域・国家再編」『歴史評論』五二七号、一九九四年

初出（歴史教育者協議会編『近現代史の授業づくり 世界史編』青木書店、一九九四年）

第20章 いまなぜ民族紛争が多発しているのか
――授業づくりの視点――

米ソ対立を主軸とする冷戦構造が解消し、平和に立脚した新しい世界秩序の形成が期待された九〇年代初め以降、なぜ世界各地で民族問題・民族紛争が多発しているのだろうか。以下、現代世界の民族問題・民族紛争の特徴とその背景を探りながら、併せて授業づくりの視点について考えてみたい。

1．民族とは何か

従来、民族の定義には客観的基準と主観的基準の二つの指標が用いられてきた。客観的基準とは、言語、人種、宗教、伝統、慣習、価値観、歴史的体験・記憶などの共有という側面である。他方、主観的基準とは、同じ運命共同体に属しているという「われわれ意識」、すなわち同類意識である。しかしこのうち、客観的基準は一応の目安にすぎず、むしろ後者の同類意識こそが民族を成立させる最も基本的な条件であり、同類意識の発生に応じて前者の客観的基準も生み出される。この点で人間は「民族に生まれるのではなく、民族になる」とも表現することができる。

さて、民族は、先の「われわれ意識」の原理と、「われわれ」と「彼ら」（他者）を区別し、異質な存在を排除・抑圧しようとする二つの原理をもっている。したがって、民族という集団は、日常たえず顕在化しているものではなく、他者（他民族）との差異意識がなければ、民族意識は生じない。たとえば、他者との平和的関係が相互に安定と利益をもたらす状況では、二つの集団の交流は進みやすく、融合しやすくなる。しかし、有限の資源などをめぐっていったん対立が生じると、他者を差別・抑圧する集団意識が作用して民族意識が形成されるといわれている。このように民族および民族意識は可変的かつ流動的であり、たえず生成し変容している。この意味で民族は、虚構の上に成り立った集団であるといわれる所以である。

ところで、民族は古来存在したが「民族問題」が国際社会に現れたのは近代国民国家の成立以後のことである。それは、フランス革命で成立した、最初の国民国家とされるフランス国家に象徴的にみられるように、近代国民国家が成立の当初から単一の民族・言語・国民を理想とし、民族的・地域的・言語的・文化的・階級的等の差異を圧殺・同化し、国内の周近・辺境地域や少数民族を抑圧・統合する機関として出発したからである。ここには、政治単位としての国家（ネーション）に民族・宗教・言語などを一致させようとする理念がうかがわれるが、それはあくまで幻想と虚構にすぎない。実際、近代国民国家は、多民族・多言語・多宗教・多文化を含む雑種性・多元性から構成されているからである。こうして今日に至る「民族問題」「民族紛争」は、近代国民国家の差別・抑圧構造と不可分の関係で、政権を掌握する支配民族に対する被抑圧民族・少数民族の反発という形態で発生することになった。

2.　現代世界の民族紛争の特徴は何か

現在（一九九〇年代後半）の民族紛争は、二〇世紀の民族問題の第三段階として位置づけられている。第一段階は、第一次世界大戦前後の民族運動とウィルソン米大統領が提唱した民族自決運動。第二段階は、第二次世界大戦後のアジア・アフリカ諸民族の植民地支配からの独立と新国家建設をめざした民族解放運動。そして第三段階が、八〇年代以降、とくに冷戦終結後の民族自立運動である。

現代の民族紛争は、湾岸戦争に始まりソ連邦解体・冷戦終結で終わりを告げた一九九一年を転換点として社会主義体制崩壊後の旧ソ連・東欧諸国で発生し、中東・アフリカを悩ませ、南アジア・東南アジアにおよび、ついに統合の進む西ヨーロッパにも広がるという構図で展開している。

旧ソ連の民族問題には、ロシア人のチェチェン侵攻に代表されるロシア人と非ロシア人の対立と、非ロシア人の異民族間の対立の二つの側面がある。異民族間の対立では、国境線と民族分布の不整合からナゴルノ・カラバフの帰属をめぐってキリスト教徒のアルメニア人とイスラム教徒のアゼルバイジャン人の抗争などがおきている。

他方、数世紀にわたってオーストリア・ハプスブルク帝国とオスマン帝国の支配下で、言語や宗教を基盤に民族的アイデンティティを保持してきた東欧では、第一次大戦後、「民族自決」原則にもとづいて人為的な国境線が引かれたため、様々な民族問題が生み出された。一九八九年末の東欧諸国の体制転換・社会主義崩壊後、東欧諸国ではボスニア内戦に代表される深刻な民族・宗教問題に直面している。それは、以下の三つに分けられる。第一は多民族連邦国家だった旧ユーゴスラビアや旧チェコ・スロバキアにみられる主要民族間の対立。第二はマケドニアやベッサラビアなど数か国に分割された地域の統合問題。第三はルーマニア国内のトランシルヴァニアのハンガリー人、新ユーゴ連邦・コソボ自治州やマケドニア共和国のアルバニア人問題など、東欧諸国に共通した少数民族問題である。

中東地域では、イラン・イラク・トルコ・シリア・中央アジア諸国の国境に分布し、長年自治と独立を求めてきたクルド人の間の内戦（クルディスタン愛国同盟とクルディスタン民主党）や、ギリシア系住民と少数派のトルコ系住民との間にキプロス紛争が続いている。また、パレスチナ問題では、九三年の暫定自治合意にもとづいてガザ・エリコ（ヨルダン川西岸）の先行自治が進められているが、最終的地位の決定など、依然として重要課題が山積している。

八〇〇を超える部族が存在するとされるアフリカ大陸では、第二次大戦後、植民地時代の境界線をそのまま国境とし、民族分布を無視して独立国家を建設したため、異なる民族集団が同一国家の成員とされたり、同じ民族集団が近隣諸国に分散するなどして幾多の民族・部族間紛争が発生した。現在、アフリカでの最大の内紛は、ベルギーの植民地統治の後遺症といわれるツチ族とフツ族との間で展開されているルワンダ内戦である。内戦は、国連の停戦仲介にもかかわらず、隣国ブルンジやザイールにも広がり、周辺諸国に一〇〇万人以上の難民をうみだしている。

民族と宗教が混在する南アジアでは、スリランカで人口の七割を占める仏教徒のシンハラ人と二割のヒンドゥー教徒のタミル人との内紛が激化しているほか、インドでも八〇年代以降、シク教徒の独立運動であるパンジャブ紛争やイスラム教徒の分離運動であるカシミール紛争が表面化している。このように南アジアの民族紛争は、宗教問題と深くリンクしており、カースト制度が民族問題を複雑化させている面も強く、解決の困難が指摘されている。

東南アジアでは、前近代に中央集権国家が長く続かなかったため、民族的諸集団の統合が緩慢なまま欧米列強の植民地に編入され、その支配下で白人・中国人・インド人・現地の民族集団から成る重層的な複合社会が形成された。さらに第二次大戦後、列強が引いた境界線を国境として独立国家が建設されたため、様々な民族問題・領土問題がひきおこされた。現在の民族紛争としては、ミャンマーにおける、平原部を支配する中核民族（「平野の民」）とカレン族など山岳少数民族（「山の民」）との対立や、島嶼部地域のフィリピンにおける、イスラム教徒の分離独立を求めるミンダナオ紛争が知られている。

ところで、アメリカ合衆国・日本・西ヨーロッパ諸国などの先進国も民族問題から無縁ではあり得ない。長期的な経済不振、景気後退などに苦悶するアメリカ合衆国でも様々な人種暴動・民族対立が頻発している。アメリカ合衆国では、従来の白人対黒人の対立だけではなく、少数民族や定住外国人間の対立が市民生活に暗い影を投げかけ、九二年五月には最も多層的な社会とされるロサンゼルスで黒人とヒスパニックによる韓国系住民への襲撃事件がおこった。事件の背景には、アジア系移民の大量流入による非白人労働者層の仕事の減少、失業者の増加という社会的現実に対する非アジア系住民の反発があった。また、合衆国にはアパッチ・チェロキーなど、約二五〇のネイティヴ・アメリカン（インディアン）部族が存続し、六〇年代以降、部族文化の回復や民族自決をめざした運動を各地で展開している。

日本の場合には、一部の言説で、日本人が単一民族から成っており、天皇をシンボルに水田稲作農耕にもとづく文化を維持してきたという誤った「日本文化論」が強調されているが、現実にはアイヌや在日韓国・朝鮮人・台湾人の問題、さらにアジア系出稼ぎ労働者などの「民族」問題が存在している。

一九九二年のマーストリヒト条約調印以来、紆余曲折をたどりながらもEUによる統合が推進されている西ヨーロッパでは、統合の前進が民族的・地域主義的運動を活性化し、「EU・国民国家・地域の三空間並存時代」の到来ともよばれる状況を呈している。確かに、イギリスの北アイルランド・スコットランド・ウェールズ、フランスのブルターニュ・オクシタニー、スペインのバスク・カタルーニャ、イタリアの南ティロルなどで、自治や分離・独立、民族的・文化的権利などを求める運動が続いている。しかし他面では、イギリスに示されるように国民国家に執着する傾向も根強く、また、ロマ（「ジプシー」）や外国人・移民・難民などは、いままで以上にきびしい排除の波にさらされているという現実もある。

さて世界各地の民族問題・民族紛争を概観してみたが、それらには、どのような意味内容が認められるのだろうか。山内昌之氏は、現代の民族問題を以下の五つに類型化している（『民族問題入門』二五〜二八ページ、中公文庫、一九九六年）。

①自治や独立を達成して主権国家をつくろうとする「民族自決・分離独立問題」（中国のチベットや新疆ウイグル、ロシア連邦のチェチェン、タタールスタンの分離独立運動、カナダの仏語圏ケベックの独立問題、パレスチナ人、クルド人の自治獲得運動など）。

②境界区分の見直しを求める「国境・帰属変更問題」（旧ソ連のオセティア共和国をめぐるロシアとグルジアの対立、ナゴルノ・カラバフをめぐるアルメニアとアゼルバイジャンの抗争、クリミア半島をめぐるロシアとウクライナの紛争など）。

③主権国家のなかで「国民」としての権利を無視された「少数民族問題・先住民族問題」（日本のアイヌ、カナダのイヌイット〈エスキモー〉、ネイティヴ・アメリカン〈インディアン〉、オーストラリアのアボリジニーなどの権利回復運動や在日韓国・朝鮮人の差別撤廃運動など）。

④「国民形成運動・国民統合運動」（独立後、「国民」になる中心的民族の不在から生じる複数の民族集団間での公権力掌握の闘争で、ボスニア内戦におけるセルビア人・クロアチア人・ムスリム人の抗争など）。

⑤「移民・難民問題」（新しいタイプの民族問題で、かつての政治難民に代わって経済難民の増加する今日、完全雇用、選挙への参加権、医療保険・教育の権利などをめぐる問題の発生）。

以上、五つのタイプのうち、特徴的なことは、①②④のタイプが主権国家の形成にかかわる問題であるのに対し、国民国家内での異議申し立ての意味をもつ③⑤のタイプの問題の比重が近年増大しているという現実である。

③⑤のような必ずしも国民国家の建設を志向しない人々の集団をエスニシティとよび、その運動をエスノナショナリズムという。エスニシティは、ネーション（国民国家）に対抗する概念として一九六〇年代にアメリカ合衆国に登場し市民権を得たもので、その対象は国民国家に完全に同化されずに残った国民国家内の下位集団とみなされ、具体的には先住民族・移民・難民・外国人労働者などの、いわゆるマイノリティ（少数派）を指している。

こうしてみると、かつてのナショナリズムが国民国家の建設をめぐって生じていたのに対し、一九六〇年代以降、世界各地で発生し、国民国家の揺らぎと空洞化をもたらしているのがエスニシティによるエスノナショナリズムであるということができる。エスニシティは、国民国家の枠内で多様な諸権利の要求を行う点にその特徴をもつが、このような動きに対する反作用として、既存の国民国家を守ろうとする古いタイプのナショナリズムが台頭しているのも見逃せない。旧ソ連における諸民族の分離傾向に対する「大ロシア主義」勢力の復活やドイツにおける移民労働者・難民を対象にした排斥事件は、このような動きを物語っている。

3．多発する民族紛争の原因は何か

民族問題・民族紛争が発生する要因としては、社会・政治・経済・文化・宗教・歴史などにかかわる様々な背景が存在するが、ここでは、以下の五つを考えてみたい。

(1) 国民国家と民族の矛盾

現在、世界にはその存在が確認される約五〇〇〇の民族（集団）が地球上の約二〇〇の国家に分属させられている。こうした現実から、地球は国境によって区切られ、それによって色分けされた国民が存在するという固定観念が強まり、国家と民族が一致するという錯覚が人々をとらえている。しかしすでに述べたように、近代国民国家が民族・宗教・言語・生活様式などに合致するという考えは幻想であり、国家は人間の作為の産物にすぎない。ゆえに国家は、国語・国旗・国歌・国史・英雄・神話・伝統などの国民的シンボルを創造・動員して、「上から」意図的に支配者集団を中心とした国民意識の同一化・均質化をはかろうとする性質を強くもっている。このような同化政策の過程で疎外され差別・抑圧を受ける集団として少数民族や先住民族などの、いわゆるエスニシティが生まれることになる。

西ヨーロッパ各地の少数民族の地域主義運動、イスラエル建国への対抗から生まれたパレスチナ民族、インドのシク教徒、スリランカのタミル人の反乱などは、いずれも国家と民族のずれから発生したエスノナショナリズムとしての性格を色濃く示している。このように国家と民族の矛盾が民族紛争発生の一つの歴史的要因である。

(2) 帝国主義・植民地支配の傷跡

近代以来の欧米大国本位の権力主義的な国際関係の展開、そしてその延長上の帝国主義世界分割・植民地支配体制、さらには第二次大戦後の新植民地主義・低開発などが東欧・アジア・アフリカ・ラテン＝アメリカ諸地域社会の政治・経済構造を変質・解体させ、今日の民族紛争の土壌を形成している。第一次大戦中のイギリスの多重外交が現在のパレスチナ問題の起源であることはあまりにも有名である。また、アフリカのルワンダ内戦は宗主国ベルギーによる少数派ツチ族優遇政策と深い因果関係があり、同じアフリカのアンゴラ内戦はポルトガルの、西サハラ紛争はスペインの、それぞれ植民地支配が深い影をおとしている。

さらに第二次大戦後、冷戦下の東西両陣営が各地で対立する諸民族（集団）の一方を「援助」し、武器をもちこみ、対立を煽ったことが冷戦後の第三世界における民族紛争激化の背景になっている。中東・アジア・アフリカ諸国の民族紛争は、このような過去の負の遺産に負うところが大きい。

(3) 民族と宗教・文化の不一致

民族紛争の主体を、大文明圏の境界に位置する、いわば「境界民族」とみなす文明論的視角からの解釈がある。これによれば、「境界民族」は、流動化している大文明圏の周辺の境界線上で引き裂かれ、民族の自己同一性（アイデンティティ）が定立しにくい。そこでアイデンティティをより強固にしようとして強い民族主義が発生しやすくなる。たとえばアルメニアはトルコ、イラン、ロシア、ヨーロッパの境界に位置し、スペインのバスク、カタルーニャはフランス文明とスペイン文明さらにイスラム文明の境界地域にあり、北アイルランドはローマ文明とケルト文明の境界であるとともにカトリック文明とプロテスタント文明のはざまの位置にある。

また、パレスチナ人やクルド人の場合のように、世界交通の通路・十字路という流動的な場所も民族問題の核になりやすい。それは、流動地帯が、国家建設を志向しない遊牧民の文明には適しているが、近代以降、こうした通路の民族が国民国家を形成しようとすると、多くの場合、大国の干渉・支配によって恣意的な線引きが行われ、民族分布の分断を招き、民族紛争を一層ひきおこしやすくするからである。このように、民族と宗教・文化の枠組みの不整合も民族紛争の要因となっている。

(4) 冷戦終結による国際関係の変化

冷戦終焉後に最も多くみられる解釈は、冷戦体制の存続が米ソを頂点とする東西両陣営に所属国家・地域を統制する機能を与え、民族紛争の発生を抑制してきたが、冷戦の終結によって米ソの指導力と、資本主義対社会主義という体制論的なイデオロギーの有用性が失われ、その制御機能を喪失したことによって、世界各地の民族集団・マイノリティの自己主張の芽が噴き出したとする説明である。とくに、こうした理解は最初に民族紛争の火の手が上がった旧ソ連・東欧圏によくあてはまる。それは、これらの地域には冷戦終焉による米ソ両大国の国際統制力の低下と、長年諸民族の国民的統合を強烈に推進してきた社会主義体制の破綻という二つの現象が同時に現われたからである。確かに(4)の解釈は、冷戦終結直後には説得力をもったが、冷戦時代から継続している紛争のケースを含めて、今日の民族紛争を総合的に説明するに足る普遍性をもたない。

(5) 世界交通の発達による世界の一体化・緊密化

ポスト冷戦時代の幕開けは、核戦争の危機の後退と世界平和への待望の時代であると同時に、ＥＵのヨーロッパ統合が示すように、ボーダーレスとよばれる相互依存の国際化と、それにともなう多元的世界の出現であった。最初に述べたように、「民族」の形成の要因として他者（他民族）との多様な交通関係（通商、文化交流、侵略、戦争など）があげられる。国際化現象はすでに冷戦時代から進行していたが、冷戦の終結は、世界の人々に一気に国際化の定着を印象づけた。実は、八〇年代以降加速した国際化・情報化・高度産業化によるグローバリズム（世界の一体化）の進展は、他者、異質な存在に対する排他性という「民族」固有の性質を刺激し、世界各地の民族集団にあらためて疎外感・差別感・劣等感を与えた。また、世界の一体化は現実に社会生活面の様々な不平等を増大させた。こうして、ヒトの移動を含む国際化・情報化などによってうみだされつつある世界の同質化・緊密化は、各地の民族集団に、「他者」の存在と世界のなかでの自己の位置・境遇を認識させ、それがバネとなって各民族が、国際的民主主義の潮流を背景にして「豊かさ」への渇望などから、差別撤廃、失われた権利の回復など、生活に根ざした要求を声高に叫び始めることになったと考えられる。逆説的に見えるが、世界の一体化・緊密化は、マイノリティには「豊かさ」をもたらさず、むしろ民族の覚醒を促し、民族紛争を条件づけているという現実がここにはある。

以上が、現在の民族紛争の主要な背景である。ところで、多発してやまない現代の民族問題・民族紛争に対して確実な特効薬などはあり得ない。解決の方途としては、民族自決権の再検討とそれに代わる「地域自決権」「民族自治権」等の概念を含む「民族関係論」の構築と、また、個人レベルでの国民国家を超えた、あるいは国家にとらわれない政治的・文化的に多様で多元的なアイデンティティの獲得が提起されている。最後に、従来の歴史教育の現場では「民族」は自明の概念とされ、深く検討される機会が必ずしも多かったとはいえない。しかし現実の民族問題・民族紛争の激発は、現代史学習の面でも平和教育の面でも、私たちに必然的に「民族問題」への直視をせまっている。

高校世界史の授業とのかかわりでいえば、以下の点が重要だと考えている。

①アメリカ独立革命、フランス革命やドイツ・イタリアの国家統一など、近代国民国家の形成を扱う場合には、その進歩的・建設的な側面だけでなく、近代国家に内在する差別・抑圧的構造とそれにともなう「民族問題」の発生を、アメリカにおける黒人奴隷、ネイティヴ・アメリカンやドイツ国家におけるポーランド人、ユダヤ系市民などの視点から明らかにすること。

②民族の自決、解放、自立へと変化する二〇世紀の民族運動の特徴と意義を、各時期の具体的な時代状況

との関連で理解すること。
③今日展開している多様な民族問題・民族紛争の特徴・背景などを、多角的観点から考察し、とくにエスニシティの問題と運動に注目すること。
④日本国内における様々なレベルでの民族問題の存在に目を開き、その実態や歴史的背景に関する理解と関心を深めること。
国内外の民族問題・民族紛争に積極的に目を向け、多元多様で複眼的な世界史認識を形成することが、私たちの課題であろう。

【参考文献】


梅棹忠夫監修『世界民族学事典』平凡社、一九九五年。

加藤節「民族と国家」『思想』第八六三号、岩波書店、一九九六年。

中村平治「方法としてのエスノ民族問題」『思想』第八五〇号、岩波書店、一九九五年。

西島健男『民族問題とは何か』朝日新聞社、一九九二年。

福井勝義他『国家と民族』学研、一九九二年。

百瀬宏『国際関係学』東京大学出版会、一九九三年。

山内昌之『民族問題入門』中央公論社（文庫）、一九九六年。

山内昌之編『世界の民族・宗教地図』日本経済新聞社、一九九六年。

尹健次「さまざまな少数派」歴史学研究会編『講座世界史／第一二巻／わたくし達の時代』東京大学出版会、一九九六年。


初出（歴史教育者協議会編『歴史地理教育』第五五九号、一九九七年二月）

第21章　ラテン・アメリカ史像の再検討と黒人奴隷制問題

――民衆を主体としたラテン・アメリカ史学習をめざして――

1. はじめに

私たちは、〝ペルー日本大使館人質事件〟〝コロンビア大地震〟〝ブラジル通貨危機〟などといったラテン・アメリカに関するニュースに接するとき、どのような印象をもつであろうか。それは、日本から遠く離れた地域の出来事であるという距離感であろうか、あるいはまた欧米の出来事のニュースが氾濫する日常のなかに突然飛び込んできたラテン・アメリカ世界の重大事件という唐突感であろうか。もし私たちがこのようなイメージを抱くとするならば、それはラテン・アメリカ世界が私たちにとって距離的に遠いばかりでなく心理的にも〝遠い世界〟であることを示している。このようにラテン・アメリカが日本人にとって〝遠い世界〟である理由は、一つにはマスコミに登場する頻度が少なく私たちの生活になじみが薄いことにもよるが、より重要なことは教科書によって形成された私たちのラテン・アメリカ認識が希薄であることが大きいであろう。そこで以下の小稿では、まず最初に日本の世界史教科書におけるラテン・アメリカ史記述の問題点を列挙する。次に私たちのラテン・アメリカ認識を豊かにするための改善策として、民衆の視座に立ったラテン・アメリカ史学習を行うと仮定し、その主題をブラジルにおける黒人奴隷制問題を例に考えてみたい。

2. 世界史教科書におけるラテン・アメリカ史像の問題点

まず世界史教科書を開いてみると、ラテン・アメリカ世界がまるで欧米諸国の付属物であるかのように断片的に扱われていることに気づくであろう。一般的にいうと、ラテン・アメリカ史が教科書に登場するのは極めて限られている。たとえば、その主題は、①原始アメリカ文明と〝大航海時代〟におけるスペイン・ポルトガル人の侵入、それに続くアステカ・インカ両国の滅亡とラテン・アメリカの植民地化、②一九世紀初頭のラテン・アメリカ諸国の独立、③一九世紀末の米西戦争と二〇世紀初めのメキシコ革命、④戦後のキューバ革命とキューバ危機、ニカラグア革命などである。しかも、これらの断片的な記述には内容面でも様々な問題がある。

以下、時代ごとに教科書記述の具体的な問題点を提示してみたい。①では、アステカ・インカ両国が一定のすぐれた技術を有する文明であったことが記述されているが、鉄器と馬をもたない生産力の低い文明であったためにスペイン人征服者によって容易に征服されたと説明されている。しかし、ここではスペイン人が征服戦争に際して現地の支配層内部の反目や種族間・階級間対立を巧みに利用したこと、そして両国の滅亡後も先住民インディオの抵抗が各地で極めて長期間継続したことなどの事実認識が欠落している。具体的にいえば、一五三二年の一一月一六日にインカ皇帝アタワルパはF・ピサロの軍隊によって捕らえられ、インカ帝国の大部分はピサロの支配下におかれたが、一五三六年にはマンコ・インカの、一五七二年にはトゥパク・アマルの蜂起がおこるなど、インカの抵抗運動はその後約四〇年も続いた。そしてその後も植民地社会では、一六世紀半ばにはメキシコやペルーで千年王国思想と結びついた抵抗運動がおこり、一八世紀は、

〝反乱の世紀〟といわれるほどに各地で植民地権力に対する反抗・反乱が多発した。このような現地住民の抵抗は、一七八〇年代初頭のペルーでのトゥパク・アマル、ボリビアでのトゥパク・カタリの反乱まで連綿として継続した事実を見落としてはならない。

②では多くの教科書がラテン・アメリカ諸国の独立をラテン・アメリカ史上に正当に位置づけず、ウィーン体制の崩壊過程の一環として捉え、独立運動を客体的・他律的に描いている。また、独立運動をクリオーリョ中心の運動として説明し、独立運動でみられたインディオ・黒人奴隷などの民衆運動の役割を軽視している。ここでは、黒人奴隷が主体となり、自力で独立を勝ち取ったハイチ革命はもちろんであるが、シモン・ボリヴァルが独立運動を進めるにあたって下層民・インディオ・黒人奴隷の参加を得るために下層民に土地を分配し、奴隷制の廃止を宣言したという事実が想起されるべきである。

③では米西戦争がラテン・アメリカ、カリブ海地域に対するアメリカ合衆国の帝国主義体制の成立に道を開いたことが重要である。しかしその原因となったキューバでは米西戦争以前の一八九五年二月から独立戦争が始まっており、アメリカは一八九八年二月のメイン号事件を口実に米西戦争をおこしたというのが真相である。この点でキューバ独立運動を主体として考えれば、この戦争は米西戦争ではなく〝スペイン・キューバ・(北)アメリカ戦争〟と表現する方が適切である。

また、③のメキシコ革命、④のキューバ革命でも革命に参加した様々な民衆の役割を事実に即して正確に理解することが必要である。メキシコ革命にはF・マデーロ、V・カランサらのブルジョア地主、農民派のE・サパタなど複数の指導者が登場し、革命は複雑な過程をたどるが、おもにメキシコ南部で戦ったサパタはアラヤ計画を発表して徹底した土地改革と共有地の復活を主張した。彼らの〝土地と自由とパン〟の要求はメキシコ革命の網領にもなり、その精神は部分的にはのちの一九一七年憲法に結実した。サパタは、地主も政府も法律もない自由な農民の楽園、すなわちスペイン侵入以前のインディオ共同体の復興を構想したとされている。このようにサパタらの農民の闘いを抜きにしてはメキシコ革命の意義は理解できない。またメキシコ革命が同時代に展開していたロシア革命の強い影響をうけたこと、さらにメキシコ革命がその後のアルゼンチン・ブラジル・チリ・ペルーなどラテン・アメリカ各地の労働運動に刺激を与えたことなど、メキシコ革命を軸とした相互の影響関係も無視できない。

④のキューバ革命の場合も、革命戦争に参加した労働者・農民大衆の役割の正確な評価が必要である。すなわち、キューバ革命は当初カストロらの急進的小ブルジョア民主主義者を中心に進められたが、農地改革・主要産業の国有化の過程で大土地所有者・アメリカ帝国主義勢力との対立が先鋭化すると、カストロらは農民・労働者の利益を擁護する方向で革命の終結をはかり、ここにキューバ革命は社会主義革命に転化することになった。こうして④では、キューバ革命やニカラグア革命が例示するように、ラテン・アメリカ、カリブ海地域の革命が農民・労働者などの民衆を主体とし、国内の封建的遺制・独裁の除去と帝国主義勢力からの解放をめざす〝民族民主革命〟の色彩を強くもったことが重視されなければならない。

以上、見てきたように世界史教科書におけるラテン・アメリカ史像は、欧米列強の客体として断片的・付随的に描かれており、また民衆の視点が希薄かつ不十分である。したがってラテン・アメリカ世界の歴史を正しく理解するためにはラテン・アメリカを主体として捉え、かつまた、民衆の視座をより多く導入しなければならないことが明らかであろう。そこで、こうした課題に迫る一つの方法として、ブラジルにおける黒人奴隷制と逃亡奴隷王国の問題について考えてみたい。

3. ブラジルにおける黒人奴隷制度と逃亡奴隷王国

世界史教科害では、ラテン・アメリカの征服以後、強制労働に服した先住民インディオの人口が激減したため、アフリカ大陸から「黒い積み荷」とよばれる黒人奴隷が運ばれたことが説明されている。確かに近年、I・ウォーラーステインらの〝近代世界システム論〟の隆盛にともない、奴隷貿易が教科書でもクローズアップされてきている。ところが、アメリカ合衆国の奴隷制を除けば、ラテン・アメリカ、カリブ海地域に連行された黒人奴隷のその後の状況については、ほとんど記述がみられない。これでは生徒が「ラテン・アメリカに運ばれた奴隷たちはその後どうなったのですか」という疑問を抱いたとしても、少なくとも教科書を読む限りでは答えを得られないであろう。そこで、ラテン・アメリカにおける奴隷制をブラジルの場合を例として考えてみたい。

ポルトガル領ブラジルでは、初め先住民インディオの労働力が利用されていたが、先住民の抵抗や疫病による人口の激減、砂糖産業の発展を背景にして一五七〇年以降、漸次アフリカ大陸から黒人奴隷が連行された。その結果、一六世紀末までに五万人の黒人奴隷がブラジルに連行され（一八八八年の奴隷制廃止までにアフリカからブラジルに連行された奴隷の総数は三六〇万以上に達する）、一六二〇年までにはほとんどの砂糖プランテーションで黒人奴隷が支配的な労働力となった。

黒人奴隷は、サトウキビ畑を中心とする農業部門と精糖工場を中心とする工業部門からなる〝エンジェニョ〟とよばれるプランテーションで使役された。彼らの労働は過酷そのもので、しかも粗悪な食事と待遇、高温多湿な気候条件が相俟って死亡率が高く、一年間で各プランテーションの全奴隷の五〜一〇％が死亡するほどであった。こうした状況のなかで、黒人奴隷は奴隷制に対して黙従するのではなく、多様な抵抗を試みた。抵抗の形態は、日常の労働のサボタージュ、嬰児殺し、堕胎、自殺、逃亡、反乱、武装蜂起など様々であったが、ブラジルにおける最も一般的な抵抗は森林への逃亡とそこでのキロンボ（Quilombo）とよばれる逃亡奴隷共同体の形成であった。

逃亡奴隷共同体としてのキロンボはブラジルに限らず、メキシコやパナマ地方にも広く見られた（マルーン、シマロンなどとよばれた）が、そのうち最大のキロンボはブラジル北東部のペルナンブーコからアラゴアスにかけてのバリーガ山脈に存在したパルマーレス（Palmares）である。パルマーレスは複数のキロンボが王を中心に統合されたもので、その起源は一七世紀初頭にさかのぼる。そして一六三〇年から一六五四年にかけてのオランダによるペルナンブーコ占領は、植民地社会を動揺させ、黒人奴隷の逃亡を容易にする条件を生み出した。その結果、一六四〇年代初めには、パルマーレスの人口は六千人に達するようになった。

こうして発展したパルマーレスは、独自の自治組織をもち、戦争などの重要事項に関しては各キロンボの指導者が王のもとに集まり会議を開いて決定し、徴税も行われていた。また経済活動の中心は、トウモロコシ・バナナ・マニオク・サツマイモなどを主要産物とする農業であったが、自給自足的な孤立した社会ではなく、自給できない道具類・種子・武器・女性などをプランテーションや街道を襲撃して入手し、さらに余剰農産物と必需品との交易も行っていた。

このようにして存立したパルマーレスは、砂糖プランテーションの経営者にとっては脅威の的であり、また黒人奴隷大衆にとっては〝逃亡反乱の誘い〟〝自由のための戦いの象徴〟であった。以下の資料は一六七一年、総督フェルナン・コウティニョによる国王宛書簡の一節である。ここには植民地権力のパルマーレス観が如実に示されている。

〈資料　パルマーレスの黒人の脅威は、かつてのオランダの脅威に勝るとも劣らない。なぜならば、植民地の住民は、自分の家の中に、そしてエンジェニョの中に、自分たちを征服するかもしれない敵を抱えているからである〉

こうして植民地権力によって危険視されたパルマーレスは、一六〇二年から一六九四年の滅亡までの期間に計一七回の〝討伐〟軍の攻撃を受けることになった。一六七七年の攻撃の際、植民地政府は王ガンガ・ズンバに和平を提案した。ズンバはこれに同意したが、和平に反対する甥のズンビが主戦派を形成してズンバを処刑した。その後、一六九四年二月、ドミンゴス・ジョルジェ・ヴェリョとベルナルド・ヴィエイラ・デ・メロの攻撃を受けて、ついにズンビのパルマーレスは壊滅した。以上のようにパルマーレスは、バンツー語を話すアンゴラ系・コンゴ系の、盛時には約二万人を越える黒人逃亡奴隷たちの〝自由の王国〟に発展した。しかしパルマーレスは、ブラジルにおけるアフリカの王国の単なる再現ではなく、〝白人世界〟と〝黒人世界〟の文化を両有する逃亡黒人奴隷たちの〝自由なる共同体〟であり、彼らは〝文化的混血〟の当事者としてのちのブラジル文化の形成にも大きな役割を果たした。

4. 世界史教育におけるラテン・アメリカの黒人奴隷制

世界史の授業ではラテン・アメリカの黒人奴隷制はどのように扱われているのであろうか。実際にはラテン・アメリカ史の授業実践報告は、世界史教科書のラテン・アメリカ史叙述の問題点を反映してか、ヨーロッパ史は勿論のこと、アジア史やアフリカ史と比較しても、非常に少ない。すでに一九六〇年代後半から七〇年代の段階でラテン・アメリカ史学習におけるインディオや黒人奴隷問題の重要性は明瞭に指摘されているが（日笠俊男「アジア・アフリカ・ラテンアメリカ史の学習」『歴史地理教育』第一二五号、一九六六年、所収。鈴木亮「インディオの歴史」『世界史学習の方法』岩崎書店、一九七七年、所収）、しかしその後、この問題は必ずしも十分に深められてきたとはいえないであろう。そもそも日本の世界史教科書では一七〜一八世紀のラテン・アメリカ史に関する記述が欠落しているが、これにちょうど対応するかのように、授業実践報告も、スペイン征服期のインディオ社会とその抵抗、ラス・カサス、黒人奴隷貿易、キューバ革命などに集中しており、征服期から独立運動期にかけてのインディオ社会の変容や黒人奴隷制などを扱った実践例は極めて少ないように思われる（中山義昭「ラテン・アメリカ」『歴史地理教育』第四二一号（現代史と地域・世界）、一九八七年、所収。星村平和・川口靖夫編『世界史教育関係文献目録：１９４９〜１９９５』清水書院、一九九七年、などを参照）。

この点で参考になるのが一九九四年にアメリカ合衆国で発表された『世界史（教育）のための全米指導基準』（National Standards for World History）である。同基準では「奴隷貿易時代におけるアフリカの変化の諸様式の理解」（Era6,Standard.4C,p.192）と題する箇所で、ラテン・アメリカにおける黒人奴隷の問題がアフリカの黒人王国や黒人奴隷貿易と関連づけて扱われている。たとえば、七〜八年生対象の学習課題例では「……奴隷の抵抗や異議申し立ての様々な形態を比較し討論しなさい」「ブラジルにおけるアフリカ人のパルマーレス王国の歴史を詳述しなさい」などと記されている。これは、同基準が「社会の底辺の人々、女性、非白人種についても十分な注意を払うべきだとする多様性の原則」を重視しているからであるが、日本の世界史教科書が内容的に奴隷貿易の説明で終わってしまい、ラテン・アメリカの奴隷制の実態や抵抗などに関してほとんど記述していないことに比べてはるかにすぐれていると思われる。今後の教科書記述の改善も必要であるが、教科書の記述になくともインディオや黒人奴隷などの具体的な問題を取り上げ、その生き生きした歴史を適切な教材を用いて提示することによって、ラテン・アメリカ史の多様性をよりよく理解させることが重要である。

5. おわりに

現在のラテン・アメリカ世界には、政治体制の民主化と自由化、累積債務と経済危機、国民生活の困窮化、環境破壊の深刻化などの問題が存在している。しかし、現実のラテン・アメリカ史に目を向けると、ラテン・アメリカ諸国の独立・変革などの歴史発展に広範な民衆が参加し、大きな役割を果たしてきたことを看取できる。それは、一九六〇年の〝ハバナ宣言〟が人間による人間の搾取と帝国主義金融資本による後進国の搾取からの解放と並んで、労働者・農民・黒人・インディオ・女性のすべての平等な解放を提起していることからも明らかである。私たちは、ラテン・アメリカ史のなかにその多様性・主体性を発見し、等身大のラテン・アメリカ史像を描きながら、それを他地域との対等な関係で世界史のなかに位置づけていくことが必要であろう。すなわち、それはラテン・アメリカ史が世界史をつくり、また同時に世界史がラテン・アメリカ史をつくるという世界史認識の形成につながる課題でもある。

【参考文献】
東明彦「ポルトガル領アメリカ――ブラジル――」染田秀藤編『ラテンアメリカ史――植民地時代の実像――』世界思想社、一九八九年、所収。

池本幸三他編『近代世界と奴隷制』人文書院、一九九五年。

入江昭「一国中心の歴史を超えるために」『世界』第五九〇号、岩波書店、一九九四年、所収。

I・ウォーラーステイン（川北稔訳）『近代世界システム 1730 ~ 1840s：大西洋革命の時代』名古屋大学出版会、一九九七年。

岡部廣治「ラテンアメリカ＝カリブの歴史と世界史」歴史教育者協議会編『あたらしい歴史教育　第一巻　世界史とは何か』大月書店、一九九三年、所収。

加茂雄三他『地域からの世界史　第一六巻　ラテンアメリカ』朝日新聞社、一九九二年。

国本伊代『概説ラテンアメリカ史』新評論、一九九二年。

鈴木茂「ラテンアメリカの奴隷制社会」歴史学研究会編『南北アメリカの五〇〇年　第一巻「他者との遭遇」』青木書店、一九九二年、所収。

高橋均『ラテンアメリカの歴史』山川出版社（世界史リブレット）、一九九八年。

寺田和夫『インカの民乱』思索社、一九九二年。

中山義昭・依田好照『世界の国ぐにの歴史　第一一巻ブラジル』岩崎書店、一九九一年。

D・バルカルセル『アンデスの反乱――独立の先駆者トゥパク・アマル――』平凡社、一九八五年。

布留川博「逃亡奴隷の王国：ブラジルのパルマーレス」『週刊朝日百科世界の歴史 第八九巻』朝日新聞社、一九九〇年。

増田義郎『物語ラテン・アメリカの歴史』中公新書、一九九八年。

R・メジャフェ（清水透訳）『ラテンアメリカと奴隷制』岩波書店、一九七九年。

ワンカール『先住民族インカの抵抗五百年史』新泉社、一九九三年。


初出（『一橋情報：新しい世界史の授業づくりに向けて〈その5〉』一橋出版、一九九九年五月）

第22章　世界史と「民族の課題」について
――歴教協五〇年史を振り返って

1.「民族の課題」はどのようにして生まれたのか

二〇世紀の閉幕を前にした一九九九年、アジアから最後の植民地が消滅した。ポルトガル領マカオの中国返還と東ティモールの独立である（後藤乾一「東ティモール独立とマカオ返還」――『世界』第六七二号、岩波書店、二〇〇〇年三月）。この事実を見届けるかのように、二〇〇〇年一月初め、長年歴教協で世界史教育と「民族の課題」を一貫して追求してこられた鈴木亮氏が逝去した。以下、『歴史教育五〇年のあゆみと課題』所収の鈴木論文「日本史と世界史の統一的把握」「民族の課題と歴史教育」を素材に、戦後歴史教育における世界史と民族の問題について検討する。

「民族の課題」は、戦後の廃墟と占領下における日本国民の生活体験から生まれた「民族」という自覚を通して、現れてきた。そこには、権利意識と平和への意思と民族の屈辱感があふれていたという。

一九四九年七月に設立された歴教協は、その設立趣意書のなかで「私たちはかぎりなく祖国を愛する」と述べ、さらに「歴史教育は国家主義と相容れないと同時に、祖国のない世界主義とも相容れないのであって、国家の自主独立が真の国際主義の前提である……」とその基本的立場を表明している。このような観点から一九五一年の歴教協第三回大会では「平和と愛国の問題を歴史教育においてどうとりあげるか」が大会テーマとされ、報告者の金沢嘉市は「民族の歴史を学ぶことによって祖国を知り、祖国日本を愛することを学ばせなくてはならない」と語った。この大会では、「平和」と「愛国」が対をなす、めざすべき目標として提示され、その具体的な方法として民族＝祖国の歴史学習が措定されたのであった。当時の政治情勢をみると、第三回大会が開かれた一九五一年九月にサンフランシスコ講和条約と日米安保条約が結ばれて日本は対米従属し、一九五三年一〇月には池田・ロバートソン会談で、自衛のための愛国心の育成が約束され、一九五四年五月には「教育二法」が強行採決されるなど、教育の反動化が進んだ。

この間、歴教協の大会テーマは「平和と愛国の歴史教育の具体的展開」（一九五二年、第四回大会）から「今日における歴史教育の課題と方法」（一九五三年、第五回大会）、「教師のための歴史学習」（一九五四年、第六回大会）へと推移し、歴史教育の内容論・方法論に重点が移ったが、一九五三年一月の日教組第二回全国教研集会に出席した沖縄教職員会会長の屋良朝苗による米軍支配下の沖縄の現状報告や同集会に参加した朝鮮人教職員同盟の教師たちとの交流を通じて、歴教協の会員たちは民族独立の課題と民族教育の意義についての認識を深めた。

そして一九五〇年代半ばから六〇年代初頭にかけての激動の内外情勢の展開、すなわちインドシナ休戦、ネルー・周恩来会談と平和五原則、アルジェリア民族解放闘争の高揚、アジア・アフリカ会議、エジプトのスエズ運河国有化宣言、キューバ革命、「アフリカの年」、アジア・アフリカ人民連帯会議、非同盟諸国首脳会議や日本国内での日米新安保条約反対運動、沖縄祖国復帰協議会の結成などの動向が多くの人々に沖縄やアジア・アフリカの政治的現実に目を向けさせ、これと併せて日本の「民族の課題」への自覚を深化させることになった。

このような情勢をうけて、歴教協は一九六二年の第一四回大会では「現代史と歴史教育」、一九六三年の第一五回大会では「現代の課題と歴史教育」、一九六四年の第一六回大会では「現代の課題」をそれぞれ大会テーマとして設定し、直面する現代の課題を見据えつつ、歴史教育のあるべき方向性を論じていた。とくに、第一四回長野白馬大会では、「愛国心をどう考えるべきか」という全体討議が行われ、独立・平和・愛国心をめぐって議論が交わされた。

その後、一九六五年の第一七回青森大会で初めて「民族の課題」が大会テーマに掲げられるが、そこには前年の第一六回伊香保大会で行われた上原專祿講演「歴史研究の思想と実践」(『歴史地理教育』第一〇二号、一九六四年十一月掲載、『上原專祿著作集』第二五巻、評論社所収、以下『著作集』と略す）が影響を与えていた。

2．世界史像の自主的形成と「民族の課題」

一九四九年四月、新制高等学校の社会科に新設科目「世界史」が置かれて以来、歴史研究者・歴史教育者がそれぞれの立場から世界史の内容構成をめぐり様々な議論と試行錯誤を行った。当時、皇国史観の呪縛から解放された日本の歴史学界では、歴史学研究会の「世界史の基本法則」・史的唯物論に立つ発展段階論が注目を集めていたが、「課題化的認識」という独自な方法論から世界史を構想し、歴史教師たちに多大な影響を与えたのが上原專祿である。当時、上原は民族と世界史の問題を関連づけて考察した希有な歴史学者の一人であり、以下ここでは「民族の課題」との関係にしぼって「上原世界史」にふれてみたい。

民族に関する上原の初期の著述を収録した一冊に『民族の歴史的自覚』(創文社、一九五三年刊。『著作集』第七巻）がある。上原は同書のなかで、日本人の歴史的・政治的課題として、日本社会の近代化、日本民族の独立、世界平和の実現の三つをあげ、さらにそれらの相互関連性を問い、原子力兵器時代の危機意識から世界平和を第一課題とし、第三次世界戦争の防止のためにアメリカの対日支配の排除と日本の民族独立を訴え、世界平和と民族独立の問題に能動的・主体的に参与し得る国民形成＝教育の課題を説いている。ここでは上原が世界平和と日本の民族独立を相互連関的・構造的に把握している点が重要である。

一九五〇年代は、上原の世界史構想が様々な形で世に現れた時期である。一九五四年八月、『歴史地理教育』創刊号に「歴史教育の目標」を寄せた上原は、従来の歴史教育を「歴史的事実についての知識の伝達そのもの」として批判して、「世界と日本にわたる歴史像の自主的構成への態度を育て上げるという方法を通じて、子どもたちに歴史意識と歴史的自覚を備えさせる」ことを歴史教育の目標として提起した。このような上原の歴史教育論は「世界史像の自主的形成」とよばれることになる。

次に、自らが監修した『高校世界史』（実教出版）が一九五六年の教科書検定で不合格になったため、これを一九六〇年に『日本国民の世界史』と改名して岩波書店から刊行した上原は、前書きで同書が人類史全体を対象とせず、普遍的な発展法則も扱わず、日本国民自身の生活意識・歴史意識から日本の直面している歴史的な諸問題を明らかにすることを目標に掲げている。いうまでもなく、こうした「現代世界における日本国民の歴史意識」という強烈な問題意識にもとづく上原の主体的な世界史構想には、五〇年代半ばの躍動するアジア情勢・アジア諸民族の独立と新国家建設への強い共感があり、また同時に、前述の世界平和の実現のための日本の民族独立への熱意が込められていた。

そして上原は、一九五〇年代後半から民族独立の主体となるべき日本国民の形成を志向して教育に関する発言を強めていった。日教組の教研集会などでの講演を収録した『国民形成の教育』（新評論、一九六三年。

『著作集』第一四巻）を紐解くと、民族独立のための国民形成＝国民教育への上原の熱い期待が伝わってくる。上原は、従来の戦後「新教育」を一般的・抽象的な教育として批判し、あるべき国民教育を、労働者階級の教育でも、民主的な人間形成の教育でもなく、まさしく、より高次な「政治」としての「国民教育」であり、現代日本をそれ以外の諸世界に対して、主体性と自律性をもった緊密な民族集団に高め得る、行動と責任の主体としての「日本国民」の創造であると定義している。上原によれば、「日本国民」は存在概念ではなく、当為概念であり、アメリカからの独立を達成し、他の世界との平和的共存の課題を自己に課し、日本が世界平和に寄与できるような主体的・自律的な民族集団を創造するための「日本国民」の形成が必要であった。

このような「民族」をめぐる上原の思想的な営みのうえに一九六四年の第一六回伊香保大会における上原講演「歴史研究の思想と実践」が位置づけられるのである。周知のように、このとき上原は日本国民が「生活や仕事のなかで、直接的に感じとった問題」として①生存の問題、②生活の問題、③自由と平等の問題、④進歩と繁栄の問題、⑤独立の問題の五つをあげている。このうち、上原は独立の問題が一段深いところに位置しており、他の諸問題を凝集した「かなめ」をなしていると指摘しているが、上原には、日本の民族独立が世界平和などの他の諸問題の解決の前提であるというだけでなく、日本の大衆がアジア・アフリカ・ラテン＝アメリカの大衆と同質の諸問題を抱える世界史的問題状況のなかにおかれているという認識があった。

ところで近年、上原の歴史認識については、上原がアジア諸国の分断を意図するアメリカ帝国主義の力量を過小評価していたこと、独立をめざす諸勢力の歴史的分析が不十分であったこと、その後のアジアの歴史的現実が一九六〇年代以降、逆流現象が生じ、上原の期待通りに進行しなかったことなどの点から批判する見解が現れている（鈴木良「歴史教育の現状と課題」『岩波講座日本通史　別巻第一巻』岩波書店、一九九五年）。しかし、上原の歴史学上の意義は、その後の歴史展開から遡及的・帰納的に解釈されるべきではなく、明晰な問題意識にもとづいた世界史像の構想と時代の課題に応えた「国民形成」の提案というその社会的役割の点で評価されるべきであろう。

3. 歴教協における「民族の課題」の追求

(1)「民族の課題」はどのように追求されたのか

歴教協の大会では、一九六五年の第一七回青森大会から一九七五年の第二七回千葉大会まで一一回にわたって「民族の課題」が大会テーマに掲げられた。このうち、第二〇回奈良大会と第二一回山形大会では「平和と愛国の歴史教育」というサブタイトルが付けられたが、第二二回長野大会以降は「地域に根ざし人民のたたかいをささえる歴史教育」が「研究の重点」に設定されていた。

B−52が沖縄の基地から北ベトナム爆撃に飛び立つ最中に開かれた第一七回青森大会には、在日朝鮮人総連合会や朝鮮大学に所属する朝鮮の人たちのほかに、三八人の労働者と四人の農民が討論に参加し、青森大会の特徴を形づくった。また、青森大会の現代史分科会では「民族の問題のかなめとしての沖縄」が討議され、現代史を沖縄を頂点に据えて中国・朝鮮・ベトナムとの関わりのなかで捉えることが確認された。この大会に参加した野原四郎が「民族が分裂している国々のなかに、中国、朝鮮、ベトナムと一緒に日本を入れていたことに虚をつかれた……私のなかには沖縄はなかったことを学んだ」と感想を述べているように、青森大会は沖縄問題を軸に「民族の課題」の重みを参加者の意識に刻み付けた。

そして同六五年の年末、第二回沖縄県歴教協研究集会に歴教協副委員長の高橋磌一と『歴史地理教育』編集長の鈴木亮が参加したことは歴教協の沖縄認識をさらに鮮明にした。米軍政府が高橋の沖縄渡航を許可することは困難であるとされる情勢のなかで、三〇〇ドルのカンパの達成にみられる沖縄県民の広範な支持をうけて旅券を獲得して高橋らが渡航したことは、沖縄の現実を直視し、沖縄の解放と日本の独立の課題を全国の会員に還流させるうえで大きな役割を果たした。

「民族の課題」を掲げた歴教協の一一回の大会のなかで、一つの画期になったのが六九年の第二一回山形大会である。歴教協大会は、一九六七年の第一九回東京大会から参加者が千人を越えていたが、この山形大会には教師・労働者・農民・主婦・学生など一二〇〇人の多彩な顔ぶれが参集した。山形大会で基調提案を行った副委員長の小松良郎は、「民族の課題」の内容を「独立」「平和」「民主主義」の三点に整理し、とくに「独立」については「百万人の日本人が祖国を失い、異民族の圧制の下に人間としての権利を奪われ、自分の運命を決定することのできない状態にある時、どうして日本は独立したといえよう」という沖縄歴教協の上原源栄の言葉を引用して沖縄問題への関心を促した。

山形大会の成果は、「民族の課題」と並んで「地域の課題」の重要性を参加者に意識づけた点にあった。その口火を開いたのは「夜のつどい」の「農民と語るつどい」における酪農家平山精一の発言である。平山は、農民の自主的な学習サークルをつくって酪農経営の伸び悩みの原因を調べたところ、日米安保条約第二条日米経済協力条項によって、日本政府がアメリカ産の脱脂粉乳を買い入れ、それを日本産脱脂粉乳の一〇分の一の値段で学校の子どもたちに飲ませている事実をつきとめ、そこから村や地域のなかに帝国主義も安保もあるという現実を指摘した。この平山発言から「安保も帝国主義も地域にゴロゴロ」という有名な言葉が生まれた。山形大会は、その総括討論で、大会テーマとして四年目になる「民族の課題」がどれだけ追求されてきたのか、歴教協には科学はあるが生活がないのではないか、これでは何年たっても「民族の課題」

の追求は不十分ではないかという山形からの発言をうけ、歴教協が「民族の課題」を追求するための具体的な運動の観点として生活の足場である「地域」に目を向ける転機になった。

このようにして翌七〇年の第二二回長野大会から「地域に根ざし人民のたたかいをささえる歴史教育」が「研究の重点」に位置づけられることになった。

(2)「民族の課題」と「地域の課題」

一九七〇年の第二二回長野大会以降、「民族の課題」と「地域の課題」の関連をめぐり、様々な論議が行われたが、これを最も明確に整理・分析したのが一九七七年、第二九回秋田大会を前にした秋田歴教協の茶谷十六である（「愛知から「東北」（秋田）へ――第二九回大会の位置づけについて」『歴史地理教育』第二五九号、一九七七年一月）。茶谷は「民族の課題」をぬきにした「地域の課題」はありえないし、逆に「地域の課題」をはなれた「民族の課題」もないとして、「民族」と「地域」の密接不可分の相互関連性を指摘し、また、「地域」は「民族」のたんなる部分ではないし、「民族」は「地域」の単純な寄せ集めでもないと両者の関係を整理した。そして茶谷は、「民族」とは人民的なたたかいの伝統・エネルギーの歴史的な累積であり、「地域」とはそうした伝統・エネルギーの歴史的な累積が現実具体的な姿で息づいている場所であると捉え、「地域」のなかに、社会を変革し歴史を創造する「民族」の知恵と力、「民族」の未来を切り開く力を発見することが課題であると考え、新しい研究主題として「父母と子どもと教師がともに未来を語る歴史教育」を提案した。

このようにして、「民族の課題」と「地域の課題」の関連性の整理をうけて、人民・民衆の生活とたたかいの場である「地域」を重視した「地域に根ざす」歴史教育がその後、一九七六年の第二八回愛知大会から現在に至るまで大会テーマとして掲げられることになった。

(3) その後の「民族の課題」の追求の行方

歴教協の「民族の課題」の追求は、沖縄問題を軸に朝鮮問題やベトナム戦争などのアジア・アフリカの政治動向を視野に入れつつ展開してきたが、沖縄の施政権が返還された一九七二年前後から「民族の課題」は、その内容面で新たな広がりを示すようになった。すなわち、一九七一年の第二三回北海道札幌大会の部落・差別分科会で「アイヌ系日本人の問題」が報告されてアイヌの問題が視野に入り、七七年の第二九回秋田大会では北方少数民族ウィルタのゲンダーヌがウィルタ語で報告を行い、一九八六年の第三八回岩手大会では「東北民衆の歴史と文化の創造」に学ぶなど、日本が単一民族国家でないことを認識し、沖縄・北海道・東北・東国を視野に含んだ日本史像の構築が意識化され始めた。これは「民族の課題」が日本民族の独立の問題だけでなく、日本史像の再構築や世界史と日本史の統一的把握の問題とつながっていることを意味した。

その後、一九七六年の第二八回愛知大会から「民族の課題」に代って「地域に根ざす」歴史教育が大会テーマとなったが、その背景には「民族の課題」が重く、わかりにくく、実感としてなじまない、それに対して、様々な問題を抱えた子どもたちが増え、学力低下の問題が深刻化し、「子どもがわかる授業」が求められたという事情もあった。

こうして「民族の課題」が大会テーマから消えた後、「民族の課題」の意識の希薄化が危惧された。そこで鈴木亮は「消してはいけない『民族の課題』の追求」（『歴史地理教育』第三〇〇号、一九七九年十二月）を書き、「民族の課題」の追求の軌跡をたどり、上原専祿の言葉を再三引用しながら、在日米軍の犯罪・事故の数々を紹介して、安保体制下、日本の対米従属の問題点に警鐘を発した。鈴木によれば、一九五二年のサンフランシスコ講和発効以後、一九七七年十一月までの在日米軍がおこした事故による日本人の死者は、公務上が四八六人、公務外が九五六人である（これには一九七二年の沖縄返還以前の沖縄県のものは含まれていない）。しかも、日米地位協定によって、公務中の米軍人・軍属の犯罪の場合には日本に第一次裁判権がなく、実際に米軍は、四八六人の日本人を公務中に「殺した」米軍人・軍属に対しては一度も軍事裁判を開いていない。こうした事実から鈴木は、日本の「独立」に疑問を投げかけ、ひき続き「民族の課題」の追求を主張している。

つづいて、一九八〇年の第三二回神奈川大会で、一九七七年九月に横浜市緑区で発生した米軍機墜落事故の被災家族の椎葉寅雄の発言を聞いた斎藤秋男は、私たちが日本の従属実態に目を閉ざして、どうして子どもたちに主権とは何かを教えられるかと「民族の課題」の追求にあらためて注意を促した（『歴教協研究年報』第三号、一九八一年八月）。

そして一九九五年九月に沖縄で米兵の少女暴行事件がおこると、十月二一日、宜野湾市で「米軍人による少女暴行事件を糾弾し日米地位協定の見直しを要求する沖縄県民総決起大会」が開かれ、八万五千人が宜野湾海浜公園を埋め尽くした。鈴木亮は、一九九七年一月の歴教協中間研究集会で「歴教協と『民族の課題』」を報告し、「民族の課題」の追求の歴史を整理したうえで、最後に沖縄への修学旅行に言及し、平和教育の取り組みとともに、沖縄の復帰運動の歴史とその後のたたかいの歴史の学習の重要性を指摘した（「『民族の課題』と歴教協――『民族の課題』をもういちど」『歴史地理教育』第五六四号、一九九七年六月）。

そこで、沖縄修学旅行に精力的に取り組んでいる河合美喜夫は、鈴木の指摘を積極的に受け止め、沖縄を「総合的に認識すること」、沖縄を通して日本とアジア・世界の問題を考えることの重要性を説き、そのことが「民族の課題」につながると述べている（「総合学習としての沖縄修学旅行」『歴史地理教育』第六〇七号、二〇〇〇年四月）。

こうして沖縄を軸に展開してきた歴教協の「民族の課題」の追求は、新ガイドライン関連法や沖縄米軍基地移設問題などに直面しつつ、いま原点の沖縄からふたたび新たな歩みを踏み出したかのようである。

4．多元化する「民族の課題」と歴史教育・社会科教育

(1) 在日外国人問題

二一世紀を直前にして、私たちが取り組むべき「民族の課題」は、その内容がきわめて多面化・複雑化しつつある。以下、その問題点を列挙してみたい。

「内なる国際化」の課題が叫ばれて久しい。日本国内の外国人登録者数は一五一万二千人で、うち永住外国人が六二万七千人、国籍別では韓国・朝鮮人が五五万五千、中国人が三万六千人である（一九九八年現在）。在日外国人全体に占める在日韓国・朝鮮人の比率は依然として高いが、その比率は下降しつつある。それは、一九八五年の日本の国籍法改正により、父母両系主義が導入され、「父または母が日本人」の子は日本国民として扱われるようになったことがその一因とされている。小牧薫は、在日朝鮮人問題を「差別」の観点よりも「民族問題」として把握すべきであると主張し、在日朝鮮人問題の解決策として、①日本政府の植民地支配・侵略戦争に関する認識の転換、②戦後補償の実施、③国籍選択の自由の保障、④定住者に対する社会保障の全面的適用、⑤民族教育の保障と財政援助、⑥就職差別の撤廃、⑦地方自治体への参政権問題の解決をあげている（「『民族共生』と在日朝鮮人問題」——歴教協編『歴史教育・社会科教育年報　一九九五年版』、三省堂）。そして現在は、⑦の永住外国人に地方選挙権を認める外国人参政権法案が国会に提出されている。

在日韓国・朝鮮人をオールド・カマーとすれば、新規に入国した外来外国人であるニュー・カマーの増加が近年目立っている。その主流は中国とフィリピンであり、ブラジル・ペルーがそれに続いている。これは、一九八五年のプラザ合意における円高・ドル安がもたらした内外の所得格差の拡大がその背景をなしているが、とくに就労に制限の設けられないブラジルなどの日系人の流入が激増している。九八年現在、日本国内で働く外国人数は六七万人、合法的な就労は四〇万、うち日系人が二二万人で、不法就労が二七万人とされ、日本社会はこうした外国人労働者を欠いては成立できなくなりつつある（田中宏『在日外国人（新版）』、岩波新書、一九九九年）。あと数年で総人口も労働人口も減少を始めることを見込んだ日本の法務省が最近八年ぶりに「出入国管理基本計画」を見直し、外国人労働者の受け入れの拡大方針を打ち出している。多様な外国人との共生を課題に、在日外国人問題に歴史的な視点をくみ入れ、構造的かつグローバルに捉えることが重要である。

(2) 日本国内の少数民族問題

歴教協は、アイヌやウィルタなどの日本の少数民族問題や世界の先住民族問題を視野に入れて取り組んできた。アイヌ民族は、一九八九年八月、北海道二風谷で「世界先住民族会議」を開いて、世界の先住民族との交流を深め、日本政府が何も行わなかった一九九三年の「国際先住民年」には、帯広市で「第五回アイヌ民族文化祭」を開催するなど、各地で様々な取り組みを行った。一九九七年五月、一八九九年以来続いた「北海道旧土人保護法」が廃止され、「アイヌ文化振興法」が成立した。しかし、これは民族文化振興の枠内にとどまり、長年アイヌ民族が求めてきた「民族の基本権」には何ら触れないという問題を残した。そこで現在、「民族の基本権」回復のための様々な活動が展開されている。こうしたアイヌ民族の諸問題をしっかりと私たちの「民族の課題」に位置づけなければならない。

(3) 民族紛争問題

国外に目を向けると、九〇年代初頭の冷戦終結後、世界各地で多発している民族紛争が大きな国際問題になっている。一九九九年の「コソボ戦争」とＮＡＴＯの爆撃、コソボに接するセルビア南部ではアルバニア系住民とセルビア系住民の対立が続き、「第二のコソボ化」が懸念されている。また、アフリカのアンゴラやロシアのチェチェンでも紛争が長期化している。以前私は、授業づくりの観点から世界各地の民族紛争の特徴と原因のスケッチを試みた（米山宏史「いまなぜ民族紛争が多発しているのか」『歴史地理教育』第五五九号、一九九七年二月）が、個々の民族紛争・民族問題を、その歴史的文脈、地域的・文化的特性、政治的・社会経済的背景、それを取り巻く国際関係などを視野に入れ、多面的かつ構造的に理解することが必要である。二一世紀の私たちの「民族の課題」は、日本の民族独立という国内的問題と併せて、こうした国際的問題をも主体的に視野に収めなければならない。

今回は紙幅の関係で省略したが、上記のほかにも、移民や難民、国家と民族の関係、国民国家の相対化、文化多元主義、マイノリティーなどの問題も広義の「民族の課題」に含まれるであろう。二一世紀の私たちの「民族の課題」はますます広がりつつあるのである。

最後に、「民族の課題」と「地球市民」教育の関係に関わって、次の点に触れておきたい。現在、グローバリゼーションの進展のなかで、「地球市民」教育の議論が盛んである。しかし、二谷貞夫が指摘するように、人間は初めから「地球市民」なのではなく、ナショナルな、あるいはエスニックな固有な歴史を担うことによって初めて世界史に参加できるのであり、主権国家体制が存立している以上、あくまでも「民族の課題」を抱えた日本国民として「地球市民」に向かっていくのである（二谷貞夫「なぜ『民族の課題』にとりくむのか」――歴教協編『歴史を学び歴史をつくる歴教協の五〇年とこれから』、一九九九年）。このことは、「個」から一足飛びに「世界」や「地球」に目を向けることではなく、「地域」や「民族」に視点をおき、そこから「世界」や「地球」に認識を広げることを意味する。この点で再評価されているのが上原専祿の個人―地域―日本―世界を串刺しに捉える世界認識の方法である。すなわち、地域や民族の生活現実に視座をおき、地域―日本―世界を統一的に把握する認識方法こそ、ナショナルなものとグローバルなものとを一体的に理解できる、「地球市民」に必要な認識方法であろう（野元弘幸「国境を越える人々の人権と教育」、民主教育研究所編『人間と教育』第二五号、旬報社、二〇〇〇年四月）。二一世紀の「民族の課題」の内容をしっかりと受け止め、その解決に立ち向かう歴史教育・社会科教育を創造することが私たちの課題であろう。

初出（歴史教育者協議会編『歴史教育・社会科教育年報２０００年版』三省堂、二〇〇〇年八月）

第23章 ローマ帝国と北方「蛮族」世界

1．北方世界からローマ帝国を捉えるまなざし

紀元前二世紀半ば、古代ローマ人は地中海一帯を「我らの海」として確保し、最大時には西は現在のポルトガルやモロッコ、東はイラクに至る広域空間を支配するローマ帝国（imperium Romanum）を建設した。夏は高温で乾燥しやすく、そして大河がなく、石材は豊富という共通の自然環境をもつ地中海域を、古代ローマ人が一つの政治的支配圏として統合・支配したことから、ローマ帝国の成立をもって古代地中海世界が完成したと一般には理解されている。

ところで、アルプス山脈以北に眼を向けると、ケルト人、ゲルマン人、トラキア人、イリュリア人、スキュタイ人など様々な民族が存在し、ローマ帝国との和戦両様の多様な関係を通じて独自の歴史を展開していた。彼らはケルト人を除いて、固有な文字を持たず、彼らの「歴史」を書き残さなかったため、歴史の主体としては軽視され、ローマ人から北方「蛮族」（Barbaroi）と見なされてきた。しかし、古代地中海世界の全体構造を理解するためには、北方「蛮族」を視野に入れ、彼らとローマ帝国との関係を把握することが不可欠である。北方「蛮族」の視点からローマ帝国を捉え、両者の関係が織りなした歴史を紹介する。

2．ドナウ川対岸にそびえる反ローマ国家ダキア王国

ドナウ川下流域からカルパチア山脈にかけて、現在のルーマニアの地域にトラキア人の一派であるダキア人が居住していた。ダキア人は黒海西岸に建てられたギリシア人植民都市との交易を通じてギリシア文化を吸収し、また前六世紀頃からスキュタイ人から金属製武器を、西方のパンノニア（現ハンガリー）で接するケルト人から建築技術を学ぶなど、先行文化を摂取し部族の分裂状態を克服して政治統合を進めた。

その結果、西方のゲルマン人などより早く王権が勃興し、前八〇年頃、全ダキア部族を糾合しブレビスタ（Burebista）を王とするダキア王国が成立した。ブレビスタは、黒海西岸のほぼ全域を支配下に収め、西方ではケルト系のスコルディスキ族、ボイイ族、タウリスキ族を破り、史上初めて南東ヨーロッパに統一王国を樹立し、ローマの属州マケドニアやイリュリアに侵入し、ローマ人から北方の脅威と恐れられた。黒海西岸の都市ディオニュソポリス（現ブルガリアのバルチック）出土の碑文には、「ブレビスタはトラキアの王たちの中で第一にして最大の王」と記されている（W.Dittenberger.S.I.G.762.）。

やがて、ローマの将軍カエサルが北方の脅威ブレビスタの打倒をめざす軍事遠征を計画すると、ブレビスタはギリシア人技師を動員して要塞を強化しカエサルの攻撃に備えたが、前四四年、カエサルの暗殺によって遠征計画はまぼろしに終わった。ほぼ同じ頃、ブレビスタも国内の反乱によって倒され、王国は四つに解体した。ルーマニアでは、ブレビスタ王国を建国の起源と見なしており、一九八〇年に、ダキア人国家建設二〇五〇年祝賀式を行った。ここには、自国の古代史を政治的に利用し、建国を権威づけるルーマニアの国家主義的な動きを見ることができる。

図Ⅰ　地中海世界とローマ帝国の版図

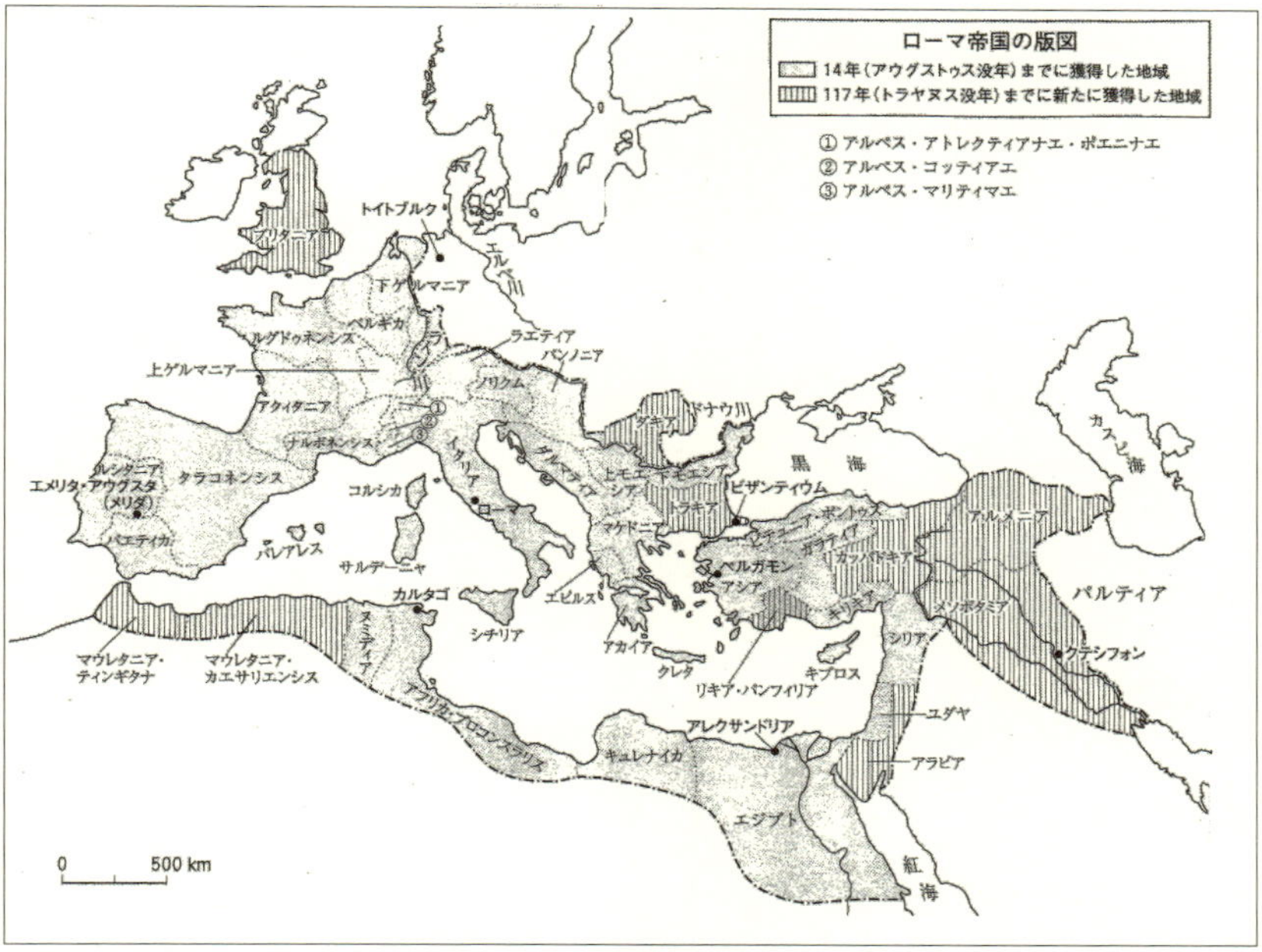

出典：青柳正規『ローマ帝国』岩波ジュニア新書　vii～viii頁

その後、初代皇帝の地位に就いたアウグストゥスは、アルプス以北への軍事遠征を繰り広げ、前八年、ドナウ川に達しダキア人と直接対峙することになった。ドナウ川中流域は、高い山々と深い森に覆われた共通の自然環境を形成し、北西部にケルト人、西部にイリュリア人、北方にダキア人、南方にトラキア人が居住し、これらの諸民族が様々な文化・経済交流を行う「古代ドナウ世界」ともいうべき独自な歴的史空間を築いてきた。ローマの進出は、その圧倒的な文化的経済的影響力で漸次「古代ドナウ世界」を変容させ、同時に、ドナウ南岸に属州モエシアを設置し（一五年）、ドナウ川をローマの北方国境として確保した。

一世紀半ば、ドナウ国境におけるローマとの交戦状態の継続、絶えざるローマの軍事脅威の存在はダキア人に、ローマに対抗できる単一の国家統合の必要性を促し、強力な王権の成立を条件づけることになった。

やがて八六年頃、若きデケバルス（Decebalus）がダキア王に即位し、ダキアは部族の分立状態を収束し再度統一王国として復興を果たした。デケバルスは会戦にもゲリラ戦にも熟達した天才的な軍事指導者でローマ軍を再三撃破し、八九年、ローマと平和条約を結んだ。デケバルスは、条約にもとづくローマからの年金の支給、技術者の提供を利用して、首都サルミゼゲトゥサ周辺の要塞設備を強化し、ドナウ川中下流域の諸部族を統合した最強の反ローマ国家を確立した。

そこで、皇帝トラヤヌスは一〇一年、ダキア王国の直接征服によるドナウ国境の安定確保をめざし、一五万の兵力でダキア打倒の遠征を決行した。このとき、デケバルスはトラヤヌスに使節を送り講和条約を結んだが、間もなく条約違反を犯して武装強化、要塞の修築を行ったため、第二次ダキア戦争を誘発し、その結果、王宮を占領されてダキア王国は滅亡した。

ローマはダキアの征服後、ドナウ川対岸に初めての属州ダキア州を設立し、ローマ化政策を進めたが、ローマに対する強靭な抵抗を支えたダキアの高度な土着文化は、ローマ人入植者に受容されることになった。教科書では「皇帝トラヤヌスがダキアを征服し、帝国の最大版図を築いた」いう簡単な記述で終わっているが、ダキア側に視点を多くと、ギリシア・ローマ世界、周辺諸民族との多様な関係の中で成立・発展・滅亡を遂げたダキア王国のダイナミックな歴史を生き生きと学ぶことができる。

3. トラキアの黄金文明

近年、ブルガリアで出土している古代トラキアの黄金文明に世界の注目が集まっている。メソポタミア文明よりも一五〇〇年以上遡る前五千年紀半ばと推定される、総計二〇〇〇点にのぼる金製品が黒海西岸のヴァルナ集団墓地から出土している。

ドナウ川南岸に住むトラキア人は、北岸のダキア人と同様、黒海西岸のギリシア人植民市との交易を通じて文化的経済的影響を受け政治的発展を遂げた。やがてトラキア諸部族の一つオドリュサイ（Odrysae）族が他部族を統合し前五世紀にオドリュサイ王国を建てた。この王国は、南はエーゲ海から北はドナウ川河口、東は黒海沿岸から西はストリモン川上流域までを支配し、黒海西岸のギリシア人諸都市には貢納を課した。

前五世紀後半のオドリュサイ王シタルケスは一五万の軍勢を集めることができ、その三分の一が騎兵であり、王国の内外から戦利品の分配を求めて多くのトラキア人が参加したと王国の強勢ぶりが伝えられている。前四世紀後半の国王セウテス三世は、トラキア内陸部のバラの谷を流れるトゥンジャ川湾曲部に王都セウトポリス（セウテスのポリス）を建造した。約五ヘクタールの不正五角形の王都には、北東部に「王の街」とよばれる王宮、中心にはギリシア文化の影響を受けてアゴラ（広場）を設け、王は火と冶金の神ヘファイトスを祀る聖域で神権政治を行った。王都の周辺には、王族たちを埋葬した墳丘墓が密集する「王家の墓城」（ネクロポリス）が併置していた。

トラキアでは王侯貴族が亡くなると、三日間哀哭の儀式を行い、それから動物を屠って宴会を催し、土葬あるいは火葬にしてから墓の上に墳丘を盛り、馬の戦車競技を行った。このとき、トラキア人は墳墓に故人の愛用品、来世で使う装飾品、武器、容器、調度品、馬車や馬具などを納めたが、その多くが金製品であった。ブルガリアのスタラ・ザゴラ州シプカ村のスヴェティツァ墳丘墓から出土した「トラキアの黄金のマスク」は前五世紀後半の作品と見なされ、トラキア人の金細工技術のレベルの高さを象徴している。

また、最近の研究では、ギリシア人の植民都市＝エンポリオン（商業拠点）は、従来考えられていたような黒海やエーゲ海の沿岸部だけでなく、トラキアの内陸部にも建てられたことが明らかになった。その一つで、トラキア平野の最深部にあるピスティロスは前五世紀後半、オドリュサイ国王テレス一世による建設を嚆矢とするが、前四世紀にはタソス島などから来るギリシア人商人との交易が活発化し、ギリシア風の都市建設が導入されるなど、ギリシア人商人と土着トラキア人社会との関係を知るモデルになっている。

オドリュサイ王国はやがて後四五年、属州トラキアとしてローマ帝国に編入されるが、それ以前に、ギリシア世界との長い接触を通じて、トラキア人が独自で豊かな歴史を築いてきたことを知っておきたい。

4. アルミニウスの蜂起と「ゲルマン人の解放二〇〇〇年」

前一世紀、ライン川の対岸にはゲルマン人が大小六〇以上の部族に分立して暮らしていた。ガリア（主には現フランス）を征服したユリウス・カエサルは前一世紀半ば、ライン川をはさんでゲルマン人と直接対峙し、つづく初代皇帝アウグストゥスは同世紀末、ローマ軍をエルベ川まで進軍させた。

その後、アウグストゥスはライン川からエルベ川に至る広大なゲルマニア（現ドイツ）の支配体制の確立をめざしたが、後九年、ケルスキー族の青年貴族アルミニウス（Arminius）を指導者とするゲルマン諸部族の反乱にあって三個軍団（約二万人）を失い、ローマの国境はライン川に後退した。アルミニウスが、深い森と沼に覆われた地形で奇襲攻撃を用いてローマ軍を全滅させた戦闘は、トイトブルク森の戦いとよばれ、ドイツの歴史の黎明と位置づけられることになった。

一六世紀初め、アルミニウスを「ゲルマニアの真の解放者」（Liberator haud dubie Germaniae）と記述した、ローマの歴史家タキトゥスの『年代記』の写本がドイツで「再発見」されたことから、アルミニウスはドイツのナショナリズムと結びつき、英雄として神話化され、国家主義の道具として利用されることになった。一六世紀に、アルミニウスはゲルマン諸部族を統一しローマ帝国を破り自由を獲得した英雄と表象され、一八世紀には作家メーザーらが劇の主題に取り上げアルミニウスはドイツ民族の誇りを喚起したドイツ民族の擁護者、ドイツの言語と文化の守護者とされた。一九世紀の初めには、ナポレオンの支配に対するプロイセンの抵抗がアルミニウスの勝利に対比され、ドイツ帝国成立後の一八七五年には、デトモルトに、長い剣を天にかざしたアルミニウスをかたどった巨大な「ヘルマン記念像」が建造され、反フランスのナショナリズムの象徴として利用された。二〇世紀以降も、マスコミが一九三二年の総選挙でのナチスの第一党への躍進を「第二のワルスの戦いの勝利」と賞賛するなど、「英雄」アルミニウスの政治利用が続いた。

　しかし、一九八七年のトイトブルク森の位置確定と八九年のベルリンの壁の崩壊を転機にアルミニウスの脱神話化が急速に進むことになった。トイトブルク森の特定に関しては、今までに七〇〇以上の学説が提示されるなど、一九世紀以来、ドイツのローマ史学界の謎の一つであったが、一九八七年、イギリスの考古学者トニー・クランの発掘調査の結果、出土貨幣がすべて後九年以前の物であることを根拠に、戦場はニーダーザクセン州オスナブリュックの北方約二〇キロに位置するカルクリーゼであることが確定された。現地では、二〇〇一年に記念博物館が開館し出土資料を展示し、今日に至るまで発掘調査が続いている。

　このような動きと連動してドイツでは「トイトブルク森の戦い」という呼称に代わり「ワルスの戦い」が用いられるようになり、ナショナリズムの象徴としてのアルミニウスの批判的相対化が進行している。私は二〇〇九年夏、かつて修士論文のテーマとして扱った

図Ⅱ　ワルスの戦い 2000 年記念のドイツの切手（2009 年 5 月発行）

アルミニウス蜂起勃発の二〇〇〇年を機にカルクリーゼを訪ねたが、事件を記念して二〇数冊の書物が刊行されたものの、それらは歴史学・考古学の研究成果の上に立ってアルミニウス蜂起の再検証をめざす学術的な営みであり、アルミニウスの政治利用の終焉を確信した。近代ドイツにおけるアルミニウス認識の変遷は、歴史的事件の政治的利用の実例を示唆している。

5. ローマ、ゲルマン、ケルトの文化的接触――チェコのムショフ遺跡が語ること

一九八八年、チェコのモラヴィア南部地方を流れるマルフ川のさらに支流タヤ川の岸辺に臨むムショフで、ゲルマン人の王墓が発見された。ムショフは、ローマ帝国ドナウ国境中央部の属州パンノニアの北方約八〇キロに位置し、さらに約一二〇キロ北方にあったオロモウツと同様、中部ドナウ地方とバルト海を結ぶ「琥珀の道」の兵站線上におかれていた。

ムショフから一・五キロ離れた地点で、ウィンドボナ（現ウィーン）駐屯のローマ第一〇軍団のスタンプ印を押された煉瓦や武器が出土していることから、この地域がゲルマン人とローマ人の混合の定住地であることが明らかになった。

ムショフの王墓は、墓室の広さが六×四メートルであり、墓室の上部には土が盛られていたと考えられ、墓室の内部には二体の成人が埋葬されていた。墓室から出土した一七六品目の遺物のうち、その大部分はゲルマン製武器の副葬品であったが、一部にアウグストゥス時代の折りたたみ式テーブルと青銅製ランプをはじめ銀製の容器、食器、杯などのローマの古美術品や、やかん用の五徳、火ばさみなどケルト系の後期ラテーヌ時代の製作と思われる鉄製品が含まれていた。

ムショフの王墓は一八〇年頃建造されたと見なされ、考古学的に確証できるゲルマン人の最古の王墓である。被埋葬者は、副葬品に高価なローマの古美術品を多数含んでいたことからゲルマン人クァディー族の王で、ローマと同盟関係を結んでいた在地の有力者と推定されている。従来、二世紀後半のローマ・ゲルマン関係は、マルコマンニー戦争（一六六～一八〇年）というローマ対ゲルマンの力の対抗関係として把握されてきたが、ムショフの王墓の発見は、ローマとゲルマン王権の同盟関係という別の側面に光を当て、新たな文脈から両者の関係を再検討する視座を提供した。また、この王墓からゲルマン、ローマ、ケルトの遺物が混じって出土したことは三つの文化の接触・交流を意味し、ローマ帝国の北方空間の歴史を、ローマ人、ゲルマン人、ケルト人の共生という視角から研究する地平を開くことになった。

6. イリュリア人の最後の抵抗

イタリア半島対岸のアドリア海沿岸地域には、多数の部族に分かれてイリュリア人が居住していた。ローマは前三世紀前半、第一次イリュリア戦争以来、同地域への進出を図り、前三五～三四年にダルマティア地方（現クロアチア、ボスニア・ヘルツェゴビナ）、前一三～九年にパンノニア地方を征服し、アドリア海からドラヴァ川までを版図に収めた。

しかし、属州イリュリクムに編入され、ある程度のローマ化が進んだ後六年、イリュリア人の一部がパンノニア・ダルマティア戦争とよばれる巨大な反ローマ蜂起を喚起した。まずローマの徴兵命令に対してダルマティアのダエシティアーテース族のバト（Bato）が蜂起し、アドリア海沿岸でローマ軍と交戦した。つづいて、パンノニアでもブレウキー族の同名のバトが徴兵に反発して反旗を翻し、両者はサヴァ川沿いのシルミウム（現セルビアのスレム・ミトロヴィツァ）の北方のアルマ山で合流し、反ローマ同盟を結んだ。ローマはティベリウス（後の第二代皇帝）を将軍とする軍隊を送り、各地に堡塁を建設し、蜂起軍への包囲戦術を行った。八年八月、ブレウキー族のバトが抗戦派の他の将軍ピンネースを裏切って捕らえ、ローマに降伏した。報奨としてバトはローマから「ブレウキー族の支配権」を認められたが、反ローマ戦争の継続を求めるダエシティアーテース族のバトはブレウキー族のバトを捕らえ、軍事裁判にかけて処刑した。

ブレウキー族のバトの裏切りは、戦時将軍の彼が部族の支配権の獲得をめざした行動と考えられ、同時に反ローマ統一戦線の瓦解を意味した。また、ローマにとって、バトの傀儡化は、ローマが地中海世界の各地で支配の常套手段として行ってきた「分割統治」＝現地の有力者の親ローマ化政策の一例であり、ここでは反ローマ同盟を解体させるための方策であった。

その後、ダエシティアーテース族のバトはペルスタイ族と同盟し、ダルマティアの山岳地帯を舞台に抵抗を続けたが、九年に最後の拠点アルドゥバの占領によって降伏を表明し、四年間の反ローマ闘争は閉幕した。

【参考文献】

米山宏史「アルミニウスの対ローマ戦争」『学習院史学』第二七号、一九八九年
米山宏史「ブレビスタ――古代ゲタイ・ダキアの王権に関する一試論」『学習院史学』第三六号、一九九八年
米山宏史「ローマ帝政期におけるパンノニア・ダルマティア戦争に関する一試論」田村孝他編『躍動する古代ローマ世界――支配と解放運動をめぐって――』理想社、二〇〇四年
米山宏史「ダキア王デケバルスの反ローマ戦争」『歴史科学と教育』第二三・二四号、二〇〇五年

初出（歴史教育者協議会編『歴史地理教育』第七五六号、二〇一〇年三月）

第24章 ルーマニアの歴史のルーツをたずねて

1. トランシルヴァニアの古都を歩く

二〇一一年八月一五日、私は単身でルーマニアに旅立った。旅行の主な目的は、現在のルーマニアの地にかつて存在し二世紀初めにローマ帝国に滅ぼされたダキア王国の遺跡や歴史博物館を見学するためであった。日本からルーマニアには直航便がないためパリで乗り継ぎし、夜一一時にブカレストのアンリ・コアンダ空港に到着した。

ブカレストで一泊した翌一六日朝、ガイドのオリビアさんとご主人のレッドさんと合流し、レッドさんの運転する車でルーマニア中西部のオラシュティエ山脈の山中に残るダキア王国の要塞遺跡に向かった。この日の移動距離は約二八〇キロで、途中、シビウとアルバ・ユリアという二つの都市を見学することにした。

ブカレストから郊外の都市ピテシュティまでは高速道路を走ったが、道路の両側は見渡す限り平原がつづき、所々で羊や馬が草をはむのどかな光景が広がっていた。ピテシュティを過ぎてやがてオルト川渓谷に入ると、爽やかな空気に包まれ、木々の緑と民家の瓦屋根のまぶしい赤が美しいコントラストを描いていた。オルト川渓谷は明るく緩やかな谷間がつづいていたが、一九〇〇年前にここをどのようにしてローマ軍が進

図Ⅰ　ルーマニアの概念図

軍したのか、私は思いをめぐらした。

正午過ぎにシビウに到着し、昼食後、市内の歴史地区を見学した。シビウは、モンゴル軍の東ヨーロッパ遠征の通路となって荒廃したトランシルヴァニア地方の復興を目的にハンガリー王の要請を受けたザクセン人の植民に起源を有し、中央ヨーロッパとバルカン半島を結ぶ商業都市として発展した。ドイツ語ではヘルマンシュタットとよばれ、ドイツ人商人たちが市の歴史を刻んできた。丘の上に位置する大広場はドイツ人商家に囲まれ、家々の屋根には眼の形をした窓が多数あり、まるで家内から広場を見つめているかのような錯覚を覚えた。また、オスマン帝国軍の侵入から民衆を守るために一五世紀に作られた〝民衆の壁〟が残っており、中世のルーマニアがオスマン帝国の侵略・支配に抵抗し続けたという歴史的事実を思いおこした。シビウにはドイツ人の町らしい気品が漂っていた。

つづいて、午後遅くアルバ・ユリアに着き、歴史地区を歩き、歴史博物館などを見学した。アルバ・ユリアは「白い町」を意味し、ローマ時代にアプルムとよばれ、ローマ帝国の属州ダキアの主要都市の一つとなり、ローマの第一三ゲミナ軍団の駐屯地でもあり、是非訪ねたい町であった。博物館の展示品をじっくり見学し、ダキアでは、ローマ人との接触のはるか以前から冶金術などに高度なダキア人の文化が存在していたことを理解でき、大変勉強になった。また、歴史地区を散策していると、〝一九一八年一二月一日大学〟の校舎に遭遇した。大学名に年月日が付いている理由は、第一次世界大戦直後、オーストリア・ハンガリー帝国の崩壊にともない、ハンガリーの支配下におかれていたトランシルヴァニア地方のルーマニア人が同年月日にアルバ・ユリアに集まり、トランシルヴァニアとルーマニア王国の統一を決議したという記念すべき出来事がおきたからであり、一二月一日はルーマニアで最も重要な祝日とされていることを学んだ。この歴史地区には、壮麗なルーマニア正教会聖堂やローマ・カトリック聖堂が立ち並び、アルバ・ユリアが民族・宗教・文化の多元性に満ちたトランシルヴァニアの古都として長い歴史を歩んできたことを示していた。

旅行三日目の一八日には、ブカレストへの帰路、ブラショフに立ち寄った。現在、ルーマニアで第二の大都会とされるブラショフも一二世紀にザクセン人が建設し、その後、ドイツ人、ルーマニア人、ハンガリー人が共生しつつ発展させてきた都市で、中世ドイツの面影を感じさせる美しい町並みであった。町の中心にあるスファルトゥルイ広場では、子どもたちが涼を求めて噴水で遊び、近くに高さ六五メートルの〝黒い教会〟がそびえ立ち、一六八九年のハプスブルク帝国軍の攻撃で黒こげになったその外壁が町の歴史の長さを物語っていた。教会の近くには、〝トランシルヴァニアのルター〟とよばれるホンテルスの銅像があった。ホンテルスは一六世紀半ば、印刷術の導入を通じてトランシルヴァニアにおける宗教改革を推進した人物であり、宗教改革を東欧まで視野に入れて考えるべきだと実感した。

2. ダキア王国の遺跡を訪ねて

空港からブカレスト市街に向かう途中に巨大な凱旋門が立ち、門の左右の壁には二人の人物のレリーフが彫られていた。左側がローマ軍に敗れて自決したダキア王国最後の王デケバルス、右側が勝者のローマ皇帝トラヤヌスである。これらのレリーフは、ルーマニア人がデケバルスを自国の古代史の悲劇の英雄とみなす一方で、トラヤヌスを、ダキアをローマ帝国の領土に編入し先住ダキア人とローマ系入植者の融合を行った先導者として評価していることの証しである。このことは、ルーマニア（Romania）という国名が「ローマ人の国」を意味しているように、ルーマニア人が民族的ルーツを、属州ダキア成立にともなう先住ダキア人と外来のローマ系住民との同化・混合とみなしている所以である。

さて、私たちは一六日夜、アルバ・ユリア郊外のイギュウ村に宿泊し、翌一七日、今回の旅の目的地であるダキア王国の都があったサルミゼゲトゥサ遺跡に向かった。サルミゼゲトゥサ遺跡はオラシュティエ市の南方約三〇キロの山中にあり、美しい山村風景を楽しみながら私たちの車は未舗装の林道を走り続けた。オラシュティエ山脈の山中には、サルミゼゲトゥサのほか、ダキア人が建造したカプルナ、バニツァ、コステシュティ・チェタツヤ、コステシュティ・ブリダル、ピアトラ・ロシェの名で知られる計六つの要塞遺跡が残されており、そのすべてが世界遺産に登録されている。これら六つの要塞は、敵の接近を防ぐためにいずれも見晴らしのよい山上・山頂に位置するが、当時、どのような作業と労働力を通じて、このような要塞を建てたのが、不思議である。

私たちは林道の終点で車を止め、木々に覆われた山道を歩いてサルミゼゲトゥサの遺跡に到着した。サルミゼゲトゥサには、東西に門があり、中心部は三ヘクタール、内部には聖域の広場に立つ複数の神殿、民衆の定住集落、職人の作業場、貯蔵庫、水道網などがあったと想定されているが、現在残っているのは門の遺構、聖なる道、聖域の広場と神殿の基壇などであった。聖域の広場には長方形や円形の神殿跡が六ヵ所、「安山岩の太陽」とよばれる円盤状の基壇が残っていた。私は遠い日本からはるばるこの地を訪ね、長年写

図Ⅱ　サルミゼゲトゥサ遺跡の円形聖所（著者撮影）

真で見ていたサルミゼゲトゥサの現場に立ち、いま自分の眼で遺跡を眺め、自分の手で遺構にふれている現実に深い感動を覚えた。サルミゼゲトゥサ遺跡を十分に見学した後、車で移動し、五六一メートルの山頂にあるコスティシティ・チェタツヤの要塞遺跡に向かった。眺望のすばらしい頂上とその直下の二ヵ所に〝murus Dacius〟という独特な技法で石を積んだ要塞の跡が残っており、遺跡保存の目的で社会主義政権時代に建てられた屋根が錆びて赤茶けているのが印象的であった。

この日は午後遅く、サルミゼゲトゥサ遺跡から約四〇キロ離れた現フネドアラ県の平原の一角にローマ帝国が建てた属州ダキアの州都ウルピア・トライアナ（正式名称はコロニア・ウルピア・トライアナ・アウグスタ・ダキア・サルミゼゲトゥサ）の遺跡をも訪ねた。これは、ローマが属州ダキア統治のために建設した人口都市で、城塞内部の二四ヘクタールの土地に三万人が暮らし、フォルム（広場）、公共建築物、複数の神々の神殿、円形闘技場、共同墓地などローマ人の生活に必要な様々な施設を完備していた。一定の発掘調査は進んでいるが、域内を歩くと、倒壊したバシリカの大理石の柱がそのまま散乱しているなど、まるで一九〇〇年前にここに暮らしたローマ人の息づかいが伝わってきそうな気がした。この日は遺跡の見学三昧の一日を過ごし、夜九時に連泊するイギュウ村のペンションに戻ったが、ペンションのオーナーから敷地内で出土したという、ローマ第一三軍団の兵士たちが焼いた煉瓦の破片をたくさんプレゼントされ、嬉しいお土産になった。

3. ブカレストに〝一九八九年民主革命〟の痕跡を探る

最終日の一九日は、日本に留学経験を持つガイドのフロリンさんの案内でブカレスト市内を見学した。午前中は市の北部のヘラストラウ湖畔にある国立農村博物館を訪ね、各地から集められた農家、教会、水車を題材に農民の暮らしを学習し、次に、国立歴史博物館に赴き、トラヤヌスの円柱のレプリカを詳細に見学し、ダキア戦争に関する新たな知識を得ることができた。お昼に、ルーマニア料理の老舗レストランとして有名なカルク・ベレに立ち寄り、チョルバ、サルマーレなどのルーマニア料理を味わい、午後は、徒歩で革命関連の史跡を回った。

気温三六度の猛暑の中、フロリンさんに連れられて市内の中心部をしばらく歩くと、石畳を敷き詰めた革命広場に到着した。周囲には共和国宮殿、アテネ音楽堂、大学図書館、旧共産党本部、高級ホテルが立ち並び、ここがテレビ放送で全世界に報じられた〝一九八九年民主革命〟の銃撃戦の舞台であることを直感させた。フロリンさんから八九年一二月二二日、チャウシェスク大統領が最後の演説を行った旧共産党本部のテラスの位置、この広場を埋め尽くしたデモ隊の市民と治安部隊の銃撃戦の様子の説明を聞き、当時テレビのニュースで見た生々しい映像が記憶によみがえった。現在、旧共産党本部は労働省になっていて、広場の中央には犠牲者になった市民を追悼するための白い慰霊塔が立っていた。

つづいて、市街の南部に移動し、〝国民の館〟を屋外から見学した。現在、ルーマニア議会議事堂として使われている、この巨大な白亜の殿堂が「国民の……」と銘打ちながらも、実際は独裁者チャウシェスクの権力を誇示するための宮殿であったことは一目瞭然である。そして国民の館から直線で四キロにわたり整然と伸びる統一大通りも、彼の権力を視覚化させるための装置であることが看取できた。

一九八九年一二月の事件の評価に関して、従来の、国民による民主革命説のほか、共産党幹部によるクーデタ（「盗まれた革命」）説、国際陰謀説などが提起されていると聞くが、千人を超える尊い人命が犠牲になったこの事件は、独裁の打倒と民主政治への転換を導いた点で、ルーマニア現代史に正当に位置づけるべきだという思いを強く抱いた。

4. 肌で感じたルーマニア

今回、初めてルーマニアを訪れ、見聞したこと、体験したことのすべてが新鮮であった。果てしなく続く平原や丘陵の美しさとそこに放牧されている羊たちの姿を見て心が癒された。都市部から一歩郊外に出ると、道路には一切信号機がなく、そこを時速九〇キロで飛ばす車の列と、道路を横断する人がいれば歩行者を絶対に優先しなければならないという交通事情・ルールに驚いた。点在する都市とその周辺に広がる農村が完全に分離している光景は、その境界線がなくなりつつある日本の風景とはかなり異なっていた。沿道でヒッチハイクを求める人々が多かったことも日本では見かけない光景であった。

都市部では人々の喧噪に混じって経済の活気を感じたが、ＥＵへの加盟後もユーロは流通せず、未だあちこちに社会主義時代の遺物である廃屋や工場が暗い佇まいで残っていた。社会主義時代を知るお年寄りの中には社会主義へのノスタルジーがあり、「社会主義のように働いて、資本主義のように暮らしたい」と考える人々が多いというオリビアさんのお話をうかがい、なるほどと感じた。また、旅行中ロマの人々の姿や金ぴかのロマの家を見かけ、ルーマニアが国内にハンガリー人、ロマなどの少数民族を抱え、歴史的に形成された複雑な民族問題が存在していることも学ぶことができた。

駆け足の旅行ではあったが、年来の希望であったダキア王国の遺跡見学をはじめ、各地で様々なルーマニアの素顔にふれることができ、ルーマニアを大好きになって帰国した。ルーマニアの人々の平和と安全、発展と繁栄を願いつつ、是非再訪したいと思う。

初出（歴史教育者協議会編『歴史地理教育』第七八四号、二〇一二年一月）

第25章　ドナウ川中流地域におけるケルト人の経済・文化ネットワークに関するメモ

はじめに

アルプス山脈以北のヨーロッパでは、古来ケルト人、ゲルマン人、イリュリア人、トラキア人、スキュタイ人など多様な民族集団が存在していた。彼らは固有の文字を持たなかったため、古代ギリシア人・ローマ人に「蛮族」（Barbaroi）と蔑称され、歴史教科書などではいわば「歴史なき民」と軽視されてきた。しかし、近年の考古学的発掘調査は、アルプス山脈以北の各地で、彼らが高度な冶金術や豊かな農耕などすぐれた文明を有していたことを証明し、その結果、各国で大量の研究書が相次いで刊行されている。

現在のヨーロッパに相当する地域（「ヨーロッパ」という歴史的概念は中世以後に成立するが、ここでは地理的概念として使用）の古代史の全体像を明らかにするためには、「ギリシアと東地中海世界」「ローマ帝国と地中海世界」など旧来の概念では不十分で、広大な「蛮族」世界を視野に入れることが不可欠である。

また、近年の研究調査によると、彼ら「蛮族」は個々にすぐれた文明を有しただけでなく、異なる「蛮族」間の文化や経済の交流、ヒトやモノの移動を活発に行い、極めて多元的多層的な世界を形成していたことも指摘されている。以下、グローバルな視点からパンノニア地方（現在のハンガリー）、トランシルヴァニア地方（現在のルーマニアの中部・北西部）における文化・経済のネットワークや人的交流の痕跡について紹介し、グローバルな観点に立って古代ドナウ地域の歴史の実相を眺めてみたい。

1. 古代パンノニアにおける文化的諸相

パンノニア（Pannonia）の、ドラヴァ（Drava）川とサヴァ（Sava）川の中間地域にBreuci, Andizetes, Amantini, Isasiなど、Pannoi（パンノニア人）と総称される人々が居住していた。前四〇〇年頃、最初のケルト人集団がパンノニアのトランスダニューブ地方に移住し、ラ・テーヌ（La Tène）文化がもたらされた。ラ・テーヌ文化とは鉄器時代後期（前五世紀～）に中央ヨーロッパに暮らしていたケルト人が生み出した文化の総称で、一八五六年にスイスのヌーシャテル湖東北岸で発掘された遺跡（ラ・テーヌ＝「浅瀬」の意味）にちなんで命名され、トルク（首環）・ブレスレット（腕環）・フィブラ（ブローチ）などの精巧で優美な金属細工や壺・ワイン注ぎなどの陶器類に独自で極めてすぐれた文化遺産を残している。

ケルト人は中央ヨーロッパから東西に膨張し、西方に向かったケルト人集団は現在のフランスを経てブリタニアやアイルランドに渡り、東方に拡大したケルト人はドイツ南部、スイス、ドナウ川の渓谷に沿ってハンガリー北西部、そしてカルパチア山脈を越えて黒海、さらには現トルコのアナトリア高原にまで至った。ハンガリーでの発掘調査によれば、Sopron-Krautacker（Komitat Győr-Moson-Sopron）で発掘されたケルト人居住地と墓地からの出土品は、東部オーストリアや南西スロヴァキアでのケルト人集落からの出土品と一致し、後期ハルシュタット（Hallstatt）文化の発展とラ・テーヌ文化の登場を示唆しているという。また、Pilismarót-Basaharc（Komiat Komáron-Esztergom）で発掘された共同墓地の中の初期の墓は、ラ・

テーヌ時代A期（前四五〇～三九〇年）と認定され、ケルト人の居住の痕跡が認められている。当時、ケルト人の定住にともなうラ・テーヌ文化の浸透は現在のブダペシュト周辺まで到達していたと想定されている。

さて先述のハルシュタット文化とは、ケルト人が前七五〇年頃からラ・テーヌ文化に先立って生み出した文化の総称で、一八四六年にオーストリアのザルツブルク近郊のハルシュタット村で墓が発見されたことから命名された。前七〇〇～五〇〇年頃まで、ハルシュタット（「ハル」はケルト語で「塩」を指す）はヨーロッパの岩塩採掘センターの中心に位置し、ケルト人は地中海とアルプス以北を結ぶ「塩の道」を支配し、その富を享受していた。ハルシュタット文化は中央ヨーロッパの東西各地に広く浸透し、各地の首領層の墓からは鉄や青銅製の武器と副葬品、美しい金工細工、陶器類が出土している。前述のように、パンノニアのケルト人遺跡からは「先発」のハルシュタット文化（の後期的要素）と「後発」のラ・テーヌ文化（の初期的要素）との重なり合いの痕跡を看取できる。

考古学の出土品から、前四世紀後半（ラ・テーヌ時代B・Ⅰ～Ⅱ期の移行期）に西部ハンガリーでケルト人の権力が統合・強化（Konsolidierung）されたことが分かる。その根拠は青銅器芸術の開花と壺生産の工房が地方に拡大したことである。

その後、ケルト人の膨張は続き、前三三五年にはケルト人の使者がトラキアに遠征途上のアレクサンドロス大王と遭遇・会見し、彼らは前二八〇年にはマケドニアに進軍し、前二七九年にはギリシアのデルフォイに迫った。デルフォイ攻撃は失敗に終わったが、他の集団はドナウ川下流域を下り、モルドヴァに至り、やがては黒海北岸のギリシア人植民市オルビア（Olbia）の城壁前に姿を現した。この間、前三世紀前半に現在のハンガリーのほぼ全域が「ケルト化」（Keltisierung）され、カルパチア盆地が拠点になった。カルパチア盆地へのケルト人の移住は平和的な移住過程と見なされ、その間の考古学的証拠として、Hercegmárok

（現Gajic）で出土した「黄金のトルク」（首環）が現在ハンガリー国立博物館に所蔵されている。

近年、墓地の発掘からケルト人と他「民族」との関係にも新たな光が当てられている。たとえば、Muhi-Kocsmadomb（Komitat Borsod-Abaúj-Zemplén）のラ・テーヌ時代B・Ⅱ期と特定される墓地では、ケルト人の埋葬がそれ以前のスキュタイ人の共同墓地を利用して行われたことが明らかになった。また、Békéssámson-Erdõháti halom（Komitat Békés）やGyoma-Egei halom（Komitat Békés）の墓からはケルト人とスキュタイ人の混合した副葬品が出土していることが明らかになっている。一九九〇年代にPolgár（Komitat Hajdú-Bihar）とSajópetri（Komitat Borsod-Abaúj-Zemplén）で発掘された定住地跡は、先住のスキュタイ人と移住民のケルト人の混合（Vermischung）を示している。出土品から判断すると、この地域には鉄と銅の採掘と加工が長期間行われたため、そのための人的な移動が窺われる。

二一世紀以降にハンガリーで行われた墓地の発掘調査によると、Gyöongyös東方三〇キロにあるLudasとMiskolc近郊のSajópetriでは、戦士（Krieger）集団をともなう明確な社会構造の存在を確認できる。墓地で死者とともに発見された豊かに装飾された剣の鞘、高質に作られた腕輪やリング等の装身具、二輪戦争用馬車などは戦士集団の存在を示している。また、Báta（Komitat Tolna）で出土したEber（猪崇拝用の猪像）がケルト人とダキア人の文化的融合を示唆しているほか、Dinnyés（Komitat Fejér）出土の短剣、Balassagyarmat（Komitat Nógrád）出土の装飾された剣などは、東方ケルト人の文化と芸術の「文化的共同体」（Koine）の成立を意味し、ラ・テーヌ文化が非ケルト系の先住民の文化を統合したことが分かる。他方、Jászberény-Cserõhalom（Komitat Jász-Kiskun-Szolnok）で出土した銅製のTrinkhorn（角型の杯）、ほっそりしたTonkantharoiはヘレニズム文化の影響を示している。ケルト人居住地域における青銅のAstragalosgurtelの広がりはイリュリア、パンノニアの文化的基層の役割を果たしていた。金銀細工と粒状の装飾品の加工技術はラ・テーヌ文化の工房からトラキア、イリュリアの領域に受け継がれた。こうした文化伝承のプロセスはSzárazd-Regöly（Komitat Tolna）で出土した財宝類によって例証されている。

東方のスキュタイ人がケルト人に与えた影響も無視できない。たとえば、Lábatlanで出土した骨壺上に彫られた動物の戦闘シーンはスキュタイ人の騎馬文化を表象している。また、Einhenkelkrüge（取っ手が一つの片手瓶）は黒海地域で生産された陶器のKyathos（柄杓）に由来し、陶器生産者が地方に点在していたことが分かる。擬人化された取っ手のついた古代の壺であれば、イタリアからの文化的影響を想定できるが、偽のKantharoi（両側に取っ手がついた杯）の装飾あるいは片手鍋の場合には、バルカン半島の地方的な要素とスキュタイ人の文化の融合を見ることができる。こうして、出土品から検証すると、東方ケルト人の芸術は土着の地域的な文化要素を受容しながら拡大と発展を遂げ、初期ラ・テーヌ時代（LT・B2）と中期ラ・テーヌ時代の初期（LT・C1）すなわち前三〜二世紀初めに最盛期に達した。

前二世紀には、カルパチア盆地には三つのケルト人が分布し、北方にはボイイ（Boii）、南東にはスコルディスキ（Scordisci）、南西にはタウリスキ（Taurisci）が居住していた。当時の出土品から考えると、トランスダニューブ地方の南北には異なる文化的様相が見られた。Szarazd-Regolyで発見された財宝類の中の装身具の破片がスコルディスキの文化的特徴を示している一方で、ハンガリー低地で発掘されたケルトとスキュタイの文化的要素の混合した出土品類は、ボイイの支配領域内部における文化的相違を示している。

中期ラ・テーヌ時代（LT・CⅡ＝前一八〇〜前一二〇年頃）には、キンブリ（Cimbri）族の移動など中央ヨーロッパの政治状況の変化を背景に、ケルト人の定住地の再編成が行われ、外敵に対する防衛を目的に各地にoppidumと呼ばれる防備を固めた要塞集落が建てられた。その代表的な事例が、現在のブダペシュトのブダ側のGellerthegy（ゲーレルトの丘）に特定されるエラウィスキ（Eravisci）のoppidumである。当時エラウィスキは幾何学的装飾を施した美しい陶器生産の工房技術を有し、前一世紀後半にはローマのデナリウス硬貨を模倣した貨幣を鋳造していた。

前一世紀前半、中部ドナウ地域におけるケルト人の覇権は動揺を始め、やがて崩壊に至った。それは一方ではマケドニア方面から肉薄するローマの軍事的脅威と東方からのダキア王国の圧力によってである。ローマは前八八年と前八〇年にローマ軍を派遣して一時的な勝利を勝ち取り、東方からはブレビスタ（Burebista）王率いるダキア王国が前六〇年頃、スコルディスキを征服し、続いてクリタシロス（Critasirus）指揮下のボイイとタウリスキの同盟を撃破した。その後、ブレビスタは現在のブラティスラバ近郊まで進軍したが、前四四年の彼の急死によってその王国は解体し、中部ドナウ地域におけるダキア人の支配は根を下ろさなかった。その後、当該地域は、アウグストゥス治下の前一二〜前九年にローマ軍に征服され、そこに居住していたイリュリア人やケルト系住民は civitates peregrinae（外人共同体）に組織され、ローマの属州支配下に編入されるに至った。こうしたローマの征服は、文化的にはラ・テーヌ時代の終焉を意味した。

2. 古代トランシルヴァニアにおける交易ネットワーク

現在のルーマニアの中部・北西部に位置するトランシルヴァニア（Transylvania）地方には古来ケルト系住民が居住し、古くから遠隔地と結んだ交易を行っていた歴史があり、領域内の各地で黒海西岸のギリシア人植民市で生産された精巧な陶器、金属製品、装身具を始め、様々な交易品が出土している。これらの交易の背景には、交易商人だけでなく、異なるコミュニティ間を結びつけた婚姻関係、冶金職人の移動、傭兵の活動など様々な要素が指摘されている。

一九七〇年代半ばにルーマニアの研究者Vlad Zirraは、トランシルヴァニアのケルト人地域で出土した陶器類が黒海西岸のギリシア人植民市で生産されたと分析し、さらに黒海沿岸のギリシア人植民市地域でラ・テーヌ文化タイプの金属加工品（主にケルト系のブローチ）が発見された事実に注目し、両文化空間の交易ネットワークの存在を例証した。その後、ルーマニアではカルパチア盆地で出土したギリシア製の金属製品・陶器類の分布エリアの分析を通じて、二つの文化空間を連結した交易ルートの探求が行われている。

ギリシア製の陶器類の出土場所はカルパチア盆地の南部だけでなく、ドナウ川に沿って北方のスロヴァキア南西部にも広がり、セルビアのPecineの共同墓地から前四世紀末の陶器のoenochoe（ワイン差し）が出土し、同国ベオグラードのKaraburma墓地の22号墓からは前四世紀末～前三世紀初めのsitula（祭儀用陶器）と前四世紀前半のphiala（ガラス製の小瓶）が発見されている。青銅のsitulaはブダペシュト近郊のドナウ河畔で、青銅のkantharos（両側に取っ手がついた杯）が同地域のSzobの共同墓地で、lekytos-arybalos（オリーブ油用のフラスコ）がスロヴァキアのHurbanovoで発掘されている。これらの陶器類は前四世紀後半の生産と想定され、ギリシアの生産地からマケドニア、スコルディスキの領域、モラヴァ（Morava）川を通って運ばれたと考えられている。モラヴァ川上流域に位置するKale-Krsevicaでの最近の発掘調査は、同地が前五世紀末、前四世紀初頭、前三世紀の半ばにギリシア人の重要なemporium（交易拠点）であったことを明らかにした。同地で発掘された大量のギリシア製陶器とその模倣品は、このemporiumがドナウ川沿岸地域と隣接の共同体にこれらの商品を提供していた事実を物語っている。

輸入された陶器類の分布パターンとその生産地の探求から、黒海の北部から出発する別の交易ルートが存在したことが明らかになった。ティサ（Tisza）川上流域での出土品類からギリシア人のemporiumが黒海北部に始まりカルパチア盆地北部に至る交易ルートと連結していたことが分かる。たとえば、その出土品の中にはハンガリーのSzabolcsで出土した青銅のkantharos（前四世紀後半）、Berveni（Satu Mare地方）の定住集落跡で発見されたケルソネソス産のアンフォラの取っ手（前三世紀後半）、Ciumestiの共同墓地で発掘された水平の取っ手の付いた鉄製の柄杓、Artandやウクライナの Dobroselieで生産されたhydiaなどが含まれていた。これらの製品はVekerzug文化の共同体の支配層が奢侈品として消費していた。

そのほかに、トランシルヴァニアの共同墓地では、Aiud-Parcからkrater（ワインと水を混ぜるための大型容器、前三世紀）の断片、Bratei-Atelからlekytos（オリーブ油貯蔵容器、前三世紀後半）、Cepariからkantharos（前三世紀前半）、Seica Micaからskyphoi（前三世紀後半）の断片、東部のMartinesti（Harghita地方）から青銅製のsitula（前四世紀末）の断片が出土している。これらの製品はモルドヴァからトランシルヴァニアに運ばれたと考えられ、当時両者の土着共同体は類似の社会的文化的構造を有していたため、モルドヴァの共同体が黒海北部からの交易の仲介を果たしたと想定されている。

Fântânele-Dealul Popii（Bistrita-Nasaud地方）にあるケルト人の共同墓地の第七九墓では、女性の所有物と思われる豊かな装身具とカーブを描いた刃の付いた鉄剣、二つの手製の陶器が発見された。そして装身具の中には、①三つの青銅のブレスレット、②二つの指輪（鉄製と青銅製）、③二つの青銅製イヤリング、④六つの鉄製のブローチ、⑤青銅製のfibel（ブローチ）、⑥青銅製のトラキア風ブローチ、⑦五つの陶器のビーズから成るネックレス、⑧二つの明るい緑色のガラスのビーズ、⑨四つの青色のガラスのビーズ、⑩青銅製の七つのビーズ、⑪青銅製のペンダント、⑫琥珀のビーズ、⑬黄色ぽい半透明なガラスから成るアンフォラの形をしたビーズ、⑭二つの質素な青銅および鉄製の環を含んでいた。これらの装身具（前三世紀の生産）はケルト人が作り上げたラ・テーヌ文化の代表的作品である。アンフォラの形をしたビーズと類似の製品は前五～前三世紀まで地中海と黒海地方のギリシア人の工房で生産され、バルカン半島の西部と中央ヨーロッパのケルト人地域に波及していった。

出土品目のうち二面あるいは三面の人間の顔をしたガラスのビーズは、生産地や流通の過程など様々な事柄を教えてくれる。一般的に、人間の顔をしたビーズはカルタゴや東地中海のフェニキア人の工房で生産されたと考えられている。よって、黒海の北部で、そうしたビーズの破片が集中的に出土している事実は工房やフェニキア人職人の存在を想起させる。現在、人間の顔をしたビーズは黒海西岸のギリシア人植民市地域、バルカン半島およびゲタイ（Getai）人居住のカルパチア地域、カルパチア盆地のケルト人地域、バルカン半島のイリュリア人地域で出土している。さらに類似のビーズの破片は低地シュレジアのDomaniowiceのJastorf文化に属する墓地、南ポーランドのサン（San）川上流盆地でも出土しているが、これらの地域では住民たちがティサ川上流域のケルト人との接触を維持し、ケルト人の文化を一部受容していた。

黒海西岸のギリシア人植民市地域で出土した人間の顔をしたビーズは、前四世紀後半～末期あるいは前三世紀初めに生産されたと特定され、ゲタイ人居住地域で出土した類似の破片も、定住地と埋葬地の調査から同じ時期のものと見なされている。前三世紀後半以降と特定される類似のビーズの出土品が存在しないため、前四世紀後半以降、黒海北部の工房で人間の顔をしたビーズが生産されると、その直後にゲタイ人居住地域に輸送されたが、生産が中止されると、まもなくその輸送と使用は中止された。

他方で、中央ヨーロッパのケルト人地域では事情が異なり、人間の顔をしたビーズはカルパチア盆地には早くても前四世紀の末または前三世紀初めに輸入されたが、トランシルヴァニア、ティサ川の盆地地帯、中部ドナウ川流域で出土したビーズ類の大部分は、ラ・テーヌ時代中期（前三世紀後半）と特定できる定住集落や埋葬地で発見されている。発掘調査に基づくこれらの事実認定および前三世紀中葉にはすでに黒海北部では同類のビーズ生産を終了していたという事実から、当該地域へのビーズの輸送は黒海北部からのルートによる交易ではなく、ティサ川や中部ドナウ川流域での地方の工房での生産の結果として考えられている。

実際に二一世紀に入り、M.Karwowskiの研究の結果、①中央ヨーロッパにおけるガラス装身具（ブレスレットやビーズから成る製品）の生産はラ・テーヌ時代中期（前三世紀後半）に始まったと特定できること、②工房は中部ドナウ地域、とくに南西スロヴァキアに位置していたこと、③そうした工房では、すでに黒海北部で生産を終了していた人間の顔をしたビーズを模倣して生産していたこと、④やがて人間の顔をしたビーズは中央ヨーロッパのケルト人地域の伝統的製品の一つとして定着したことを明らかにした。

トランシルヴァニアのケルト人地域で黒海沿岸のギリシア人工房で生産されたビーズが出土しているが、陶器と金属器は決して多くはなく、黒海沿岸都市で発行された硬貨も発見されてはいない。そのことから両者を結ぶ定期的・恒常的な交易活動は確証できない。

それに対して、カルパチアの東部では、ワインの輸入に用いられた大量のアンフォラや陶器類、金属加工製品が発見されている。これらの出土品は黒海沿岸や東地中海のギリシア人工房で生産された恒常的な流通品であり、日常的な交易ネットワークの存在が前提になっている。また、交易活動にはギリシア製の硬貨が使用され、特に黒海西岸の植民市ヒストリア（Histria）で発行された硬貨の利用が圧倒的であった。

黒海西岸地域との恒常的な交易ルートを有していないと想定されるトランシルヴァニアにビーズ類が到達するためには、交易品の仲介者が必要になる。そうした仲介役を東部トランシルヴァニアまたはマラムレシュの土着共同体が果たしたと考えられている。これらの地域では前四世紀末と前三世紀初めにはケルト人の移動の影響を受けずにカルパチア山脈の外側の地域と同様な共同体が存続した。カルパチア山脈の北部を越えたウクライナ領のティサ川上流域右岸に位置する、前四～前三世紀と特定されるSolotvino（Slatina）とBila Cerkva（Biserica Alba）は土塁と柵で要塞化された定住集落であり、ギリシア産の陶器の出土、要塞と住居スタイルの点でカルパチア山脈の東側のトラキア人（ダキア人）の集落との類似性を示している。

同様な地方の定住集落と火葬墓地はモルドヴァでもトランシルヴァニア東部のOlteni（Covasna県）でもその類似性が指摘されている。これらの、カルパチア盆地の内側あるいは外側の、近隣または遠隔の共同体間には多様な協定や同盟が存在し、その一部として贈与品の交換が行われた。たとえば、完全な馬具をつけた馬、ギリシア製の陶器や金属製品などの奢侈品、装身具などが交換された。前述のFântânele-Dealul Popiiで出土したアンフォラの形をしたビーズ、死者が身につけていた装身具に含まれるトラキア風のブローチなどは交換品としてトランシルヴァニアに到来した可能性がある。

図　カルパチア盆地におけるギリシア製陶器の出土分布

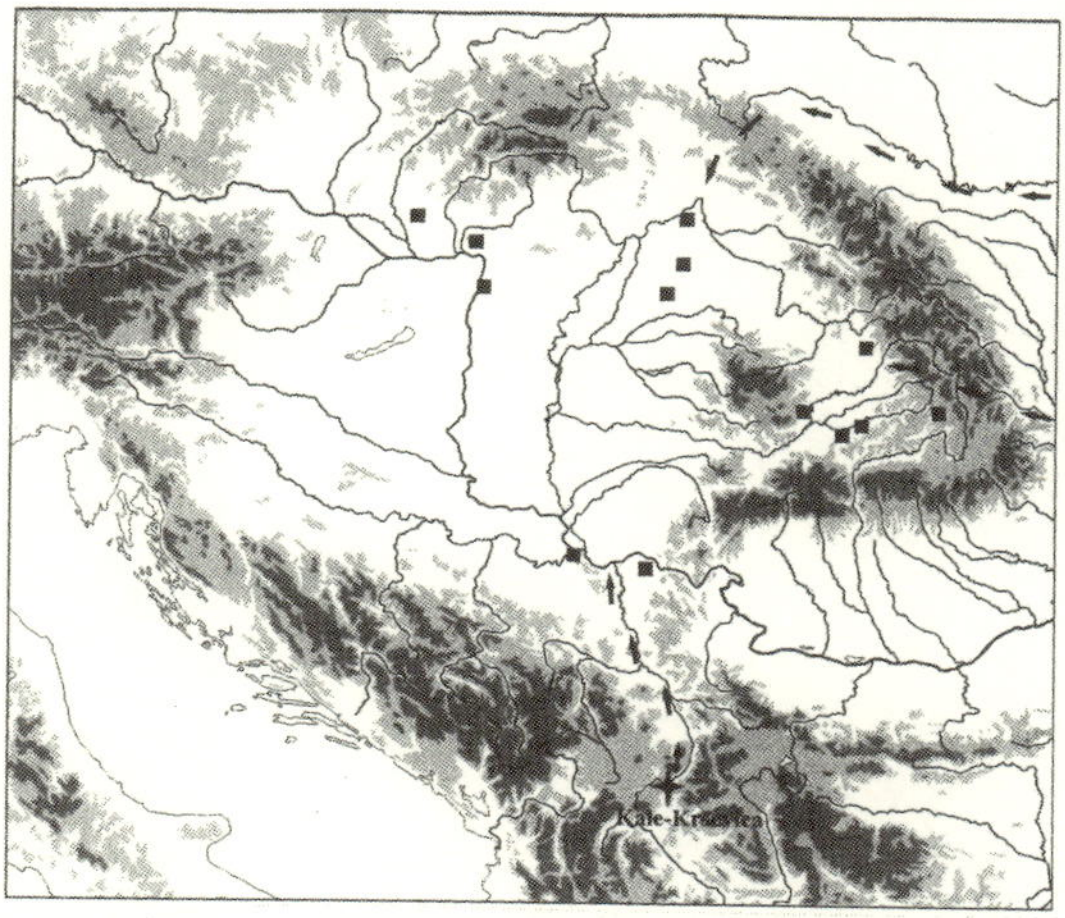

出典：Aurel Rustoiu, Celto-Pontica：Connection of the Celts from Transylvania with the Black Sea,（Pontica XLIV）

異なる共同体の支配層間の婚姻も商品、習慣、信仰などの伝播を促した。オルテニアのTelestiで発見された、典型的なラ・テーヌ文化風の女性の墓地は、カルパチア盆地のケルト人共同体とカルパチア山脈南部のゲタイ人共同体との婚姻による同盟の可能性を示している。同様にRemetea Mare（Timiș地方）のラ・テーヌ文化風の共同墓地の埋葬は、その埋葬品、葬儀方法から見て、バナト（Banat）地方のケルト人共同体とドナウ川南部のゲタイ人共同体の婚姻による同盟を示唆している。

職人の移動も商品と文化の伝播に貢献した。

Fântânele-Dealul Popii の共同墓地の調査では、金属加工職人の墓が発見され、彼の埋葬品には手製のランプを含み、それは黒海北部地域のものと類似していた。Anghelus（Covasna 地方）の土着の定住集落の発掘調査によって、カルパチア山脈東部または黒海西岸出身の職人の痕跡が認められ、アンフォラの形をしたペンダントを鋳込むための砂岩の鋳型を用いていたことが判明した。

職人の移動はトランシルヴァニアからカルパチア山脈の東側に向かうという反対方向でも見られた。Oniceni（Neamt 地方）と Negri（Bacau 地方）では金属加工工房の近くで未加工の鉄の棒の堆積物が発見された。これらはケルト人のラ・テーヌ時代（C・I）に特徴的な鉄剣の生産の原料であり、カルパチア盆地からカルパチア山脈東側の地方の工房に運ばれれる原料であった可能性がある。

以上の概観のように、黒海西岸のギリシア製商品のトランシルヴァニアへの輸送は、定期的な交易ではなく、カルパチア山脈東側の住民、とくにモルドヴァの共同体の仲介に依拠していた。また、カルパチア山脈の東側の住民（ダキア人）と、類似の社会的文化的構造を持つトランシルヴァニア東部のケルト人共同体が山脈を越えて築いていた関係が大きい。具体的には交易品の仲介、贈与品の交換、婚姻による同盟、職人の移動などが様々な商品の移動を可能にした。

また、トランシルヴァニアのケルト人共同体は彼らの必要性と慣習に応じて、外来の商品を選択・受容し、時には彼らの需要に合わせて適用・変容させた。例えば、トランシルヴァニアでは片手の取っ手の付いた陶器が好まれたが、それはケルト人が広口の大型のコップを愛用していたことの反映である。Fântânele-Dealul Popii の女性の墓から出土したアンフォラの形をしたビーズとトラキア風のブローチは、当該地域の伝統に従って類似化された装身具であった。人間の顔をしたビーズが黒海北部の工房で生産されなくなった以後も、ケルト人地域の地方工房で模倣品が製造され続けた理由もケルト人がそれを彼らの装身具に取り込み、彼らの文化に同化させたからである。前四～前三世紀の段階では、トランシルヴァニアのケルト人と黒海西岸のギリシア人社会とは日常的な交易による関係ではなかったが、介在する様々な共同体との文化的・経済的接触を通じてカルパチア盆地に独自なラ・テーヌ文化が開花する大きな影響を与えた。

おわりに

ローマ帝国（imperium Romanum）成立以前のアルプス山脈以北の大地には、ゲルマン人、ケルト人、イリュリア人、トラキア人、スキュタイ人などの諸「民族」が居住し、和戦両様の様々な関係と交渉を通じて多様な歴史的世界を形成していた。とくに、ケルト人は前八世紀頃からハルシュタット文化、前五世紀頃からラ・テーヌ文化を生み出し、周辺の諸「民族」との経済的・文化的接触を繰り広げながら、金属器・装身具・美術工芸などに優美で精巧な文化を残した。また、現在のハンガリーやルーマニアの各地に残されたケルト人の居住地域跡地からは、地中海や黒海西岸のギリシア人植民市で生産された大量の陶器類が出土し、ケルト人地域と黒海西岸地域との密接な経済的・文化的な関係が明らかになっている。ケルト人は彼らの固有の文化と伝統に合わせて外来文化を摂取・吸収し、両文化を融合させ、ラ・テーヌ文化をより豊かに開花させた。その後、ローマ人の膨張とその結果としてのローマ帝国の成立にともない、ケルト人の政治勢力は後退したが、ケルト人が残した文化遺産は、その後のヨーロッパの基層文化の一つになった。

ケルト人とその周辺諸「民族」が各地に残した文化遺産である出土諸資料をつなぎ合わせて歴史研究を行えば、紀元前の古代世界に存在したはずの、ドナウ川と黒海が織りなした独自の「古代ドナウ・黒海地域世界史」を描くことができるであろう。本稿は、二〇一四年八月のブダペシュトにおける史跡見学と史料収集にもとづき、そうした壮大な課題にアプローチするための拙い覚え書きである。

【参考文献】

L.Borhy, Die Römer in Ungarn（Darmstadt. 2014）

M.Karwowski, The earlist types of eastern Celtic glass ornaments,（Celts on the margin : Studies in European Cultural Interaction 7th Century B.C.-1st Century A.D. Krakow. 2005）

A.Mócsy, Pannonia（Stuttgart. 1962）

A.Rustoiu, Celto-Pontica : Connection of the Celts from Transylvania with the Black Sea,（Pontica XLIV. Constanța. 2011）

S.V.Schnurbein（hrsg.）Atlas der Vorgeschichte:Europa von den ersten Menschen bis Christi Geburt（Darmstadt. 2014）

V.Zirra, Influence des Gèto-Daces et de leurs voisins sur l'habitat celtique de Transylvanie,（The Celts in Central Europe, Széekesfehérvár.1975）

米山宏史「ブレビスタ：古代ダキア・ゲタイの王権に関する一試論」『学習院史学』第三六号、一九九八年、所収。

初出（『法政大学中学高等学校研究紀要』第五一号、二〇一五年三月）

第26章 ＥＵの地域政策と民族問題
――多元・多層のヨーロッパを知るために――

1. ＥＵの地域政策

ＥＵの統合の進展や人種としてのコーカソイド、キリスト教信仰、インド・ヨーロッパ語族というヨーロッパの三つの共通要素などによって、私たちはヨーロッパを一体であると捉えがちである。

しかし、実際には、ヨーロッパは地理的・気候的・言語的に極めて多様性に富み、それらが長い歴史の歩みのなかで、各地に独自の文化・地域・民族を育んできた。「イギリス」のある百科事典がヨーロッパには七七の言語と一五八の民族が存在すると記しているように、ヨーロッパは極めて多様な世界であり、現存の国民国家の中で自治や分離・独立を求めている地域も存在する。以下、ヨーロッパの「内なる地域・民族」に眼を向け、ヨーロッパの多元性・多層性を理解するための手がかりを提示したい。

二〇一三年現在、ヨーロッパには、旧ソ連の西部を含めて四五の主権国家が存在している。二〇一三年のクロアチアの加盟承認を経て四五ヵ国中二八ヵ国を包含したＥＵは、各国の地域の問題にどのように対応しているのだろうか。ＥＵでは、各加盟国を構成する地域の問題に向き合い、地域住民の声をＥＵの政策に反映させるためにマーストリヒト条約一九八ａ条にもとづいてＥＵ発足時に諮問機関としての「地域委員会」

を設立した。

元々戦後ヨーロッパにおける「地域」への取り組みは一九五〇年代にまでさかのぼり、すでに一九五一年に欧州市町村地域審議会、一九七一年に欧州国境地域連合、一九八四年に欧州地域会議などの組織がつくられ、地域間の連携を図ってきた。そして、ECは一九九〇年に国境をはさんだ近隣諸国の自治体同士が相互に協力して経済格差の是正や環境問題などに対処するための「越境地域協力」(INTERREG)を開始し、それをEUが引き継いで今日に至っている。

二〇一三年の時点で、EUの「地域委員会」は任期四年の、各加盟国の地域(州・県・市町村など)の代表者三四四名から構成されている。「地域委員会」は六つの専門委員会から組織され、①経済的・社会的連帯、②欧州横断鉄道、コミュニケーション、エネルギー・インフラのネットワーク、③公衆衛生、④教育・青少年、⑤文化、⑥雇用、⑦社会政策、⑧環境、⑨職業訓練、⑩輸送の一〇分野に関して、欧州委員会、欧州議会、閣僚理事会から出された諮問に対して詳細な検討を行い、意見書を作成している。この意見書をめぐって「地域委員会」総会で討議を行い、過半数が承認した場合には、それを意見書として採用し、欧州委員会、欧州議会、閣僚理事会に提出するしくみになっている。

EUの政策執行の六〇%以上が各加盟国の「地域」(下位国家主体)レベルで行われている。そこで、EUでは地域住民の要望に応えるために、補完性の原則(EU内の決定は市民に最も近いレベルで行うべきこと)、市民への近接性の原則(すべての政府が透明性のある方法で市民に近接しているべきこと)、パートナーシップの原則(欧州レベル、各国家レベル、地域レベルが連携して行動すべきこと)という三つの原則を重視している。

このようにヨーロッパの社会は、超国家レベルのEU(その意思決定機関としての欧州委員会)、各加盟国（その利害調整をはかる閣僚理事会）、下位国家主体としての地域（その利害を表明する「地域委員会」）という三層構造で成り立っているが、絶対的な権力の中心は存在せず、それらの関係は垂直的な上下関係ではなく、相互の協力が様々な形と方法で行われる相互依存関係にあり、その点で、ＥＵは各地域の現状・要望に極力配慮した「多層統治」を展開している。

2．多発する地域主義と少数民族問題

ＥＵには二〇一三年現在、二八ヵ国が加盟し、二四の公用語が認められているように、ヨーロッパは元々多様な言語を持つ小規模な民族集団が共存する世界であり、一九世紀のナショナリズムの高揚の中で言語が国家形成の大きな推進力になった。ちなみに、国家名と言語名が例外的に一致しないのは、ベルギーとオーストリアの二国のみである。

こうして、民族・地域・文化の多元性に満ちたヨーロッパでは一九六〇年代から各地で少数民族問題が多発し、とくにＥＵの発足後、各国の国家主権のＥＵへの一部委譲とその相対化が相まって自治権の拡大、民族文化と地域言語の尊重、経済格差の是正などを掲げた民族運動が活発化している。具体的な地域名をあげると、フランスの辺境部のブルターニュ、オクシタニー、コルシカ島、スペインとその周辺のバスク、カタルーニャ、イタリアの南チロル、ロンバルディア、サルデーニャ島、そして私たちが「イギリス」と誤称することの多い「グレートブリテンおよび北アイルランド連合王国」のスコットランド、ウェールズ、北アイルランドなどで多様な地域主義・民族運動が展開しているが、その多くは既存の国民国家からの分離・独立ではなく、国家の枠内での自治や民族文化の尊重の要求である。以下、二つの動きを紹介する。

ベルギーは、北部のオランダ語系フラマン語地域と南部のフランス語系ワロン語地域から構成され、両地域は各々異なる文化を育み、住民はそれぞれの地域に強い帰属意識を持ち、両者ともに自治の拡大を求めてきた。一九七〇年代以降、ワロン語地域はフラマン語地域主導の政治・経済活動に不満を強め、両者の対立が激化したため、ベルギーは一九九三年に連邦制に移行し、南北の対立の緩和をはかった。しかし、工業化に成功し所得水準の高い北部が南部との財政分担が不平等であるとして、さらなる自治の拡大を主張している。二〇一一年一二月、新首相にワロン系社会党党首エリオ・ディルポが就任し、南北両地域の対立による世界最長の五四〇日間にわたる内閣不在の政治空白に終止符が打たれたが、二〇一二年一〇月の統一地方選挙で北部の分離独立をめざす「新フランドル同盟」が躍進し、ベルギーは再び南北分裂の岐路に立たされている。

スペインのカタルーニャ自治州を中心に、一部はフランスやアンドラ公国、イタリアのサルデーニャ島にも広がるカタルーニャ語文化圏でも自治権拡大を求める運動が顕在化している。スペインでは独裁者フランコの死後の一九七八年、スペイン憲法が制定され、その第二条などの規定に従って、一九七九年、カタルーニャ民族は自治憲章を作成し、自治機関を取り戻すとともに、独自の言語や文化を持つことが承認された。こうして、カタルーニャ州ではカタルーニャ語がスペイン語と並んで公用語となり、公共生活での使用が認められた。

二〇〇六年、カタルーニャ州では、民族としての独立性の強調、自治権の一層の拡大などを骨子とする新自治憲章が制定されたが、フランコ政権の流れをくむ国民党などが新自治憲章を違憲として憲法裁判所に提訴し、二〇一〇年に憲法裁判所は違憲判決を下した。この違憲判決は、中世以来、独自の政治と文化を持ちながらもスペインの国家体制に組み込まれ、その中で粘り強く民族の自立を訴え続けてきたカタルーニャ民族のアイデンティティの否定を意味した。また、人口が約七〇〇万人のカタルーニャ州はスペイン全体のＧＤＰの一九％を占める最も豊かな経済先進地域であるが、同州民の納税額が中央政府からの地方交付金を大きく超過していることから納税と配当をめぐる不公平感があり、さらに、財政危機に陥ったスペイン政府がカタルーニャ州に緊縮財政を求めた。これらの二つの動きに反発して、二〇一二年九月一一日に同州州都バルセロナで一五〇万人が参加する大規模デモが発生した。デモのスローガンは「カタルーニャ、ヨーロッパの新しい国家」であり、参加者は「さようなら、スペイン」と書かれたプラカードを掲げていた。

現在、ＥＵ加盟国の市民のアイデンティティは、①下位国家主体としての民族（たとえば、カタルーニャ文化を持つカタルーニャ人）、②地域住民（カタルーニャ州民、バルセロナ市民）、③国民（スペイン国民）、④（脱国民国家の）ＥＵ市民＝ヨーロッパ人という四つの層が交錯しているという。今後ＥＵの拡大が続く中で、加盟各国の地域主義・民族運動がどのように展開するかが注目される。

3．歴史的民族問題としてのトランシルヴァニア問題

第一次世界大戦後の四つの帝国（ドイツ、オーストリア・ハンガリー、ロシア、オスマン）の崩壊、二度の大戦の結果としての国境線の変更、度重なる民族紛争、国民国家とそれを構成する民族集団との不一致などの原因によって東ヨーロッパでは歴史上、多くの民族問題が発生し、現在に至っている。羽場久美子氏の指摘（『統合ヨーロッパの民族問題』講談社現代新書）によれば、第一次大戦後、東ヨーロッパに誕生した国家は三つの類型に区分できる。複数の民族の対立が残り単一の国民の形成が困難な多民族複合国家（チェコスロヴァキア、ユーゴスラヴィア）、中心となる民族が存在し他民族を包含した統一多民族国家（ポーラ

図　ヨーロッパにおける地域主義・少数民族問題

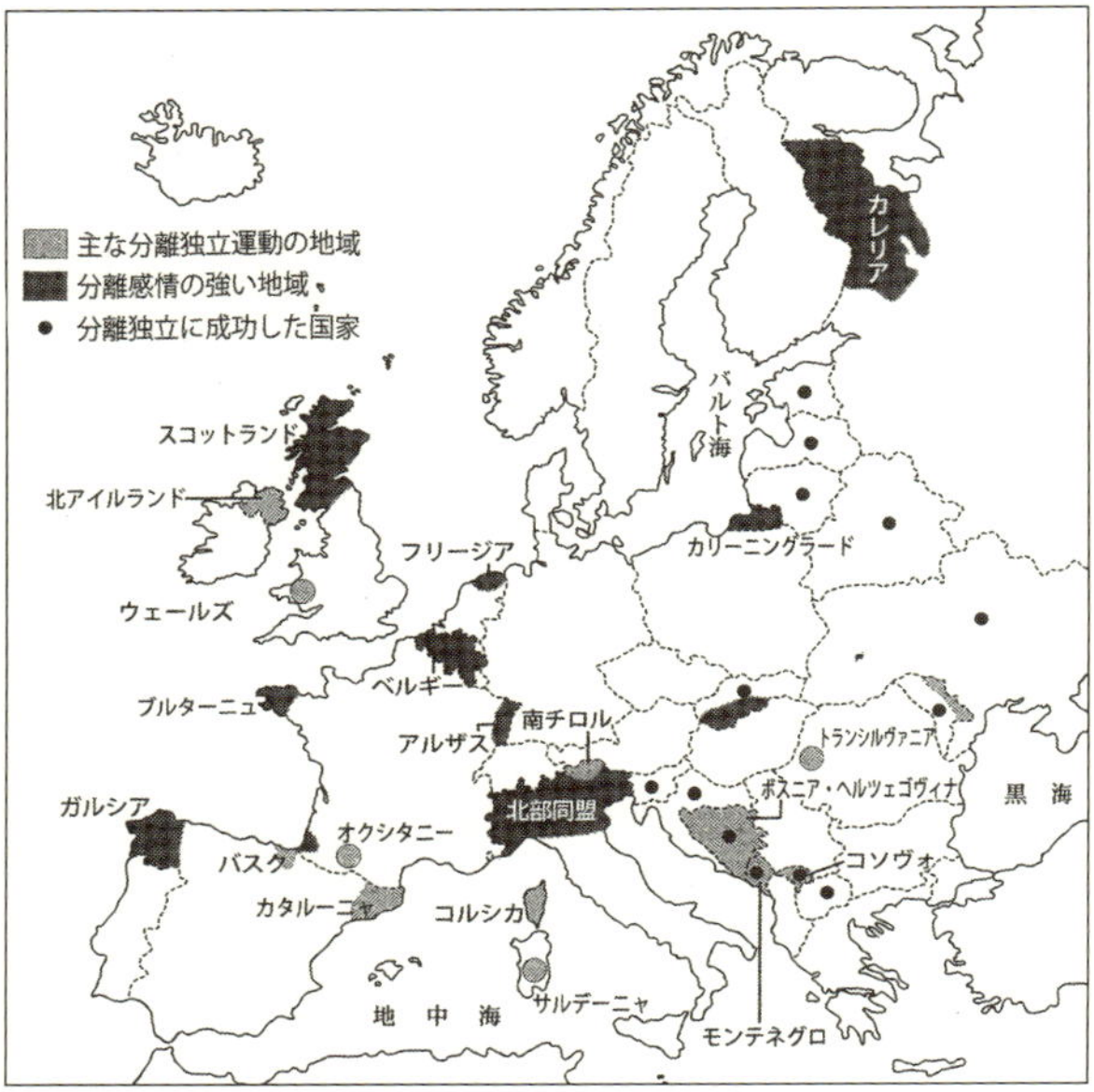

出典：加賀美雅弘・川手圭一・久邇良子編『ヨーロッパ学への招待―地理・歴史・政治からみたヨーロッパ―』（学文社、2010年）35ページ掲載の図に加筆作成

ンド、ルーマニア）、国外に自民族を分散させたままの分断国家（ハンガリー、ブルガリア）である。このうち後者二つを結ぶのがトランシルヴァニア問題である。

第一次大戦で敗戦国になったハンガリーはトリアノン条約で周辺諸国に領土を割譲した結果、国境外に約三五〇万人の同胞を残すことになり、そのうち一四〇万人以上がルーマニア西部のトランシルヴァニア地方に残留することになった。また、ルーマニアはルーマニア系が国民の九一％を占める統一多民族国家であるが、ハンガリー系六・七％、ロマ一・一％、その他ドイツ系、ユダヤ系、ウクライナ系、セルビア系、ブルガリア系、トルコ系、タタール系などの少数民族を抱えている。

元もとトランシルヴァニアがルーマニアとハンガリーのどちらに属するかをめぐっては古代史にまでさかのぼって大論争があり現在も解決に至っていない。そして同地域では多数派のハンガリー人と少数派のルーマニア人が時には共生の、時には対立の歴史を歩んできた。実際にトランシルヴァニアの多くの都市では、店の看板などにルーマニア語とハンガリー語が併記されるか、あるいはハンガリー語のみが記され、日常会話でもハンガリー語が飛び交い、少数派のルーマニア人は「肩身の狭い生活」を送り、「ルーマニアの中のハンガリー」という光景を醸し出している。

ハンガリー系住民は小学校から大学までの学校教育でハンガリー語のみを使用することを要望し、クルージ・ナポカ市にある、ルーマニアで最も学生数の多い国立バベシュ・ボヤイ大学にハンガリー語学科・専攻を独立させるよう求めているが、実現には及んでいない。代わりに二〇〇二年にルーマニアで唯一ハンガリー語のみで授業を行う私立サピエンティア大学を創設し、ハンガリー政府から資金援助を受けている。高校以下の学校では、以前はハンガリー人とルーマニア人の生徒が共学で学校生活を送る場合が少なくなかったが、二一世紀に入り、別学の傾向が強まり、ハンガリー語のみで授業を行う公立学校が増えている。

チャウシェスク政権の終焉を招いた一九八九年一二月のルーマニア革命の発端がトランシルヴァニア地方のティミショアラでのハンガリー系住民に対する弾圧と、それに対するハンガリー系教会の信徒たちの抗議から始まったことは有名である。教会の司祭で運動の指導者になったテーケーシュ・ラースローはクルージ・ナポカの出身で、少数民族の人権擁護を掲げた活動家でもあった。ハンガリー系住民に対する長年の民族的弾圧がこの事件の引き金となった。その後、一九九〇年三月二〇日には、トゥルグ・ムレシュ市ではハンガリー人とルーマニア人が衝突し、流血事件が発生した。ルーマニア政府は、引き続きハンガリー人の自治獲得の要求に目を光らせている。こうして、ルーマニアは自国内に歴史的に形成された規模の大きな少数民族問題を抱えており、彼らを刺激しないという目的からコソボの独立にも不承認の立場をとっている。

4. ヨーロッパのマイノリティ・ロマ

二〇一三年現在、ヨーロッパのほぼ全ての国家に、あわせて約一二〇〇万人とも推定されるロマが分散居住している。一説によると、一〇〇〇年頃、ロマは北西インドを離れて西進し、一五世紀前半にはヨーロッパに到着したが、西ヨーロッパ社会には受け入れられず排撃・追放されたため、現在のルーマニア、ハンガリー、スロヴァキア、セルビアなどの東南ヨーロッパ諸国に定住するか、各地を移動する「流浪の民」になった。そして彼らは土地所有と店舗開業の禁止、市民権の否認などの社会的な差別にさらされた中で、農奴、鍛冶屋、金属加工、工芸、旅芸人、楽士、占い師、行商、薬草販売などを生業とする生活を余儀なくされた。第二次大戦中、ナチス・ドイツはロマを絶滅対象とし、ユダヤ人のホロコーストと同様に、「ポライモス」と呼ばれる大量虐殺を行い、約五〇万人のロマが犠牲者になった。

戦後、東ヨーロッパの社会主義諸国はロマの移動・放浪を禁止する定住化政策を進め、ロマの労働者化と、彼らの伝統的な生活様式を規制する同化を推進した。そして「東欧革命」による社会主義体制の崩壊後、東ヨーロッパ諸国ではイデオロギー統制の下で抑圧されていた民族意識が再浮上し、マジョリティ集団の権利が重視される一方で、マイノリティ集団としてのロマへの圧力が強まり、ロマは高い失業率と低い教育水準のためにますます低い地位に追いやられ、社会的弱者として扱われるようになった。

欧州評議会の調査によると、各国のロマの人口数は、ルーマニアに一八五万、ブルガリアに七五万、スペインに七二万、ハンガリーに七〇万、スロヴァキアに四九万、フランスに四〇万、ギリシャに二六万、チェコに二二万、イタリアに一四万と続く。このうちルーマニアのロマを例にとると、彼らの就学率は極端に低く、高校卒業率は国民平均が四六・八％に対してロマは六・三％、全く教育を受けていない無就学率は少数民族を含むルーマニア全体で五・六％に対してロマは三四・三％に上っている。そしてロマの中でも女性の地位はさらに低く、彼女たちは約七割が小学校に通う機会も与えられないまま親の勧めで十代半ばでロマの男性と結婚し、すぐに出産を行い、多産を促されるなかで、ロマ以外の外界との接触を断たれたまま、ロマの伝統社会を維持するための役割を負わされている。一九七一年に世界ロマ大会が開催され、「世界ロマニ連合」を結成して全世界のロマの連帯と生活条件の向上をめざす運動が始まった。また、マーストリヒト条約も「マイノリティに属する権利を含む人間の尊厳」を掲げているが、ロマを依然として正規の少数民族として認知していない国家も少なくなく、ロマはＥＵ加盟諸国の中でも極めて厳しい社会的状況におかれている。

一九九一年にブカレスト近郊のボランタン村で百軒のロマの家が襲撃され、焼き討ちにされるという事件がおこった。現在も各地でロマの伝統的な生活が奇異と差別の眼差しで見られ、時には地域住民からの抗議を受け、強制退去が強いられることもあると聞く。ロマ問題は歴史的に根深く、解決には幾多の困難をともなうが、それだけに、ヨーロッパの民主主義の真価を問う指標でもある。

初出（歴史教育者協議会編『歴史地理教育』第八一一号、二〇一三年一一月）

あとがき

私は新潟県柏崎市に生まれ、高校を卒業するまでの少年期を越後三山を望む魚沼盆地で過ごした。父に連れられ登山を楽しんだ私は地理や歴史などの社会科の学習に興味を持ち、高校進学後は世界史に大きな関心を抱き、大学の史学科に進学し、古代ギリシア史かローマ史を学びたいという気持ちを深めていった。

私は縁あって専修大学文学部に入学し、スパルタクス蜂起の研究者であり世界史教科書の執筆者でもある土井正興先生に邂逅した。私は土井先生担当の全ての講義・演習を受講したが、とくに三年次の演習ゼミナールではスパルタクス蜂起の諸史料を読解し、史料批判と史実確定の手ほどきを受け、四年次のゼミでは「世界史認識の再検討」をテーマに学習を重ねるなど、土井先生および土井ゼミで学んだことはあまりにも多い。

大学三年次の終わりに吉田悟郎氏の一連の著作を読み、「世界史像の自主的形成」「世界史と日本史の統一的把握」などの議論に大きな刺激を受け、ついで上原専禄の世界史論に関心が広がり、ゼミ仲間と「上原専禄を学ぶ会」を開くとともに、歴史教育者協議会東京世界部会に入会し、世界史教育・世界史認識の学びを始めることになった。

私は大学四年次に、卒業論文でローマ帝国属州ブリタニアのボウディッカの蜂起を取り上げ、その後、大学院に進学し、横浜国立大学大学院修士課程では吉村忠典先生に、学習院大学大学院博士後期課程では清永昭次先生に師事し、ゲルマニアにおけるアルミニウスの反ローマ闘争、ダルマティア・パンノニア戦争をテーマに掲げローマ帝国の支配と属州民の抵抗の関係を追究していった。大学院生時代には歴史学研究会の委員を務め、歴研西洋古代史部会や古代世界研究会に参加し、自己の研究テーマを深めるとともに、歴教協東京世界部会にも顔を出し、世界史教育の理論を学んだ。

私は学部と大学院の長い学生時代を終えて、一九九〇年に高校の専任教員に採用された。

高校教員になってからも私にとっての最大の学びの場は、毎月開催される歴教協東京世界部会の例会における授業実践の学び合いであった。同時に「世界史A・B」の教科書（一橋出版）の執筆に十数年間携わる機会を得たこと、歴教協全国大会の世界分科会の世話人になり、さらに、歴教協本部常任委員として会誌『歴史地理教育』の編集に関わったことは、全国の優れた授業実践に出会うなど私の自己研鑽のうえで大きな財産となっている。

私は一九九〇年代半ば、比較史・比較歴史教育研究会で目良誠二郎氏に出会い、目良氏の授業実践「福沢諭吉の視点から柳宗悦の視点へ――日朝関係史のバクロ型授業を乗り越える試み――」から大きな刺激を受け、「東アジア史」の重要性に気づいた。そこで、当時勤務していた山梨英和中学高等学校で選択科目「東アジア関係史」を設け、東アジアの多様な歴史的展開の授業づくりを探求するとともに、一九九九年に比較史研主催の「第四回　東アジア歴史教育シンポジウム」で帝国主義に関する授業実践報告を行う機会を得た。また、山梨県歴教協の浅川保氏から「地域」に根ざして歴史を捉えることの大切さを学び、「山梨と東アジア史」「山梨と世界史」という視座を獲得することができた。

私は上原専禄が提起した「世界史像の自主的形成」を世界史教育の目標の一つに位置づけ、実践を重ねてきたが、その間、教師の講義中心の知識伝達型授業を脱却し、史料読解や調べ学習、発表や討論を用いた生徒の主体的参加型授業を追求する鳥山孟郎氏の理論と実践から大きな示唆を受け、試行錯誤を続けてきた。

いま、世界史教育には様々な課題が山積している。しかし、そうした現実に向き合いつつ、世界史教育の可能性と重要性を確信し、教室内外の学びの空間で多様な史料を介した生徒間、生徒と教師間の学び合いを作りだし、世界の人々と連帯・共同し、平和と共生の未来を切り拓くための世界史教育の創造に力を尽くしたい。

本書の刊行にあたり、自己の拙い歩みを振り返ると、極めて多くの方々にご指導をいただいたことが想起され、感謝の念に堪えない。恩師土井正興先生には歴史学の基礎的方法論から「(歴史) 研究と (歴史) 教育の両立」など実に多くのことを学ばせていただいた。土井先生との邂逅なしには現在の私は存在しなかったといっても過言でない。今は亡き土井正興先生の学恩に心から感謝を申し上げたい。

学生時代から参加していた歴教協東京世界部会では吉田悟郎、鈴木亮、二谷貞夫、鳥山孟郎の諸氏から世界史教育の理論と授業方法論について学ばせていただいた。歴教協全国大会では木村宏一郎、難波達興、井ノ口貴史、河合美喜夫、家長知史の諸氏の報告と討議を通じて、多くの示唆を受けた。また、「世界史との対話」という優れた実践を展開している小川幸司氏、「世界史教育研究会」の松本通孝、齋藤一晴、日高智彦、飯塚真吾、髙橋謙一郎、鈴木裕明、丸山勇太の諸氏からも日頃多くを学ばせていただいている。

今までお世話になった全ての方々に御礼申し上げたい。とくに、出版企画にあたり、花伝社を紹介して下さった齋藤一晴氏と、出版状況が厳しい現在、本書刊行をお認めいただいた花伝社代表取締役の平田勝氏、編集担当の山口侑紀氏に心から深謝申し上げたい。最後に、日頃から私の自由な「研究と教育」の活動を認め支えている私の家族にも感謝の気持ちを伝えたい。

二〇一六年七月二五日
米山 宏史

米山宏史（よねやま・ひろふみ）

1960年、新潟県生まれ。専修大学文学部人文学科史学コース卒業、横浜国立大学大学院教育学研究科修士課程社会科教育専攻史学専修修了。学習院大学大学院人文科学研究科博士後期課程史学専攻単位取得退学。
現在、法政大学中学高等学校教諭、歴史教育者協議会全国常任委員、歴史学研究会会員。

著書
『世界史から見た日本の歴史38話』（共著、歴史教育者協議会編、文英堂、2000年）、『躍動する古代ローマ世界――支配と解放運動をめぐって――』（共編著、理想社、2002年）、『100問100答世界の歴史 ヨーロッパ』（共著、歴史教育者協議会編、河出書房新社、2003年）、『東アジア世界と日本』（共著、歴史教育者協議会編、青木書店、2004年）、『図説 激闘ローマ戦記』（共著、学研、2007年）

未来を切り拓く世界史教育の探求
2016年8月25日　初版第1刷発行

著者 ――米山宏史
発行者 ――平田　勝
発行 ――花伝社
発売 ――共栄書房
〒101-0065　東京都千代田区西神田2-5-11 出版輸送ビル
電話　03-3263-3813
FAX　03-3239-8272
E-mail　kadensha@muf.biglobe.ne.jp
URL　http://kadensha.net
振替　00140-6-59661
装幀 ――生沼伸子
印刷・製本 ―中央精版印刷株式会社

ISBN978-4-7634-0786-3　C3037